管理数字化与精益化
创新型人才培养系列教材

U0733470

慕课版

ERP项目
实施与管理

尹翠芝 ◉ 主编　　宋卫 胡二所 ◉ 副主编

人民邮电出版社
北　京

图书在版编目（CIP）数据

ERP项目实施与管理：慕课版 / 尹翠芝主编. -- 北京：人民邮电出版社，2022.8
管理数字化与精益化创新型人才培养系列教材
ISBN 978-7-115-59548-5

Ⅰ. ①E… Ⅱ. ①尹… Ⅲ. ①企业管理—计算机管理系统—教材 Ⅳ. ①F272.7

中国版本图书馆CIP数据核字(2022)第109058号

内 容 提 要

　　本书以制造业企业的 ERP 项目实施过程为主线，详细介绍了 ERP 项目实施与管理的基本知识和 ERP 项目实施的过程。本书共六个项目，项目一讲解 ERP 项目实施与管理方法论；项目二到项目六介绍了 ERP 项目的实施过程，分别为 ERP 项目规划、ERP 项目解决方案、ERP 项目实施与试运行、ERP 系统切换及 ERP 系统运维与管理。

　　本书汇集了丰富的一线实践案例，同步提供了丰富的教学资源，清晰展现了制造业企业进行 ERP 系统建设的过程，内容深入浅出。本书既可作为职业院校工商管理类专业的教材，也可作为 ERP 供应商的安装实施人员、企业的 ERP 系统筹建及维护人员的工具书。

◆ 主　　编　尹翠芝
　　副主编　宋　卫　胡二所
　　责任编辑　侯潇雨
　　责任印制　王　郁　彭志环
◆ 人民邮电出版社出版发行　　北京市丰台区成寿寺路 11 号
　　邮编　100164　电子邮件　315@ptpress.com.cn
　　网址　https://www.ptpress.com.cn
　　北京市艺辉印刷有限公司印刷
◆ 开本：787×1092　1/16
　　印张：12　　　　　　　　　　　2022 年 8 月第 1 版
　　字数：281 千字　　　　　　　　2022 年 8 月北京第 1 次印刷

定价：46.00 元
读者服务热线：(010)81055256　印装质量热线：(010)81055316
反盗版热线：(010)81055315
广告经营许可证：京东市监广登字 20170147 号

序　言

　　大数据、人工智能、云计算、移动互联网、5G 等新一代信息技术的应用，加快了数字经济前进的步伐。李克强总理在 2020 年政府工作报告中明确提出，要发展工业互联网，推进智能制造，全面推进"互联网+"，打造数字经济新优势。数字经济概念的提出，演化出数字化产业和产业数字化两大领域。产业数字化，重点是管理数字化、精益化企业的打造，涉及企业管理理念、价值体系、商业模式、组织架构、管理方式的变革。近年来，企业对管理数字化、精益化创新型人才的需求呈快速上升趋势。为加大对管理数字化、精益化创新型人才培养的力度，为广大院校工商管理类专业的人才培养提供优质的教学资源，常州信息职业技术学院联合人民邮电出版社、江苏龙城精锻有限公司等单位，共同策划了这套管理数字化与精益化创新型人才培养系列教材。

　　职业教育的定位是服务地方经济发展。常州信息职业技术学院秉承"立足信息产业，培育信息人才，服务信息社会"的办学理念，专注工业互联网，主攻新一代信息技术与制造业的深度融合，打造生产设备数字化、生产车间智能化、生产要素网络化、企业管理智慧化的工业新形态。经过多年的探索，常州信息职业技术学院已积累了服务江苏制造业高质量发展、服务长三角产业数字化协同转型升级、服务国家工业互联网高素质人才培养的丰富经验，并希望将多年积累的经验融入本系列教材之中，为广大教学工作者提供帮助和便利。

　　为了保证该系列教材的质量，特组建了由院校教师、出版社编辑、公司高层管理人员等组成的教材编写委员会（以下简称"编委会"）。编委会主任由宋卫担任。管理数字化与精益化创新型人才培养系列教材编委会成员如下：

　　宋　卫，常州信息职业技术学院数字经济学院　院长

　　曾　斌，人民邮电出版社教育出版中心　总经理

　　王　玲，江苏龙城精锻有限公司　副总经理

　　王　鑫，青岛酒店管理职业技术学院　副校长

　　桂海进，无锡商业职业技术学院　副校长

　　权小研，山东商业职业技术学院工商管理系　主任

　　窦志铭，深圳职业技术学院经济管理学院　副院长

　　郑晓青，吉林工业职业技术学院经管学院　院长

　　施轶华，国机重工集团常林有限公司运营部部长、信息中心主任

　　刘　霞，常州信息职业技术学院数字经济学院　专业带头人

古显义，人民邮电出版社教育出版中心职业教育社科出版分社 副社长（主持工作）

文　瑛，常州信息职业技术学院数字经济学院 专业教研室主任

胡建中，科华控股股份有限公司 运营总监

程　熙，中车戚墅堰机车有限公司信息中心 主任

王　亮，福隆控股集团有限公司 信息总监

周　磊，常州金蝶软件有限公司 总经理

吴　进，常州璟岩信息技术有限公司 总经理

本次策划、出版的管理数字化与精益化创新型人才培养系列教材共有 11 本。分两个板块，其中精益化管理类教材有：

《中小企业精益管理》

《企业物流管理》

《生产运作管理》

《质量管理与六西格玛》

《采购管理与精益化》

《智慧供应链管理》

数字化管理即企业信息化（即两化融合）类教材有：

《ERP 原理与应用》

《协同管理与 OA 应用》

《生产控制与 MES 应用》

《ERP 项目实施与管理》

《企业经营数据分析》

管理数字化与精益化创新型人才培养系列教材编委会

2020 年 8 月

前　言

伴随着信息技术的快速发展，企业在运营管理的过程中，为更好地提升管理成效，全面优化管理质量，必须充分应用信息技术，积极应用 ERP 系统，以更好地提升管理效率。然而实施 ERP 系统是一项复杂的、系统化的软件工程，需要通过项目管理的理论及适宜的实施方法来控制和规范其实施过程，从而提高 ERP 系统的实施、应用效率。

为帮助学生了解 ERP 项目实施的方法与过程，我们特编写了本书。本书采用"项目化教学"的理念。项目一通过项目实施与管理理论构建 ERP 项目实施的知识体系；项目二到项目六则以制造业企业实施 ERP 项目中的具体工作流程为顺序进行组织，按照实施过程中的典型任务来选择内容，分别介绍了 ERP 项目规划、ERP 项目解决方案、ERP 项目实施与试运行、ERP 系统切换及 ERP 系统运维与管理。

本书编写特色

➢ 案例主导、学以致用：本书将一些实际案例有机地穿插到 ERP 项目实施与管理知识的讲解过程中，书中的案例兼具实用性和适用性。

➢ 匹配岗位、强化应用：本书内容组织尽量保持与企业实际工作过程相一致，项目、任务中的文档范本来源于企业一线，体现应用型人才的培养要求。

➢ 视频讲解、资源丰富：读者扫描封面二维码可观看视频，方便直观，即学即会。同时，本书还提供了 PPT、教案、案例、拓展资料等学习资源，用书老师可登录人邮教育社区（www.ryjiaoyu.com）下载。

本书编写组织

本书的项目一由常州信息职业技术学院的宋卫编写，项目二至项目五由常州信息职业技术学院的尹翠芝编写，项目六由用友网络科技股份有限公司常州分公司的胡二所编写。同时，常州科研试制中心有限公司的王小飞对本书的编写给予了大力支持和很多帮助，在此表示衷心的感谢。

尽管我们在编写过程中力求准确、完善，但书中可能还有疏漏与不足之处，恳请广大读者批评指正，在此深表谢意！

编者

2022 年 5 月

目　　录

项目一
ERP 项目实施与管理方法论

项目描述与分析

常州科研试制中心有限公司（见图 1-1，以下简称"案例企业"）目前拥有 4 家全资子公司、2 家分公司和一个省工程技术中心，占地 40 万平方米，厂房面积为 15 万平方米，资产总额为 20 亿元；企业拥有领先的研发能力、高效的服务队伍、完整的生产体系和完备的检测手段，是从事煤矿辅助运输设备的专业生产研究单位。什么样的管理模式支撑该企业从一个科研单位发展成为一个集团企业？面对市场的降价压力，面临多组织、多异地的内部管理难度的增加，该企业如何做到不但实现盈利而且不断做大、做强？企业快速响应市场需求，调整企业内部经营决策的工具是什么？

图 1-1　案例企业厂区

案例企业将其成长归功于长期坚持信息化建设，通过建立全新的全局信息化管理平台，有效地把企业外部需求和内部的研发制造情况以及供应商资源整合在一起，充分调配和平衡企业的各种资源，使研发、制造、销售、财务、服务等各个分散、孤立的部门通过信息技术连接到一起，实现整个企业的信息集成、标准化管理，提高了运行效率。

案例企业在启用企业资源计划（Enterprise Resource Planning，ERP）系统后，改变了先前供应分散、货物及配件储存分散的局面，形成区域、企业仓库共享优势，使仓储面积减少约 30%，库存量降低 20%～50%，库存周转率提高 20%～60%，节约采购成本约 25%，尤其是库存成本节约约 60%，集团年行政成本节约 40%，节约的成本成为企业利润的一大来源。案例企业持续投入与优化，坚持资源整合、协调发展、产业集成、现代管控等，促进了信息系统的建设。实施方法论使 ERP 项目各阶段的管理更加标准，同时为各阶段设立了优先顺序并描述了最佳实践案例，这样可使整个组织的成果更加丰硕，对资源的利用更加有效。

项目知识点

项目，项目管理，项目管理方法，ERP 项目实施主体，ERP 项目实施阶段，ERP 项目实施基本准则，ERP 项目管理循环，ERP 项目范围管理，ERP 项目质量管理，ERP 项目进度管理，ERP 项目费用管理，ERP 项目风险管理。

项目技能点

➢ 初步了解项目的基本知识，培养项目化的思维。

➢ 初步了解项目管理的发展历程，熟悉项目管理的基本知识，培养项目管理的意识。

➢ 能够根据项目管理方法论理解 ERP 项目的实施阶段及过程划分。

➢ 掌握 ERP 项目实施与管理循环，熟悉项目管理中的范围、时间、成本、质量及风险管理等概念及工具。

【任务 1-1】 项目实施与管理

任务导读

① 项目的概念、要素、特征及意义是什么？

② 项目实施的阶段有哪些？

③ 项目管理的概念是什么？

④ 项目管理的要素有哪些？

⑤ 项目管理的发展历程是怎样的？

任务实施

▶▶▶ 一、项目

项目是现代企业业务运营的主要形式，企业可以将其业务划分为项目导向型和非项目导向型。项目导向型是指企业的核心业务以客户项目形式运营，非项目导向型是指企业把项目作为内部发展的工具。

1. 项目的概念

项目是一个特殊的将被完成的有限任务。它是在一定时间内，满足一系列特定目标的多项相关工作的总称。此定义包括以下三方面含义。

① 项目是一项待完成的任务，具有特定的环境和要求。

② 在一定的组织机构内，利用有限的资源（人力、财力、物力），在规定的时间内完成任务。

③ 完成的任务要满足一定性能、质量、数量、技术指标等要求。

小贴士

项目与运作的区别

人类有组织的活动分为两种类型：一种是连续不断、周而复始的活动，称之为"运作"，如企业日常生产产品的活动；另一种是临时性、一次性的活动，称之为"项目"，如企业的一次技术改造活动、一项环保工程的实施等。

2. 项目的要素

美国项目管理协会认为项目是"为完成某一独特的产品或服务所做的一次性努力"。下面从项目的一系列定义中介绍组成项目的各个要素。

（1）项目是复杂的一次性流程

项目是为特定或既定的目标服务的。由于项目需要组织成员间进行大量的协调工作，所以显得非常复杂。项目成员可能来自不同的部门、其他的组织或者同一个职能领域。例如，为铁路公司开发新应用软件的项目仅仅需要信息系统部和市场部的员工一起合作，但是引进新产品的项目最好能由来自多个职能部门的员工合作完成，如营销部、工程部、生产部和设计部。因为项目要完成既定的目标，所以是一次性的。项目仅存在于目标完成前，一旦目标完成，项目便终止。

（2）项目受到预算、时间和资源的限制

项目要求成员在有限的时间内以有限的财务和人力资源来工作。财力、人力和时间都不可能是无限的。一旦任务完成，项目组便解散。在任务完成以前，所有活动都是在预算和可获得的人力资源的约束下进行的。项目是具有"资源约束性"的活动。

（3）项目开发是为了实现一个或一组特定的目标

项目团队绝不会致力于没有确定目标的工作。项目的目标，也就是可交付成果，定义了项目和项目团队的特点。实施项目是为了产生有形的结果，如新产品或者服务。不论是修建一座桥，还是建立一个新的应收款系统，目标必须是明确的，项目工作必须为实现这个既定目标而开展。

（4）项目是以客户为中心的

不论是为了响应组织内部（如会计部门）的需求，还是试图抓住组织外部的市场机遇，任何项目的根本目标都是满足客户需求。以往，企业的这种目标往往被忽视，项目只要达到了技术上、预算内和进度计划的目标就被认为是成功的。然而越来越多的企业已认识到项目的主要目标是满足客户需求，如果这个目标被忽视，企业就会冒着"将错事做好"的风险，即一味注重高效地完成项目却忽略了客户需求，或者导致商业上的失败。

3. 项目的特征

根据项目定义中的要素，可以总结出所有项目共有的关键属性，归纳出项目的一般特征。

（1）唯一性

唯一性又称为独特性，这一属性是项目得以从人类有组织的活动中分离出来的根源所在，是项目一次性的基础。每个项目都有特别的地方，没有两个项目是完全相同的。建设项目通常比开发项目更加程序化，但用户化是所有项目的特点。在有风险存在的情况下，项目不能完全程序化。项目主管很重要，因为他们有许多例外情况要处理。

（2）多目标属性

项目的目标包括成果性目标和约束性目标。成果性目标都是由功能要求或一系列技术指标来定义的，同时受到多种条件的约束，这种约束性目标往往是多重的。

（3）生命周期属性

项目是一次性的任务，因而它是有起点和终点的。任何项目都会经历启动、开发、实施、结束这样一个过程，人们常把这一过程称为"生命周期"。

（4）相互依赖性

相互依赖性指项目常与组织中同时进行的其他工作或项目相互作用，对于项目来说，这种相互作用，大部分情况是工作之间的抵触，即冲突。组织中各事业部门（销售、财务、制造等）间的相互作用是有规律的，而项目与事业部门之间的冲突则是变化的。项目主管应该清楚这些冲突并与所有相关部门保持联系。

（5）冲突属性

项目之间存在为资源而与其他项目之间的竞争，也有为人员而与其他部门之间的竞争。项目一般一直处在资源和人员问题的冲突中。

4. 项目的意义

项目是解决社会供需矛盾的主要手段。需求与供给的矛盾是社会与经济发展的动力，解决这一矛盾的策略之一是扩大需求，如商家促销，政府鼓励个人贷款消费、鼓励社会投资等都属于扩大需求的策略，这类策略是我国目前为促进社会发展而采取的主要策略；其他策略包括改善供给。改善供给需要企业不断推陈出新，推出个性化服务和产品，降低产品价格，优化产品功能，这类策略需通过政府和企业不断启动、完成新项目来实现，这也向项目管理提出了新的要求和挑战。

项目是知识转化为生产力的重要途径，是知识经济的一个主要业务手段。知识经济可以理解为知识转化为效益的经济。知识产生新的创意，形成新的科研成果，新的科研成果需要通过项目的启动、策划、实施、经营才能最终变为财富，否则，知识永远是书本上的内容。因此，从知识到效益的转化要依赖于项目来实现，企业买专利等最终都需要通过项目实现利润。

项目是实现企业发展战略的载体。企业的使命、企业的愿景、企业的战略目标都需要通过一个又一个成功的项目来具体实现。成功的项目不仅能够实现企业的发展目标和利润目标、扩大企业的规模，而且能强化企业的品牌效应，锻炼企业的研发团队，留住企业的人才。

项目是项目经理社会价值的体现。大部分工程技术人员的工作内容是由一个个项目堆积而成的，工程技术人员和项目管理人员的价值可通过项目的成果来反映。参与有重大影响的项目本身就是工程技术人员和项目管理人员莫大的荣誉。

▶▶▶ 二、项目实施

项目实施是指从项目的立项启动、建设准备、计划安排、方案形成、测试应用、竣工验收，到项目建成投入日常使用所进行的一系列工作，它是项目建设的实质性阶段。

1. 项目管理的过程组

项目管理的 5 个过程组为启动、规划、执行、监控与收尾，其贯穿于项目的整个生命周期，如图 1-2 所示。在项目的启动过程中，项目经理要特别注意组织环境及项目干系人的分析；在后面的过程中，项目经理要抓好项目的控制。控制的理想结果就是在要求的时间、成本及质量限度内完成双方都满意的项目。

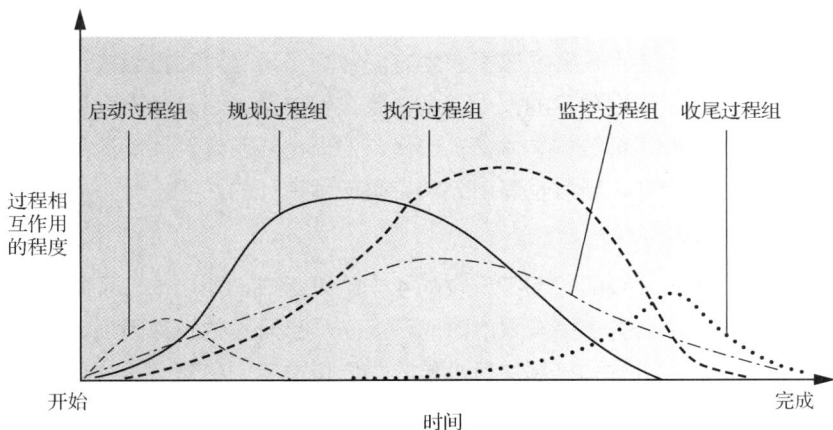

图 1-2　项目管理的 5 个过程组

（1）项目的启动过程

项目的启动过程就是识别与开始一个新的项目的过程。通常来说，在重要项目上的微小成功，比在不重要的项目上获得巨大成功更具意义与价值。从这种意义上讲，项目的启动阶段尤其重要，这是决定是否投资，以及投资什么项目的关键阶段，此时的决策失误可能造成巨大的损失。重视项目的启动过程，是保证项目成功的关键。

（2）项目的规划过程

项目的规划过程是项目实施过程中非常重要的一个过程。通过分解项目的范围、任务并分析可用资源来制订科学的计划，项目团队的工作才能有序开展。也因为有了计划，在实施过程中，项目团队才能有参照，并应不断修订与完善计划，使后面的计划更符合实际，更能准确地指导项目工作。

（3）项目的执行（或实施）过程

项目的执行过程一般指项目的主体内容的实施过程，在具体实施过程中要注意范围变更、记录项目信息，鼓励项目组成员努力完成项目，还要在开头与收尾过程中，强调实施的重点内容，如正式验收项目范围等。在项目实施时，项目信息的沟通很重要，即及时提交项目进展信息，以项目报告的形式定期与相关人员沟通项目进度，这有利于开展项目控制，保证项目质量。

（4）项目的监控过程

项目的监控过程，是保证项目朝目标方向前进的重要过程，在这个过程中要及时发现偏差并采取纠正措施，使项目朝目标方向发展。监控可以使项目的实际进展符合计划，也可以修改计划使之更切合现状。修改计划的前提是项目符合期望的目标。控制的重点有以下方面：范围变更、质量标准、状态报告及风险应对。基本上若能处理好以上四个方面的控制，项目的控制任务大体上就能完成。

（5）项目的收尾过程

正式而有效的收尾过程，不仅是对当前项目形成完整文档，还是对项目干系人的交代，并且形成的文档是以后开展其他项目的重要资料。很多企业重视项目的启动过程，而忽视项目的收尾过程，所以项目管理水平一直未能提高。

项目收尾包括对最终产品进行验收，形成项目档案，总结经验、教训等。另外，对项目干系人要做合理的安排，这也是容易忽视的地方。敷衍了事是对项目组成员的不负责任。

项目收尾的形式可以根据项目的大小自由决定，可以通过召开发布会、表彰会，公布绩效评估等手段来进行，形式可根据具体情况选择，但一定要明确，并能达到效果。如果能对项目进行收尾审计，则更好，当然也有部分项目是无须审计的。

2. 项目生命周期

项目生命周期一般由连续的、互不重叠的 4 个阶段组成，即启动、规划、执行和收尾阶段。项目生命周期表明项目有一个有限的时间跨度。项目阶段的名称因项目性质的不同而有所区别，它由参加项目的机构和控制项目进程的需要所决定。尽管各类项目的生命周期阶段的划分有所不同，但总体来看，有 4 个阶段，如图 1-3 所示。

图 1-3　项目生命周期的 4 个阶段

在项目生命周期的历程中通常会发生一些标志项目进程的重大事件，这些事件标志着某个可交付成果的完成。这些重大事件通常称为里程碑。这些里程碑式的可交付成果将项目生命周期划分成工作范围、性质各不相同的，在时间上前后衔接的时间段。不同的项目阶段预示着在整个项目的生命周期中成果和焦点方面发生的变化。各个项目阶段的完成情况可通过对可交付成果和项目的执行情况来检验，所以有些项目经理常常把项目生命周期作为项目管理的基石。

启动阶段包括概念确定、项目立项、可行性研究、项目批准；计划阶段包括初步设计、确定费用和进度、确定合同条款、详细设计；执行阶段包括组建项目团队、项目实施、项目监理、项目控制；收尾阶段包括文档整理、项目移交、项目评估。

项目生命周期一般可以分为上述 4 个阶段，但具体的项目则可以根据业务的需要分为若干个具体的阶段。项目管理的 5 个过程组是一种管理思路，在生命周期的层面上适用，在阶段层面上适用，在单个任务的层面上也适用。

3. 项目实施阶段

项目实施一般包括项目计划准备、执行和控制 3 个阶段，具体内容如下。

（1）项目计划准备

在项目计划付诸实施之前，必须花一定时间和精力对项目班子和有关人员，包括项目发起者和项目干系人进行宣传和动员，营造有利于实施项目计划的氛围和环境，即进行项目实施准备。有的项目准备不充分，仓促启动，不仅会成骑虎难下之势，还会为项目的后续工作埋下隐患。只有各方面的力量动员组织起来之后，项目计划才能付诸实施。项目班子应当对项目计划进行核实，看其是否完整、合理、现实与可行，项目所需的资源是否有保证，项目班子应当拥有的权力是否已经得到各方承认等。核实项目计划的过程实际上也是对项目班子进行动员的过程。

（2）项目计划执行

项目计划执行是指通过完成项目范围内的工作来完成项目计划。项目计划执行的主要依据就是项目计划。

在项目计划执行过程当中，项目班子必须对项目的各种技术和组织进行管理，即协调项目内外的各种关系。

为保证项目各项工作按项目计划执行，可以建立工作核准系统。事事要通过工作核准系统进行。该系统就是一套事先确定的、实施项目活动之前应遵循的程序，其中包括必要的审批制度、人员和权限及表格或其他书面文件。在经过批准之后实施工作，可以保证时间和顺序不出问题。具体做法一般是经过书面批准之后才能开始具体的项目活动。小项目或简单工作则可不必如此烦琐，口头批准或按常规办事即可。项目管理信息系统在项目计划执行过程中是非常重要的工具，一定要充分利用。

在项目执行的整个过程中，所有项目有关人员之间都要保持顺畅的沟通。在这方面，项目班子的任务主要有分发信息与编写进展报告。

分发信息就是把信息及时地分发给项目相关者。分发信息时要保证信息完整、清楚，使信息正确无误地传递给接收者。要严格防止信息垄断、封锁，甚至伪造。在项目进行期间采集的信息应尽可能以适当的方式收集起来，井井有条地妥善保管。

进展报告也称执行报告，是为项目所有相关者编写的，是项目各相关者之间沟通的重要资料。其内容是同项目计划执行情况有关的资料。进展报告要依照项目计划和实际工作结果编写。有关工作结果的信息要准确、一致，只有这样才能使进展报告真正发挥作用。进展报告要综合编写，要包括费用、进度及其他方面的信息，对项目的具体实施情况给予完整的说明。进展报告的详略应满足报告接收者的要求。

（3）项目计划控制

项目计划控制就是监控和测量项目的实际进展，捕捉、分析和报告项目的执行情况，若发现实施过程偏离了计划，就要找出原因，采取行动，使项目回到计划的轨道上。项目计划中的某些任务在付诸实施之后才会发现无法实现；即使勉强实现，也要付出很高的代价。遇到这种情况，就必须对项目计划进行修改，或重新规划。

项目计划控制要有明确的控制目标和目标体系，要及时地发现产生的偏差，要考虑项目管理组织实施控制的代价，控制的方法及程序要适合项目实施组织和项目班子的特点。进行项目计划控制，还要注意预测项目的发展趋势，以预见可能会发生的偏差，实施主动控制。项目计划控制工作要有重点的进行，项目控制形式及具体方法要有灵活性，项目计划控制的进行过程要便于项目相关人了解情况。另外，项目计划控制是一种围绕项目总目标的综合控制，有多方面内容，对于项目的不同方面，需要采用不同的方法。

▶▶▶ 三、项目管理

项目管理是指在项目活动中运用专门的知识、技能、工具和方法，使项目能够在资源有限的条件下，实现或超过设定的需求和期望。项目管理是对一些与成功地达成一系列目标相关的活动的整体实施的管理。

1. 项目管理的内容

项目管理的内容主要包括以下九个方面，即范围管理、风险管理、人力资源管理、时间管理（进度管理）、质量管理、沟通管理、采购管理、成本管理及项目总体管理，如图1-4所示。

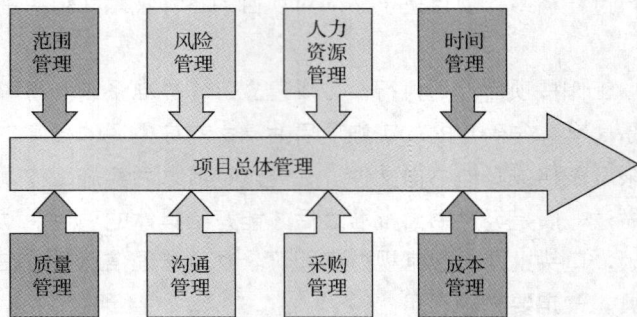

图1-4　项目管理的九个方面

（1）范围管理

做过项目的人可能都会有这样的经历：一个项目做了很久，感觉总是做不完，就像一个无底洞，客户总是有新的需求。实际上，这里涉及"范围管理"的概念。项目中哪些该做？哪些不该做？做到什么程度？都是由范围管理决定的。范围管理的主要内容包括项目起始的确定和控制、项目范围的规划、项目范围的界定、项目范围的确认、项目范围变更的控制、项目范围的全面管理和控制。

（2）风险管理

项目是为完成某一独特的产品或服务所做的一次性努力。项目的最终交付成果在项目开始时只是一个书面规划，无论是项目的范围、时间还是成本都无法完全确定。同时，通过项目创造产品或服务是一个渐渐明晰的过程，这就意味着项目开始时有很多的不确定性。风险管理的主要内容包括项目风险的识别、项目风险的定量分析、项目风险的对策设计和项目风险的应对与控制等。

（3）人力资源管理

如何充分发挥人的作用，对于项目的成败起着至关重要的作用。人力资源管理的主要内容包括项目组织的规划、项目人员的配备、项目团队的建设等。

（4）时间管理

"按时、保质地完成项目"大概是每一位项目经理最希望做到的，但工期拖延的情况时常发生，因而合理地安排项目时间是项目管理中的一项关键内容。时间管理的目的是保证按时完成项目、合理分配资源、发挥最佳工作效率。它的主要内容包括定义项目活动、任务、活动排序，估算每项活动的合理工期，制订完整的进度计划，共享资源，监控项目进度等。

（5）质量管理

项目实施的质量是众人关注的焦点，在实施的过程中存在很多主观困难，导致评估标准很难应用于项目考核。大量实践证明：项目的成败通常与管理、团队成员协同工作的能力有关。质量管理的主要内容包括项目产出物质控制，以及有关项目质量变更程序与活动的全面管理和控制。

（6）沟通管理

在项目实施过程中，沟通的缺失或者不及时，经常会导致很多问题。沟通管理的主要内容包括项目沟通的规划、项目信息的传送、项目作业信息的报告和项目管理决策等。

（7）采购管理

企业的根本目标是追求利润最大化。增加利润的方法之一就是增加销售额，这是非常困难的；还有一种方法也可实现这个目标，那就是节省采购费用。采购管理的主要内容包括项目采购计划的管理、项目采购工作的管理、采购询价与采购合同的管理、资源供应来源选择的管理、招投标与合同管理和合同履行管理。

（8）成本管理

究竟如何进行项目成本管理呢？简单地说，就是通过开源和节流使项目的净现金流最大化。开源是增大项目的现金流入，节流是控制项目的现金流出。成本管理的主要内容包括项目资源的规划、项目成本的估算、项目成本的预算制订和项目成本的管理与控制。

（9）项目总体管理

在项目管理中，项目各方对项目的期望不同，因此要满足各方的要求和期望并不是一件很容易的事。例如，在项目实施时，项目的客户可能期望质量高于一切，将质量高作为首要目标；而项目实施组织可能会将成本低作为首要目标。

面对这种差异，项目经理不能只满足一方的要求而忽略另一方的要求。因此，项目经理需要在不同的目标之间进行协调，寻求一种平衡。项目总体管理的主要内容包括项目集成计划的编制、项目集成计划的实施和项目总体变更的管理与控制。

2. 项目管理的特征

根据项目管理的定义及内容，可以归纳出项目管理的以下特征。

（1）普遍性

项目作为一种创新活动，普遍存在于经济、生产和社会活动之中，人类现有的各种文化物质成果最初都是通过项目的形式实现的。现有各种运营活动都是各种项目的延伸和延续，人们的各种创新的想法、建议或提案或早或迟都会转化成项目，并通过项目的形式得以验证或实现。项目的这种普遍性，使得项目管理也具有普遍性。在人类社会中，小到个人婚礼，大到阿波罗计划都是项目，都需要项目管理。同时，不管是个人、社团项目，还是企业、政府项目，都需要开展项目管理。

（2）目标性

项目管理就是要完全实现业务需求的建设目标。这里所说的目标是指项目管理中围绕总体目标制订的、在管理中体现出来的控制目标。这样的目标不是空洞的、抽象的，而是可以实施的、明确的，每个目标就是项目建设过程中要实现的价值或者要控制的风险；这样的目标要具体到时间和预算的框架中，使业主/客户能够根据管理的建议做出正确的决策。

（3）交流性

任何项目都是在一个特定的环境中建设的，根据项目工作范围的不同，项目将和投资人、建设人、社会大众、政府之间发生千丝万缕的联系，这里涉及的每个环节都可能对项目建设周期和成本产生潜在的影响，有的直接影响项目建设的总体目标。

在国外，项目管理公司通常把交流分为内部交流和外部交流。内部交流是指项目管理团队、项目合同人及业主/客户之间和他们自己内部的交流；外部交流是指项目和未来的消费者及社会大众、行业、政府的交流。项目管理公司要针对每个交流环节制订交流方案，设立交流的控制流程，并建立信息传递和存储机制，使方案能围绕项目建设的总体要求实施。

（4）评价性

这里所说的评价是指对项目管理方案的回顾，也包括在项目实施过程中对每个管理环节和步骤进行审计，通常包括项目经理回顾和审计、公司回顾和审计、外部独立人回顾和审计。审计人根据管理目标对管理环节进行审核和评价，主要是考核计划制订的科学性和针对性、计划实施的效率性，并提出问题和相应的解决方案，通过这样的评价来保证项目在可控制的目标下运行。

（5）风险性

风险作为项目管理目标最具破坏性的因素，一直是项目管理中要重点控制的对象。项目管理公司一般会在项目的每个环节都召集专家听取意见，把项目实施中可能出现的风险尽可能地找出来；针对每个风险因素提出解决或者应急方案，同时对风险可能造成的影响以及成本进行评估，并将其纳入项目预算成本。

（6）创新性

项目管理的创新性包括两层含义，其一是指项目管理是对创新（项目所包含的创新之处）的管理，其二是指任何一个项目的管理都没有一成不变的模式和方法，都需要通过管理创新实现对具体项目的有效管理。

3. 项目管理的要素

项目管理的要素有很多，从以前的成本、进度（时间）、质量（或范围）三要素，发展到成本、进度（时间）、质量、范围四要素；在此基础上增加组织，组成项目管理的五要素；但成功的项目管理一般要考虑客户满意度，组成成功项目管理的六要素。项目管理要素的演变如图1-5所示。

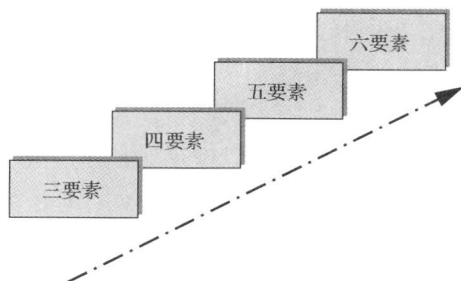

图 1-5　项目管理要素的演变

一般来讲，成本、进度（时间）、质量三者是互相制约的，项目管理的目的是追求（成本）省、（进度）快、（质量）好的有机统一。对于一个确定的合同项目，项目管理的主要内容就是如何处理好成本、进度、质量三者的关系。当进度要求不变时，质量要求越高，则成本越高；当成本不变时，质量要求越高，则进度越慢；当质量标准不变时，进度过快或过慢都会导致成本增加。

项目管理的具体要素如图 1-6 所示。

图 1-6　项目管理的具体要素

在现实工作中，项目管理的核心是通过项目使业主/客户满意，因此，客户满意度是项目管理的核心内容之一。这样，项目管理就涉及以下 6 个要素：范围、时间、成本、质量、组织和客户满意度。为了提高客户满意度，制订项目计划时首先需要对客户的需求进行分析，以便准确地陈述项目。需求分析就是明确市场对项目的需求和业主/客户对项目的要求。项目的需求是多种多样的，通常可以分为两类：基本需求和附加需求。

基本需求包括项目的进度、质量、成本、范围以及必须满足的法规要求等。在任务一定的情况下，尽力做到好中求快、好中求省。"多、快、好、省"说起来很容易，但在现实中项目往往陷入"三边"的境况。"三边"是指"边行动、边计划、边修改"，产生"三边"行动的根本原因是在目标未清、职责未明的情况下就仓促实施项目计划，团队不能正确处理基本要素之间的关系，导致各方责任不明而使项目不断延期。即便最后勉强完成项目，最终结果也与最初目标相去甚远。

4．项目管理方法

项目管理方法是结构化的方法，是可以在大部分项目中应用的方法。具体实践过程中，项目管理方法需要针对行业特点，建立适合行业特色的项目管理体系。

依照项目管理理论，项目管理过程按阶段划分为启动、规划、执行、收尾，对于任何一个项目都可以依此进行阶段的划分，这是项目的共性，而项目的个性体现在项目的业务和技术层面。对于具体的企业，项目阶段划分需要依据业务流程和技术方法确定，在实施过程中，应针对具体的项目进行客户化。项目管理方法论的核心就是综合所有项目的特点，建立一套包括技术、工具、管理技巧在内的一站式服务的指南和模板。这种将项目管理方法和业务流程相互结合，并在实践中进行优化的管理方法，就是项目管理方法论。

项目管理方法论的重要表现形式是项目管理手册，这是组织规范项目标准管理过程的重要手段，通过正确的决策、高效的流程、标准的操作、可控的过程，确保项目的有效实施。企业项目管理手册编制的基本方法可分为三个层面。一是项目管理理论知识体系，目前世界范围内比较通用的主流项目管理知识体系，包括美国项目管理协会（Project Management Institute，PMI）推出的《项目管理知识体系指南》、英国商务部开发的项目管理方法《PRINCE2——成功的项目管理》，其都可以作为理论支撑。二是跨国企业实施项目的管理方法。三是我国著名企业的项目管理经验，其可作为最佳实践基础，在此基础上对企业本身项目管理实践进行总结。从三个层面对企业的项目管理过程进行梳理，即可形成适用于特定企业的项目管理方法。项目管理手册具体展现的是项目输入转变为输出的过程，通过项目阶段过程的定义，将项目管理过程、项目实施支撑、项目监控方法及项目作业指导，系统化地与项目管理理论及产品要求融入具体的操作实践过程中。项目管理方法论具体包括以下主要内容。

① 项目过程控制阶段划分。通常划分阶段需要考虑两类过程：一是按照项目的管理过程，对项目过程进行阶段划分；二是按照项目的技术过程，将项目过程进行阶段划分。企业的业务流程主要关注项目的管理阶段划分，而项目经理在执行和管理项目时，必须将项目的管理阶段划分和项目的技术阶段划分结合起来，进行项目管理。

② 阶段输入和输出。阶段输入和输出的内容包括数据和信息、计划和报告、风险及可以交付的成果等。

③ 过程控制。过程控制的内容包括工作流程、工作方法、操作规则和作业指导。

④ 角色职责。在实践中，项目管理职责不能简单归于项目经理一个人，而是由一组角色共同承担，如各职能部门。

依照项目管理方法论编制的项目管理手册，将项目实施过程中的项目管理方法与企业的业务流程、技术方法有机地集成起来，从而建立以项目管理为核心的业务流程。

▶▶▶ 四、项目管理的发展历程

项目管理作为现代化管理方式，最早出现在美国，起源于建筑行业，伴随着城市建设和管理大型项目的需要产生，是工程和工程管理实践的结果。项目管理的发展基本上可以划分为两个阶段：20 世纪 80 年代之前被称为传统项目管理阶段，20 世纪 80 年代之后被称为现代项目管理阶段。

1. 国际项目管理的发展历程

（1）传统项目管理阶段（20 世纪 80 年代之前）

从 20 世纪 40 年代中期到 60 年代，项目管理主要应用于发达国家的国防工程建设和工业/民用工程建设方面。此时采用的传统项目管理方法主要是致力于项目的预算、规划和为达到项目目标而借用的一些一般运营管理的方法。此时的项目管理是在相对较小的范围内开展的一种管理活动。当时的项目经理被看作具体执行者，他们只是被动地接受给定的任务或工作，然后不断接受上级的指令，并根据指令完成自己负责的项目。从 20 世纪 60 年代起，国际上许多人对项目管理产生了浓厚的兴趣。随后建立的两大国际性项目管理协会，即以欧洲国家为主的国际项目管理协会（International Project Management Association，IPMA）和以美洲国家为首的美国项目管理协会，以及各国相继成立的项目管理协会。他们为推动项目管理的发展发挥了积极的作用，做出了卓越的贡献。在这一传统项目管理阶段中，发达国家的国防部门对项目管理的研究占据了主导地位，其创造的许多项目管理方法和工具一直沿用至今。

（2）现代项目管理阶段（20 世纪 80 年代之后）

20 世纪 80 年代之后，项目管理进入现代项目管理阶段。随着全球性竞争的日益加剧，项目活动范围的日益扩大和复杂化，项目数量的急剧增加，项目团队规模的不断扩大，项目相关利益者的冲突不断增加，降低项目成本的压力不断上升等一系列情况的出现，迫使作为项目业主/客户的一些政府部门与企业以及作为项目实施者的政府机构和企业先后投入了大量的人力和物力研究项目管理的基本原理，开发和使用项目管理的具体方法。特别是进入 20 世纪 90 年代，信息系统工程、网络工程、软件工程、大型建设工程以及高科技项目与开发项目等新事物的出现，促使项目管理在理论和方法等方面不断地发展和现代化，使得现代项目管理在这一时期获得了快速的发展和长足的进步。同时，项目管理的应用领域在这一时期也迅速扩展到社会生产与生活的各个领域和各行各业，而且项目管理在企业的战略发展和例外管理（这些都属于企业高层管理者所做的管理工作）中的作用越来越重要。

小贴士

PMP

PMP（Project Management Professional）指项目管理专业人士（人事）资格认证。美国项目管理协会举办的项目管理专业人员认证考试在全球 190 多个国家和地区推广，是目前项目管理领域含金量较高的认证。获取 PMP 证书，不仅可以提高项目经理的项目管理水平，也能体现项目经理的个人竞争力，是项目管理专业人士身份的象征。

2. 我国项目管理的发展历程

国内对项目管理的理论研究和管理实践起步较晚，尤其是在现代项目管理方面。

（1）我国在传统项目管理方面的发展历程

我国在传统项目管理方面的研究和实践起步早，早在 2 000 多年前就开始了项目管理的实践，并且创造了许多很好的传统项目管理方法。例如，我国战国时期的都江堰工程从工程项目设计和项目施工等各个方面都使用了系统思想，创造出了举世公认的都江堰分洪与灌溉工程项目。在工程项目管理方面，宫廷建设项目的实施管理很早就有了工料定额、工时、造价等管理方法，并且许多朝代的工部都设置了相应的标准。

（2）我国在现代项目管理方面的发展历程

我国现代项目管理的发展有三个重要的里程碑，即 20 世纪 60 年代初的统筹法的兴起，20 世纪 80 年代中的"鲁布革经验"，以及 20 世纪 90 年代末的 PMP 和项目管理知识体系指南学习热潮的兴起。以这三个重要的里程碑为起点的现代项目管理发展三部曲如图 1-7 所示。

我国现代项目管理发展三部曲

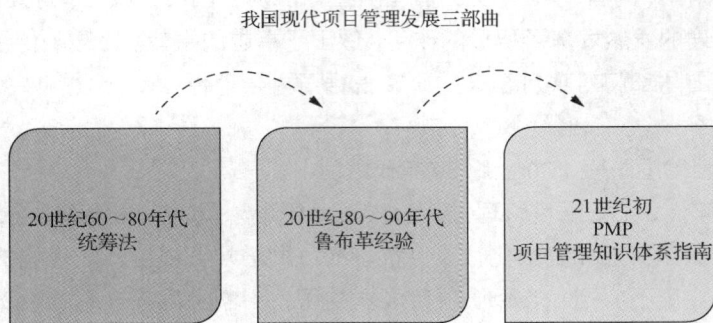

图 1-7　我国现代项目管理发展三部曲

20 世纪 60 年代初期，在著名数学家华罗庚教授的倡导下，作为项目管理的重要组成部分的网络计划技术引进我国，并被命名为"统筹法"。该技术开始在国民经济各个部门试点。随后，该技术在上海宝钢、辽宁鞍钢、安徽马钢、湖北葛洲坝工程、天津引滦工程等建设中都取得了许多经验和成果。我国还在 1992 年推出了网络计划技术的国家标准 GB/T 13400—1992。

如果从 20 世纪 60 年代初引进网络计划技术算起，我国的现代项目管理起步并不晚，但我们一直只是把网络计划技术当作一种技术，没有对这种技术所隐含的组织管理的内涵（例如，如何从组织机构上保证资源的有效整合）进行研究，也没有把它上升到项目管理学科的高度。

现代项目管理作为一种完整的管理方法，在 20 世纪 80 年代通过云南省鲁布革水电站工程进入我国。为兴建鲁布革水电站，我国成立了一个专门的项目管理机构，即水利电力部鲁布革工程管理局（以下简称"鲁管局"），来总管鲁布革水电站的建设。鲁管局是我国第一个符合现代项目管理要求的大型项目管理机构。鲁管局受国家委托，行使业主和项目管理机构的双重职能。

鲁布革的项目管理实践取得了巨大成功，创造了"鲁布革经验"和"鲁布革冲击"，在全国引起了巨大反响。1987 年 10 月，国家发文在全国建筑企业推广鲁布革经验，在全国取得了良好效果。但是，由于受当时历史条件的限制，大多数人把"鲁布革经验"看成"业主责任制、招标承包制和工程监理制"等施工管理方面的经验，而对鲁布革引进的整个项目管理系统认识不足。

1999 年，PMI 的 PMP 和项目管理知识体系指南被引进我国，使我国的项目管理事业走上了高速发展之路。之后，学习项目管理知识体系指南和报考 PMP 的人数都逐年大幅上升，项目管理作为一个完整的学科迅速得到了人们的普遍承认。除了 PMP 之外，项目管理的其他资格认证也在不同程度上促进了我国项目管理事业的发展。

【任务 1-2】 ERP 项目实施

任务导读

① 如何定义 ERP 项目实施主体？

② 如何划分 ERP 项目实施阶段？

③ ERP 项目实施各阶段的管理重点是什么？

④ ERP 项目实施基本准则有哪些？

任务实施

一、ERP 与 ERP 实施

企业的信息化过程也是实现数字化的过程。信息化系统的作用是实现企业经营数据的抓取、传输、存储和应用。这个过程也是企业通过数字化转型升级实现降本增效的过程。对于企业而言，推进企业的数字化转型过程，也就是布局信息系统的过程。这个过程是一个循序渐进的过程，并不适合"全面开花"这种集中式的推进。企业首先应该布局 ERP 系统，解决企业财务和供应链的数据管理中的问题，实现经营环节的数字化管理。

1. 认识 ERP

ERP 是指建立在信息技术基础上，以系统化的管理思想，为企业决策层及员工提供决策运行手段的管理平台。ERP 系统支持离散型、流程型等混合制造环境，应用范围从制造业扩展到了零售业、服务业、银行业、电信业、政府机关和学校等事业部门，通过融合数据库技术、图形用户界面、第四代查询语言、客户服务器结构、计算机辅助开发工具、可移植的开放系统等，对企业资源进行了有效的集成。

目前在我国 ERP 所代表的含义已经被扩大。用于企业的各类软件，已经统统被纳入 ERP 的范畴。它跳出了传统企业边界，从供应链范围优化企业的资源，是基于网络经济时代的新一代信息系统，主要用于改善企业业务流程以提升企业核心竞争力。ERP 的核心功能依然是实现对整个供应链的有效管理，其框架如图 1-8 所示。

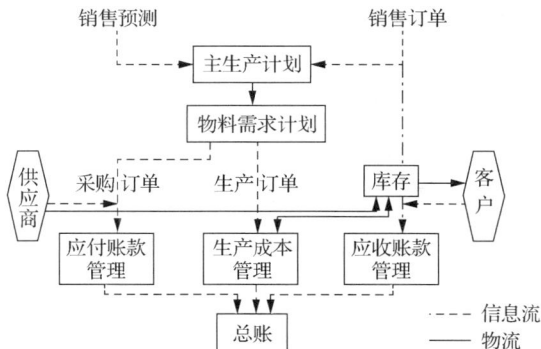

图 1-8　ERP 的核心功能框架

ERP 的优点主要体现在以下方面：缩短周转的时间；集成物流与资金流；加强物料和生产计划管理；模拟不同市场状况对生产计划、能力需求计划、物料采购计划和储运等工作的影响；增强企业对经营环境改变的快速反应能力；实现管理层对信息的实时和在线查询；为企业决策提供更加准确、及时的财务报告；及时提供各种管理报告、分析数据；系统本身具有严格的内部控制功能。

2．ERP 实施

ERP 实施是企业进行 ERP 系统建设的过程，一般由企业和 ERP 软件厂商共同完成。对于企业来说，ERP 系统要担负两方面的重任。一是提高企业的管理水平，从而降低运营成本，提升企业的核心竞争力；二是合理管理业务流程，实现实时审查数据，维护业务数据的真实性。对企业而言，ERP 可使企业管理更加精细化，业务需求可以及时响应市场的变化，从而构建企业数字系统。通过 ERP 系统计算机程序的控制，企业可以降低数据造假和管理腐败的可能性。在企业信息化的浪潮中，企业实施 ERP 的必要性主要体现在以下五个方面。

（1）企业管理体制创新

管理体制创新有利于迅速提高员工的工作效率、节约劳动成本。ERP 之所以能帮助企业实现管理体制创新，是因为它能够帮助企业建立一种新的管理体制，能实现企业内部的相互监督和相互促进，并保证每个员工都能自觉发挥自身的最大潜能去工作，并使每个员工的报酬与他的劳动成果紧密相连，也不会出现管理层独裁的现象。

在决定实施 ERP 之前，企业应该深思熟虑。ERP 信息可以在各个部门之间共享，传统的需要几步或几个部门共同完成的工作，在 ERP 中利用统一的数据库和集成的信息系统可能一步就可以完成。并且 ERP 有利于企业组织机构进行相应的调整，实现扁平化管理，提高管理效率和提升对客户的快速反应能力，但更多时候，数据库集成共享会是在 ERP 实施过程中遇到的最大问题。

（2）系统运行的组织协作

ERP 吸收了现代管理理论中社会系统学派的创始人巴纳德的管理思想。巴纳德把组织看作一个社会系统，这个系统要求人们之间合作。在 ERP 的管理思想中，组织是一个协作的系统，应用 ERP 的现代企业管理思想，结合通信技术和网络技术，在组织内部建立起上传下达、下传上达的有效的信息交流沟通系统。这一系统既能保证上级及时掌握情况，获得作为决策基础的准确信息，又能保证指令的顺利下达和执行，提高组织效率。

（3）以流程优化为基础

ERP 系统的关键是蕴含于其中的管理思想，技术是支撑，重点是业务流程优化。ERP 系统把企业的物流、信息流和资金流整合在一起，实现了会计信息、其他管理信息和业务信息的集成，通过事前设置和后台处理，将业务流程最优化并使业务随物流自动生成财务信息；它将会计信息的输入口延伸到业务最前端，多维度记录业务信息，包括物流信息、客户和供应商信息、货币信息、企业内部计划、预算等。

业务流程重组必然会涉及部门职能的重新划分、岗位职责的调整、权力利益的重新分配等方面的问题，而且新的管理方式对人员素质提出了更高的要求，引起部分人的岗位危机，进而导致其对项目实施产生抵触情绪。如果企业不能妥善处理这些问题，将会给企业带来不稳定因素，这正是 ERP 实施的难点。

（4）以供应链为核心

供应链作为跨企业中多个职能部门活动的集合，包括从订单的发放和获取、原材料的获得、产品的制造到产品分配发放给用户的整个过程。供应链管理是一种集成的管理思想和方法，它强调企业之间的合作，通过合作完成从供应商到最终用户的物流计划、控制和资源配置等职能，并能够从整体上降低组织成本、提高业务管理水平和经营效率，达到价值增值的目的。其本质是优化业务流程，提升企业核心竞争力。

ERP 扩展了管理范围，它把客户需求和企业内部的制造活动以及供应商的制造资源整合在一起，形成一个完整的供应链，并对供应链上的所有环节进行有效管理，这样就形成了以供应链为核心的 ERP 管理系统，供应链跨越了部门与企业，形成了以产品或服务为核心的业务流程。

（5）以客户关系为支撑

客户关系管理（Customer Relationship Management，CRM）是一个获取、保持和增加可获利客户的过程。CRM 是一套先进的管理信息系统及技术手段，它通过将人力资源、业务流程与专业技术进行有效的整合，最终为企业涉及客户的各个领域提供集成，使得企业可以更低成本、更高效率满足客户需求，并与客户建立起基于学习型关系的一对一营销模式。通过 CRM 系统，企业可以最大限度地提高客户满意度及忠诚度，挽回失去的客户，保留现有的客户，不断发展新的客户，发掘并牢牢地把握住能给企业带来最大价值的客户群。

在以客户为中心的市场经济时代，企业关注的焦点逐渐由过去关注产品转移到关注客户。ERP 系统在以供应链为核心的管理基础上，增加了 CRM 后，将着重解决企业业务活动的自动化和流程改进问题。CRM 能帮助企业最大限度地利用以客户为中心的资源（包括人力资源、有形和无形资产），并将这类资源集中应用于现有客户和潜在客户，通过缩短销售周期和降低销售成本，寻求扩展业务所需的新市场和新渠道，以及改进客户价值、客户满意度、盈利能力以及客户的忠诚度等方面来改善企业的管理。

ERP 系统的建设和实施顺应了信息技术发展趋势，转变了企业经济发展方式。ERP 系统集信息技术与先进管理思想于一身，成为现代企业的运行模式，反映了时代对企业合理调配资源、最大化地创造社会财富的要求，成为企业在信息时代生存、发展的基石，它对改善企业业务流程、提升企业核心竞争力具有显著作用。

▶▶▶ 二、ERP 项目实施主体

企业 ERP 项目实施的过程是一个复杂的系统工程，不仅存在多个实施阶段，还存在多个实施主体。在 ERP 系统发展的初始阶段，部分大型企业倾向于自行组织团队开发或委托开发系统开发，但是这样也产生了一系列问题。例如系统的局限性，系统升级困难，系统间接口的大量增加，异构系统导致的"信息孤岛"等。于是，之后的多数应用企业转向为选择标准化 ERP 软件，如 SAP、ORACLE 等大型 ERP 软件，并在此基础上根据企业需求进行二次开发。

企业内部人员大多不具备相关的实施经验，对 ERP 系统所蕴含的管理思想也不熟悉，故而企业更倾向于以软件供应商的专业实施团队为主进行系统实施。随着 ERP 行业的发展，ERP 实施服务逐渐从软件供应商团队中脱离出来，成为一个相对独立的细分市场。国内的软件供应商（如用友、金蝶等）一般同时提供软件产品和实施服务。在国外 ERP 行业中，如 SAP、ORACLE 等主流 ERP 软件供应商已经逐渐专注于软件开发，在提供软件产品后，一般不再参与企业实施，转而由其专业的合作伙伴提供实施服务。

在 ERP 项目实施过程中，企业员工往往由于受到思维定式和各种条件的制约会忽略企业中的问题或者对于企业的需求不能清晰地定义和描述。此时多数企业会选择管理咨询公司进行企业需求调研和问题分析。同时管理咨询公司的介入能有效消除企业与实施服务商之间的信息不对称，向企业提供方案选型和项目实施、方案评估等服务，有效降低企业实施 ERP 的风险。故而越来越多的企业在实施 ERP 时选择管理咨询公司完成业务诊断、需求分析、信息技术规划等工作。

企业对实施过程和咨询过程的不熟悉，为消除信息不对称导致了项目管理问题，越来越多的企业在实施过程中引入第三方监理公司参与项目的监控。同时实施过程中是否引入第三方监理公司也与相关法规有关，已经有越来越多的国家或地区规定信息化项目必须实行监理制，这说明信息化产业已经逐步向正规化和标准化发展。在《信息系统工程监理暂行规定》中，将信息系统工程监理定义为依法设立且具备相应资质的信息系统工程监理单位，受业主单位委托，依据国家有关法律法规、技术标准和信息系统工程监理合同，对信息系统工程项目实施的监督管理。第三方监理有助于降低信息化风险、提高实施成功率。

对 ERP 项目实施过程中所涉及的其他参与方，例如硬件提供商、网络服务提供商等，考虑到现今大部分企业已经广泛应用计算机技术和网络技术，本书将硬件提供商和网络服务提供商所提供的产品或服务作为企业信息化的基础条件考虑，不把其界定为 ERP 项目实施的独立参与方。故本书中定义的 ERP 项目实施主体为企业用户、ERP 项目实施服务商、管理咨询公司和第三方监理公司。各实施主体参与 ERP 项目的实施阶段也各有不同，实施主体参与 ERP 项目实施的参与路线可根据项目实际情况确定。

▶▶▶ 三、ERP 项目实施阶段

ERP 项目实施阶段涉及实施的所有方面，包括发现最初的业务需求、制订项目计划、配置和实施软件而后优化业务流程，因而 ERP 项目实施被认为是业务项目而非技术项目。

ERP 项目的成功建立依赖于组织、实施范围、业务流程及最终用户的技能水平，其在实施过程中会在技术和管理上遇到很多挑战。为了避免灾难性的错误，ERP 项目实施的任务应正确地分配给大型系统实施团队中的每个成员，并使所有成员能够协同工作，达到以上目标必须有一套正确的方法论来指导。

ERP 项目的实施阶段划分可以把项目生命周期和项目实施阶段过程管理作为依据，整个项目实施阶段可划分为五个阶段，即 ERP 项目规划、ERP 项目解决方案、ERP 项目实施与试运行、ERP 系统切换、ERP 系统运维与管理，如图 1-9 所示。

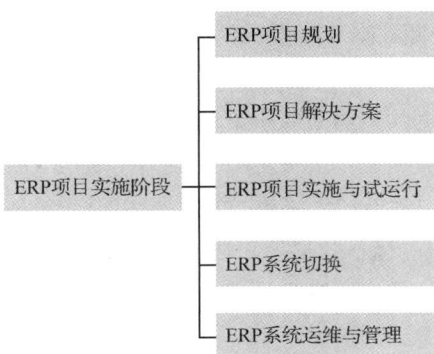

图 1-9　ERP 项目实施阶段

▶▶▶ 四、ERP 项目实施各阶段的管理重点

ERP 项目通常包括五个阶段：ERP 项目规划、ERP 项目解决方案、ERP 项目实施与试运行、ERP 系统切换、ERP 系统运维与管理。ERP 项目解决方案阶段又可细分出业务流程调研、业务流程梳理与优化、详细需求分析、企业主数据管理、ERP 系统原型测试、ERP 系统解决方案六个主要步骤。项目管理围绕整个 ERP 项目的全过程，对项目的立项授权、需求分析、软硬件的评估选择，以及系统的实施进行全面的管理和控制。ERP 项目实施阶段及内容如表 1-1 所示。

表 1-1　ERP 项目实施阶段及内容

阶段	ERP 项目规划	ERP 项目解决方案	ERP 项目实施与试运行	ERP 系统切换	ERP 系统运维与管理
步骤 1	ERP 项目立项	业务流程调研	ERP 系统模块建设	企业信息化管理制度建设	ERP 项目验收
步骤 2	成立项目组织	业务流程梳理与优化	ERP 系统二次开发及验收	ERP 系统切换准备	ERP 系统运行维护
步骤 3	ERP 需求调研与选型	详细需求分析	ERP 系统数据维护	ERP 系统正式上线	ERP 系统持续优化
步骤 4	确定实施蓝图	企业主数据管理	ERP 系统用户培训		
步骤 5	召开项目启动会	ERP 系统原型测试	ERP 系统试运行		
步骤 6		ERP 系统解决方案			

▶▶▶ 五、ERP 项目实施基本准则

企业实施 ERP 项目本质上是一场深刻的管理革命，不是简单的软件培训应用，其中包括梳理大量的基础数据、梳理及优化现有业务流程等，所以整个项目的实施一定要遵守以下基本准则。

（1）简化 ERP 系统的基础数据

基础数据的整理是 ERP 系统实施过程中一项非常烦琐的工作，同时业务的变更往往需要重新整理基础数据。基础数据的整理来源于记录业务数据的需要，而企业每天发生的业务多种多样，如果将所有业务的数据都记录在 ERP 系统中，那 ERP 系统的基础数据整理量将很大，而业务的变更往往又需要重新整理基础数据。从 ERP 系统的实用性出发，20%的基础数据往往决定了 ERP 系统 80%的运行效果。简化 ERP 系统的基础数据，只整理关键的基础数据，可以减少项目实施的工作量，缩短实施周期。

（2）确定实施范围和实施计划

很多企业实施的 ERP 项目，在实施之初没有根据企业所在行业的特征以及目前的状况，制订一个完善周详的实施计划和实施范围，想将所有模块都集成在系统中，结果真正使用的却只有几个模块。规划错误造成金钱和时间浪费的现象是非常普遍的，对企业整个项目的影响也是难以估量的。所以，确定周详完善的实施计划，是保证高效完成项目的大前提。

（3）尽量实施和使用 ERP 系统的标准流程和标准功能

ERP 项目实施的根本原则是在保证 ERP 系统实施效果的前提下，将 ERP 系统设计得越简单、越实用越好。实施 ERP 系统的标准功能，一方面可以减少定制开发的工作量，另一方面可以避免 ERP 系统运行当中的程序出错，同时，标准功能往往是最简单的。正因为标准功能的上述优点，实施 ERP 系统的标准功能可以降低实施难度，缩短实施周期，降低实施成本。

（4）从优化整个供应链价值流的角度简化 ERP 系统

构成 ERP 系统的主要元素有组织结构、基础数据、业务流程、控制参数和交易数据等，而组织结构的设计是影响 ERP 系统实施和运行的关键因素，组织结构的变化可能要求 ERP 系统的重设计和重实施。组织结构的设计应从利润最大化、快速满足客户需求等企业目标出发，设法优化企业运行当中的物流、资金流和信息流。

（5）重点关注影响 ERP 系统集成的控制参数

ERP 系统的最大优点是信息集成，某些系统控制参数的设计影响业务流程和信息的集成，项目实施过程中必须给予重点关注。同时，为了扩大 ERP 系统的使用面和增加使用功能，软件公司在开发和设计 ERP 软件时，在集成功能的基础上往往还会开发出一些对个别部门或许有用的小功能，这些小功能对某个部门可能有用，而具体到整个企业却不一定实用，过分注意这些小功能的实施和使用，会分散项目组的实施精力，延长项目实施周期。

（6）记录关键的交易数据

ERP 系统并不是一种即插即用的解决方案，无论是实施、升级、集成，还是弃用，都不是一件容易的事情。在企业信息化过程中，不是说信息越集成越好，一般来讲，越集成的信息系统越难实施和使用。另外，随着企业业务的发展，系统中记录的业务数据每天都在增加，对硬件的要求也越来越高，只记录关键的交易数据可以减少数据的记录量和存储量，降低企业信息化过程当中的硬件投资。

（7）采取同步工程式的项目管理方法

ERP 项目实施大体可以分为项目准备、培训、业务蓝图、系统设计、上线准备、上线支持及持续改进等阶段，各阶段工作的侧重点既有不同，又有交叉。ERP 项目实施过程当中的项目管理方法与新产品开发项目的管理在原理和技巧上是类似的。采取同步工程式的项目管理方法，可以在同一时期内同时进行两项或两项以上的项目具体工作，从而缩短 ERP 系统的实施周期。

（8）关键依靠企业内部 ERP 项目实施人员

企业内部 ERP 项目实施人员因为熟悉企业现实情况，认同企业的文化和经营理念，同时又要在企业长期工作，所以在实施 ERP 项目时往往会从长远角度来考虑 ERP 项目的实施。如果对他们予以系统的培训，同时采取快速化 ERP 项目实施原则，不仅可以降低 ERP 项目实施成本，还可以确保项目质量。

不管选择怎样的产品或实施供应商，企业应该以企业为主进行系统实施，通过知识转移，在企业中建立和培养一支懂业务、懂管理、懂技术的内部管理咨询和 ERP 项目实施队伍，其在项目结束后能独立有效地进行最终用户使用指导和系统维护工作。这样的 ERP 项目实施才算得上是成功的。

【任务 1-3】 ERP 项目实施与管理

任务导读

① ERP 项目管理循环的内容是什么？
② 如何确认 ERP 项目范围？
③ 如何进行 ERP 项目质量管理？
④ 如何进行 ERP 项目进度管理？
⑤ 如何进行 ERP 项目费用管理？
⑥ 如何进行 ERP 项目风险管理？

任务实施

一、ERP 项目管理循环

ERP 项目管理循环通常包括项目开始、项目选型、项目计划、项目执行、项目评估及更新和项目完成六项主要内容。

1. 项目开始

项目开始阶段主要针对企业对 ERP 项目的需求、ERP 项目的范围和可行性进行分析，制订项目的总体计划，并以项目合同的方式由企业与 ERP 项目咨询公司确定项目责任和授权。在项目开始阶段进行的项目管理主要包括以下内容。

①　需求评估。对企业的整体需求和期望做出分析和评估，并据此明确 ERP 项目成果的期望和目标。

②　项目范围定义。在明确企业期望和需求的基础上，定义 ERP 项目的整体范围。

③　可行性分析。根据项目的期望和目标以及预计项目的实施范围，对企业自身的人力资源、技术支持等方面做出评估，明确需要为配合项目而采取的措施和投资的资源。

④　项目总体安排。对项目的时间、进度、人员等做出总体安排，制订 ERP 项目的总体计划。

⑤　项目授权。由企业与 ERP 项目咨询公司签订 ERP 项目合同，明确双方职责，并由企业根据项目的需要对 ERP 项目咨询公司进行项目管理的授权。

2. 项目选型

在明确了项目的期望和需求后，项目选型阶段的主要工作就是为企业选择合适的软件系统和硬件平台。选型的一般过程如下。

（1）筛选候选供应商

ERP 项目咨询公司根据企业的期望和需求，综合分析评估可能的候选软硬件供应商的产品，筛选出若干家重点候选对象。

（2）候选系统演示

重点候选对象根据企业的具体需求，向企业的管理层和相关业务部门做针对性的系统演示。

（3）系统评估和选型

ERP 项目咨询公司根据演示结果对重点候选对象的优势和劣势做出详细分析，向企业提供参考意见；企业结合演示的结果和 ERP 项目咨询公司的参考意见，确定初步选型，在经过商务谈判等工作后，最终决定入选系统。

项目选型阶段的主要项目管理工作是进行系统选择的风险控制，包括正确、全面评估系统功能，合理匹配系统功能和自身需求，综合评价供应商的产品功能和价格、技术支持能力等因素，以及避免在选型过程中可能出现的贿赂、舞弊等行为。

3. 项目计划

项目计划阶段是 ERP 项目进入系统实施的启动阶段，主要进行的工作包括确定详细的项目实施范围、定义递交的工作成果、评估实施的主要风险、制订项目实施的时间计划、制订成本和预算计划、制订人力资源计划等。

（1）确定详细的项目实施范围

其包括对企业进行业务调查和需求访谈，了解用户的详细需求，据此制订系统定义备忘录，明确用户的现状、具体的需求和项目实施的详细范围。

（2）定义递交的工作成果

企业与实施咨询公司讨论确定系统实施过程中和实施结束时需要递交的工作成果，包括相关的实施文档和最终上线运行的系统。

（3）评估实施的主要风险

由实施咨询公司结合企业的实际情况对实施系统进行风险评估，对预计的主要风险采取相应的措施来加以预防和控制。

（4）制订项目实施的时间计划

在确定详细的项目实施范围、定义递交的工作成果和评估实施的主要风险的基础上，根据系统实施的总体计划，编制详细的实施时间计划。

（5）制订成本和预算计划

根据项目总体的成本和预算计划，结合实施时间安排，编制具体的系统成本和预算计划。

（6）制订人力资源计划

确定实施过程中的人员安排，包括具体的实施咨询公司的咨询人员和企业方面的关键业务人员。需要对用户方面参与实施的关键人员的日常工作做出安排，以确保对实施项目的时间投入。

4. 项目执行

项目执行阶段是实施过程中历时最长的一个阶段，贯穿于 ERP 项目的业务模拟测试、系统开发确认和系统转换运行三个步骤中。实施的成败与该阶段项目管理进行的好坏休戚相关。在项目执行阶段进行的项目管理的主要内容如下。

① 执行实施计划。根据预定的实施计划开展日常工作，及时解决实施过程中出现的各种人力资源、部门协调、人员沟通、技术支持等问题。

② 控制时间和成本。根据实施的实际进度控制项目的时间和成本，并与计划进行比较，及时对超出时间或成本计划的情况采取措施。

③ 报送文档。对实施过程进行全面的文档记录和管理，重要的文档需要报送项目实施领导委员会和所有相关的实施人员。

④ 汇报项目进度。以项目进度报告的形式定期向实施项目的所有人员通报项目实施的进展情况、已经开展的工作和需要进一步解决的问题。

⑤ 召开项目例会。定期召开由企业的项目领导、各业务部门的领导以及实施咨询人员参加的项目例会，协调解决实施过程中出现的各种问题。

⑥ 编写会议纪要。对所有的项目例会和专题讨论会等编写出会议纪要，对会议做出的各项决定或讨论的结果进行文档记录，并分发给与会者和有关的项目实施人员。

5. 项目评估及更新

项目评估及更新阶段的核心是项目监控，就是利用项目管理工具和技术来衡量和更新项目任务。项目评估及更新同样贯穿于 ERP 项目的业务模拟测试、系统开发确认和系统转换运行三个步骤中。

（1）阶段性评估

对项目实施进行阶段性评估，总结实施是否按计划进行并达到所期望的阶段性成果，如果出现偏差，研究是否需要更新计划及资源，同时落实所需的更新措施。

（2）项目里程碑会议

在项目实施达到重要的里程碑阶段，召开项目里程碑会议，对上一阶段的工作做出总结和评估实施进度及成果，并动员部署下一阶段的工作。

（3）质量保证体系

通过对参与实施的用户人员进行培训，编写完善实施过程中的各种文档，从而建立起质量保证体系，确保在实施完成后企业能够达到完全掌握和不断改善系统的目标。

6．项目完成

项目完成阶段是整个项目实施的最后一个阶段。此时工作接近尾声，已经取得了项目实施成果。在最后阶段，仍有重要的项目管理工作需要开展，具体内容主要有以下四方面。

① 行政验收，结合项目最初对系统的期望和目标，对项目实施成果进行验收。

② 项目总结，对项目实施过程和实施成果做出回顾和总结。

③ 经验交流，交流分享在实施过程中的经验和教训。

④ 正式移交，系统正式运转，由企业的计算机部门进行日常维护和技术支援。

▶▶▶ 二、ERP 项目范围管理

ERP 项目范围管理就是对一个 ERP 项目从立项到结束全过程中涉及的项目工作范围所进行的管理和控制活动。

1．项目范围管理的目的

项目范围管理的目的是确定项目该做什么，不该做什么，以及确保该做的事情必须做到，不该做的事情不能做。项目范围管理要防止两个方面的失误。

① 该做的工作没有完成，或者没有按照预定的要求完成，可以概括为漏做和少做，其中也应包含错做的情况。

② 不该做的工作进入项目范围，可以概括为多做。

🗂 **小贴士**

产品范围和项目范围的区别

（1）产品范围：指产品或服务中将包含的特征或功能。

（2）项目范围：包括为交付具有规定特征和功能的产品或服务必须完成的工作。

2．项目范围管理的过程

项目范围管理的主要过程包括项目启动、项目范围计划编制、项目范围定义、项目范围审核、项目范围变更控制等，如图 1-10 所示。

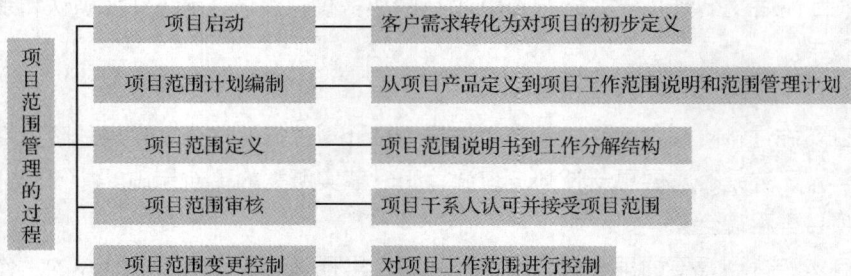

图 1-10　ERP 项目范围管理的过程

3．项目范围定义的工具

项目范围定义指的是将项目产出物进一步分解为更小的、更便于管理的组成部分。项目范围定义的目的在于提高对项目成本、项目工期和项目资源需求估算的准确性，为项目的绩效度量和控制确定一个基准，明确和分配项目任务与责任。合理恰当的范围定义对项目的成功至关重要。工作分解结构（Work Breakdown Structure，WBS）是项目范围定义的有效工具。

（1）WBS 的定义

WBS 是一种以结果为导向的分析方法，用于分析项目所涉及的工作。这些工作构成了项目管理的整个范围，而未列入 WBS 的工作是不应该做的。WBS 是项目管理中非常重要的工作方法，因为它几乎是项目管理涉及的所有知识领域和管理涉及的过程的基础。

WBS 通常用树状图形式或列表形式两种形式表示。树状图形式的 WBS 是一个以任务为导向的活动家族图，与项目的组织结构图类似，可以反映整个项目的概貌以及每一个主要的组成部分。

以树状图形式表示的 WBS 的顶层即第 0 层，代表整个项目；紧接着的一层是第 1 层，用来表示主要的项目产品或主要的项目阶段；第 2 层则是包含的主要子项。如果 WBS 包含的内容很多，一张总表不好表现，可以用分层次图表示。图 1-11 所示为某学校智慧校园平台开发的总 WBS，图 1-12 所示为该平台 WBS 的第 1 层的项目前期准备。

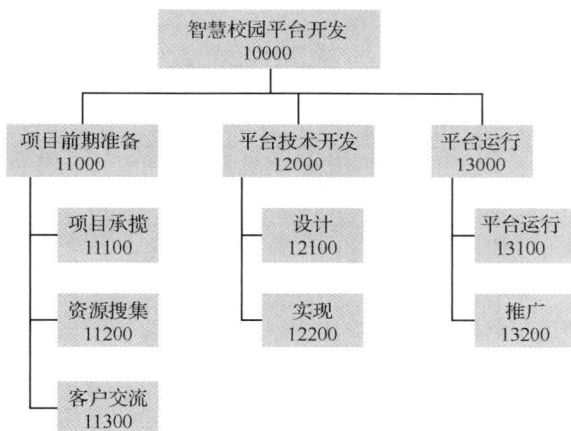

图 1-11　某学校智慧校园平台开发的总 WBS

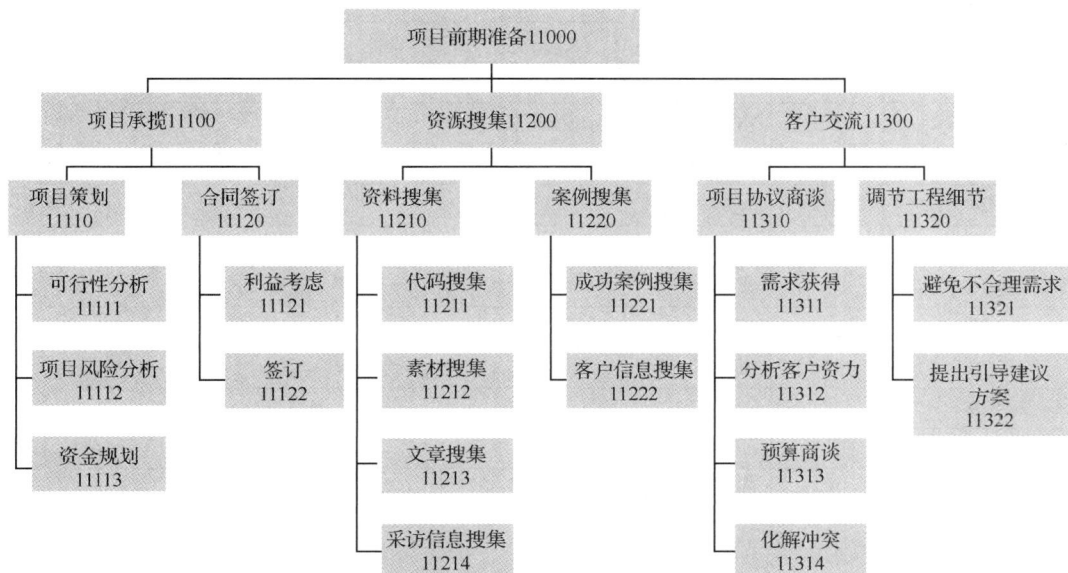

图 1-12　某学校智慧校园平台 WBS 的第 1 层的项目前期准备

WBS 也可以列表形式表示。通常在大型项目中，用树状图形式表示非常形象、直观，但当 WBS 分解到第 4 层、第 5 层以后，任务列表多达几百项甚至上千项后，用树状图形式就不容易描述清楚。一般软件开发项目的 WBS，通常用列表形式表示，如表 1-2 所示。

表 1-2　软件开发项目中列表形式的 WBS

唯一的标志	WBS	产品名称
0	0	平台开发
1	1	项目范围管理
2	1.1	确定项目范围
3	1.2	获得项目所需资金
4	1.3	定义预备资源
5	1.4	获得核心资源
6	1.5	完成项目范围规划
7	2	分析软件需求
8	2.1	行为需求分析
9	2.2	起草初步的软件规范
10	2.3	制订初步预算
11	2.4	工作组共同审阅软件规范/预算
12	2.5	根据反馈修改软件规范/预算
13	2.6	制订交付期限
14	2.7	获得开展后续工作的批准（概念、期限和预算）
15	2.8	获得所需资源
16	2.9	完成分析工作
17	3	设计
18	3.1	审阅初步的软件规范
19	3.2	制订功能规范
20	3.3	根据功能规范开发原型
21	3.4	审阅功能规范
22	3.5	根据反馈修改功能规范
23	3.6	获得开展后续工作的批准
24	3.7	完成设计工作
25	4	开发
26	5	测试
27	6	培训
28	7	编写文档
29	8	试生产
30	8.1	确定测试群体
31	8.2	确定软件分发机制

（2）WBS 的原则

WBS 将所做的项目分解成若干个具体的任务，任务的分解可以是多样的，不同的团队分解的结果可以是不同的，而且并没有标准的分解方法。在实施 WBS 时，应该遵循以下原则。

①"逐层分解"原则。如按照"大项目—项目—阶段—任务—子任务—工作单元（活动）"分解。

②"两周工作包"原则。这条原则指的是在任务分解过程中，最小级别的任务工期最好控制在 10～14 个工作日，目的是在项目执行期内更好地实施检查和控制。遵循这一原则可以在两周之内或更短的时间发现项目暴露的问题。制订项目计划的目的是更好地控制项目，任务分解的结果便是项目执行、检查、控制的依据，如果项目任务分解过于粗放，就难以进行细致的跟踪。如果某一任务的工期较长，建议对任务进行细化分解，以便符合"两周工作包"原则。

③"责任到人"原则。任务分解过程中，最小级别的任务最好能够分配到某一个具体的资源，一项任务只能在 WBS 中出现一次，每项任务只能有一个负责人。如果某一项任务需要若干个资源才能完成，建议再次分解该任务，否则如果某一项任务出现问题，很难将责任定位到某一个人。

④"风险分解"原则。任务分解过程中，如果遇到风险较大的任务，为了更好地化解风险，应该将任务再次细分，以使风险更早地暴露，为风险的消除或控制提供帮助。

⑤"逐步求精"原则。高质量的任务分解需要花费时间，而在项目前期不可能考虑到后期非常具体的任务，因此即将开始的任务需要非常精细地分，未来的任务可以分解得粗放一些，等到执行时再进行细化分解。

⑥"团队工作"原则。项目计划制订的主要责任人是项目经理，但不应该是项目经理一个人的工作。项目经理在制订项目计划的过程中，尤其是在分解任务，对关键过程估计工期时一定要与项目成员一起进行。因为任务的具体执行必须征得项目成员的同意，从而避免项目执行过程中的任务分解方面的意见分歧。

在根据项目范围说明书进行工作分解时，还要使 WBS 有一定的灵活性，以适应项目范围变更的需要。

▶▶▶ 三、ERP 项目质量管理

ERP 项目质量管理的目的是保证 ERP 系统在企业正常运行，同时保证 ERP 软件质量的稳健性、安全性、可维护性、开放性、可操作性等。其从两个方面有效保证 ERP 项目实施交付的质量：一方面是从项目管理方法论的角度，另一方面是从实施过程控制的角度，也就是对组织标准实施过程的遵守程度的控制，这是对 ERP 项目质量间接的保证机制。

1. 项目质量管理的内容

项目质量管理主要依靠质量计划、质量控制、质量保证及质量改进管理确保项目按照预定目标圆满地完成，只有处理好三者的关系，才能保证任务的顺利进行。

2. 项目质量管理的过程

项目质量管理是项目管理的重要方面之一。首先建立项目的表现衡量标准，这是进行项目质量管理的关键，然后观察项目的实际表现情况，再比较实际表现和表现衡量标准，最后采取纠正措施，具体内容如下。

（1）建立项目的表现衡量标准

项目表现衡量标准的制订依据是项目计划，通过项目目标和实施策略的具体内容建立项目的期望，作为项目表现衡量标准的基础和核心。具体的项目表现衡量标准主要包括以下内容：工作范围和项目具体步骤；基本时间估计和成本预算；财务预测和资金计划；工作详细安排；质量要求；项目小组满意程度；最终用户满意程度；企业管理层和出资人满意程度。

（2）观察项目的实际表现情况

其是指通过项目执行过程中正式或非正式的渠道，收集项目实施的有关信息，观察项目的实际表现情况。在这一步骤中可以利用的信息渠道包括以下两个。

① 正式渠道，如项目进度报告、项目例会、项目里程碑会议、各种会议纪要等。

② 非正式渠道，如与项目成员或最终用户的交谈和讨论，与企业管理层或出资方非正式的交流等。

（3）比较实际表现和表现衡量标准

比较项目实施的实际表现和预先制订的表现衡量标准主要通过回答两个问题（"项目进展如何？""如果发生了与项目计划偏离的事件，是如何造成的？"）进行。

表现衡量标准为客观评价项目状况提供了依据，使决策人员能够迅速、有效地对项目的实际进展做出客观、公正的判断，从而及时采取必要的措施。通过表现衡量标准对项目的进展状况进行评估，往往是项目小组和企业高级管理层的责任。

（4）采取纠正措施

在比较项目实施的实际表现和表现衡量标准后，如果出现偏差，就需要采取纠正措施，及时将实施项目拉回正轨。纠正措施可以采取以下形式。

① 重新制订项目计划。

② 重新安排项目步骤。

③ 重新分配项目资源。

④ 调整项目组织形式和项目管理方法。

》》》四、ERP 项目进度管理

项目进度管理是指在项目实施过程中，对各阶段的进展程度和项目最终完成的期限所进行的管理，并在规定的时间内，拟定出合理且经济的进度计划（包括多级管理的子计划）。在执行该计划的过程中，经常要检查实际进度是否按计划要求进行，若出现偏差，便要及时找出原因，采取必要的补救措施或调整、修改原计划，直至项目完成。其目的是保证项目能在规定的时间内实现总体目标。

1. 项目进度管理的过程

项目进度管理可分为 5 个过程：项目活动定义、项目活动排序、项目活动历时估算、项目进度计划制订、项目进度控制。

（1）项目活动定义

项目活动定义是一个过程，涉及确认和描述为完成工作分解结构中规定的项目可交付成果所必须进行的具体活动，并将其形成文字记录。项目活动定义的过程要求所定义的活动应确保能实现项目目标。

（2）项目活动排序

项目活动排序的过程包括通过评估项目的工作分解结构、各种假设条件和依赖关系等，确认项目活动清单中各项活动的相互关系，根据项目活动的先后顺序对各项活动进行安排。每项工作活动只有具备一定条件才能开展，这些条件往往是由另一项工作活动提供的，即某些活动必须在另一项活动完成后才能进行，这就产生了项目活动之间的先后顺序关系。项目活动必须正确排序，以便今后据此制订符合实际、切实可行的项目进度计划。

小贴士

活动依赖关系

活动依赖关系是一对存在于活动间的简单关系。活动依赖关系有以下 4 种。

（1）完成—开始关系（FS）。活动 A 必须在活动 B 开始前结束，如活动 A 是数据采集，活动 B 是数据录入。数据采集结束后立即进行数据录入。

（2）开始—开始关系（SS）。活动 A 一旦开始，活动 B 就可以开始，这里不存在必然的紧随关系，可以描述为一边做活动 A，一边做活动 B。需要压缩进度时使用这种依赖关系。

（3）开始—完成关系（SF）。活动 A 开始前，活动 B 不能完成，如新系统开始运行（活动 A）时，旧系统才可以终止（活动 B）。

（4）完成—完成关系（FF）。活动 B 在活动 A 完成后才能完成，如活动 A 是敷设电缆，活动 B 是给电缆贴标签，电缆敷设完成后，电缆标签才可能贴完。

（3）项目活动历时估算

项目活动历时估算是制订项目进度计划的重要基础，是指预计完成各项项目活动所需的时间长短。在进行项目活动历时估算时，需要分别估计项目各个活动所需的时间，然后根据项目活动的先后顺序估计整个项目所需的时间。这项工作通常是逐步细化和完善的，估计过程中要考虑输入的数据是否真实，是否符合质量要求。因此，估计结果可以假定逐步趋于准确，其质量优劣是已知的。项目团队中最熟悉某项具体活动特性的个人或小组应当参与活动所需时间估计工作，或至少对工作情况进行审核。

（4）项目进度计划制订

项目进度计划制订是根据项目的目标，在项目确定的范围内依据确定的需求和质量标准，并在项目成本预算范围内，制订出周密的项目活动安排的过程。制订项目进度计划的目的如下。

① 通过制订项目进度计划，项目组和有关管理人员对项目有关事项，如资源配备、风险化解、人员安排、时间进度、内外接口等达成共识，形成事先约定，避免事后争吵不休。

② 制订项目进度计划可以使一些支持性工作以及并行工作及时得到安排，避免计划不周造成各子流程之间的相互牵掣。例如，测试工具的研发、人员的培训等都是需要及早计划和安排的。

③ 制订项目进度计划可以使项目实施人员明确自己的职责，便于其进行自我管理和自

我激励。

④ 项目进度计划可以被有效地支持管理，还可以作为项目经理、业务经理、技术经理、质量经理、测试经理、配置经理等对开发工作跟踪和检查的依据。

⑤ 做好事先计划，就可以使注意力专心于解决问题，而不会去想下一步做什么。

⑥ 项目进度计划是实施项目总结的依据之一，项目总结其实就是把实际运行情况与项目进度计划不断进行比较，从而总结经验、教训的过程。

项目经理最主要的工作之一，就是制订项目进度计划，并根据项目进度计划，安排工作、监督实施、考察进度，识别项目进度方面存在的风险与偏差，对不符合计划进度要求的情况，及时进行调整。项目进度计划是组织考核项目经理工作的主要依据。项目进度计划既是组织对项目组和项目经理实行目标管理和目标考核的依据，也是过程控制的依据。显然，项目阶段里程碑的达到与否，是最简单、最直接的考核标准。

（5）项目进度控制

项目进度控制是对项目进度计划的实施与项目进度计划变更所进行的管理控制工作，包括调控某些因素使项目进度朝有利方向改变，确定原有的进度是否已经发生改变，当确认实际进度发生改变时对其实施控制。

2. 项目进度管理的工具

（1）网络计划技术

网络计划技术是指以网络图为基础的计划模型，其优点是能直观地反映工作项目之间的相互关系，使计划构成一个系统的整体，为实现计划的定量分析奠定基础。同时，它运用数学最优化原理，揭示整个计划的关键工作以及巧妙地安排计划中的各项工作，从而使计划管理人员依照执行的情况信息，有科学根据地对未来做出预测，使得计划自始至终在人们的监督和控制之中，从而用尽可能短的工期、尽可能少的资源、尽可能好的流程、尽可能低的成本来完成所控制的项目。

（2）甘特图

甘特图（Gantt Chart）又称为横道图、条状图（Bar Chart）。其通过条状图来显示项目进度和其他与时间相关的系统进展的内在关系随着时间进展的情况。甘特图以提出者亨利·劳伦斯·甘特（Henry Laurence Gantt）先生的名字命名，示例如图 1-13 所示。

任务甘特图

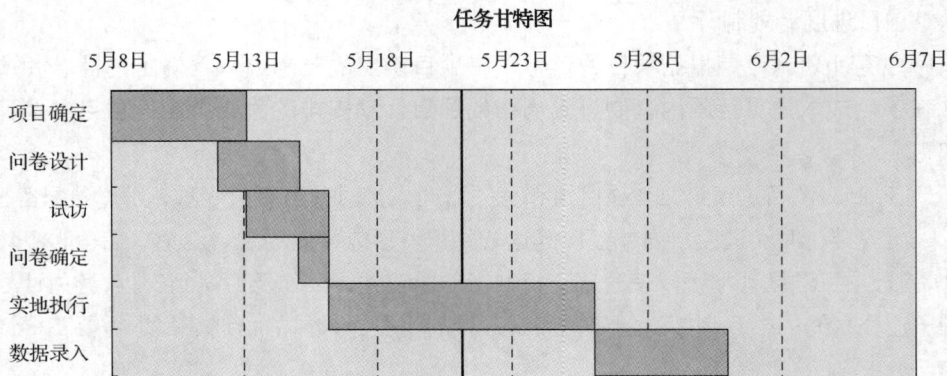

图 1-13 甘特图示例

（3）关键路径法

关键路径法（Critical Path Method，CPM）是一种基于数学计算的项目计划管理方法，是网络图计划方法的一种。关键路径法将项目分解成为多个独立的活动并确定每个活动的工期，然后用活动依赖关系（完成—开始、完成—完成、开始—开始和开始—完成）将活动连接，从而计算项目的工期、各个活动的持续时间（最早最晚时间、时差）等。应用关键路径法，在活动上加载资源后，还能够对项目的资源需求和分配进行分析。关键路径法是现代项目管理中一种重要的分析工具。

① 关键路径上的活动持续时间决定项目的工期，关键路径上所有活动的持续时间加起来就是项目的工期。

② 关键路径上的任何一个活动都是关键活动，其中任何一个活动的延迟都会导致整个项目完成时间的延迟。

③ 关键路径是从开始到结束的项目路线中耗时最长的路线，因此缩短项目工期就要从缩短关键路径上的活动持续时间方面考虑。

④ 关键路径的耗时是完成项目的最短的时间。

⑤ 关键路径上的活动是总时差最小的活动。

（4）计划评审技术

计划评审技术（Program Evaluation and Review Technique，PERT）是一种以时间为中心，找出从开工到完工所需要时间的最长路线，并围绕关键路线对系统进行统筹规划、合理安排以及对各项工作的完成进度进行严密的控制，以达到用最少的时间和资源消耗来完成系统预定目标的计划与控制方法。

PERT 用网络图来表达项目中各项活动的进度和它们之间的相互关系，在此基础上，进行网络分析和时间估计。PERT 认为项目持续时间以及完成整个项目所需的时间是随机的，服从某种概率分布，可以利用活动依赖关系和项目持续时间的加权合计，即项目持续时间的数学期望计算项目时间。

PERT 对每项活动都采用 3 个时间估计值：乐观时间、最可能时间、悲观时间，可以采用三点估计法来估算活动的持续时间。PERT 不仅可以用于估算活动持续的最早时间与最晚时间，还可以用于计算各项活动持续时间的方差。因此 PERT 可以计算出总的关键路线消耗的时间（数学期望）和总持续时间的方差。

假定 3 个时间估计值服从 β 分布，由此可以算出每个活动的期望为

$$t_i = (a_i + 4m_i + b_i) \div 6$$

其中：a_i 表示 i 项活动的乐观时间，m_i 表示 i 项活动的最可能时间，b_i 表示 i 项活动的悲观时间。根据 β 分布的方差计算方法，i 项活动的持续时间方差为

$$\sigma_i^2 = (b_i - a_i)^2 \div 36$$

例如，某 ERP 系统的建设可分解成需求分析、设计编码、测试、安装部署 4 个活动，各个活动顺次进行，没有时间上的重叠，活动时间估计如图 1-14 所示（箭头下的数据为该期的 3 个时间估计值）。

图 1-14　ERP 系统工作分解和活动时间估计

则各活动的期望时间和方差为

$$t_{需求分析} = (7 + 4 \times 11 + 15) \div 6 = 11 \qquad \sigma^2_{需求分析} = (15 - 7)^2 \div 36 \approx 1.778$$

$$t_{设计编码} = (14 + 4 \times 20 + 32) \div 6 = 21 \qquad \sigma^2_{设计编码} = (32 - 14)^2 \div 36 = 9$$

$$t_{测试} = (5 + 4 \times 7 + 9) \div 6 = 7 \qquad \sigma^2_{测试} = (9 - 5)^2 \div 36 \approx 0.444$$

$$t_{安装部署} = (5 + 4 \times 13 + 15) \div 6 = 12 \qquad \sigma^2_{安装部署} = (15 - 5)^2 \div 36 \approx 2.778$$

PERT 认为整个项目的完成时间是各个活动完成时间之和，且服从正态分布。整个项目的完成时间的数学期望 T 和方差 σ^2 分别等于

$$T = \sum t_i = 11 + 21 + 7 + 12 = 51$$

$$\sigma^2 = \sum \sigma_i^2 = 1.778 + 9 + 0.444 + 2.778 = 14$$

标准方差为：$\sigma = \sqrt{\sigma^2} \approx 3.742$

通过查标准正态分布表，可得到整个项目在某一时间内完成的概率。例如，如果客户要求在 60 天内完成，那么可能完成的概率为

$$P\{t \leqslant 60\} = \phi\left(\frac{60 - T}{\sigma}\right) = \phi\left(\frac{60 - 51}{\sigma 3.742}\right) = 0.992$$

▶▶▶ 五、ERP 项目费用管理

项目费用是项目形成过程中所消耗的各种费用的总和。项目费用管理是指为保证项目实际发生的费用不超过项目预算费用所进行的项目费用估算、项目费用预算和项目费用控制等方面的管理过程和活动。

1. 项目费用管理的过程

（1）项目费用估算

项目费用估算是指估计完成项目各项工作所需资源的费用，包括但不限于人工、材料、设备、服务、设施和特殊条目。项目费用估算是针对完成计划活动所需资源的可能费用进行的量化评估。项目费用估算的依据、工具与技术、成果如图 1-15 所示。

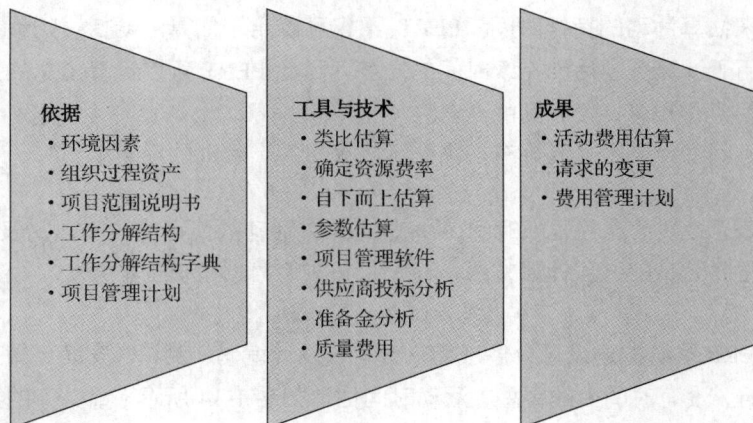

依据
·环境因素
·组织过程资产
·项目范围说明书
·工作分解结构
·工作分解结构字典
·项目管理计划

工具与技术
·类比估算
·确定资源费率
·自下而上估算
·参数估算
·项目管理软件
·供应商投标分析
·准备金分析
·质量费用

成果
·活动费用估算
·请求的变更
·费用管理计划

图 1-15 项目费用估算的依据、工具与技术、成果

（2）项目费用预算

项目费用预算是进行项目费用控制的基础，是项目成功的关键因素。项目费用预算的中

心任务是将费用预算分配到项目的各活动上，估计项目各活动的资源需要量。

项目费用预算是一种资源分配计划，对涉及项目的人员构成一种约束，其中包含两方面的约束，一是特定时期的约束，二是在特定时期内的特定资源的约束。

项目费用预算虽然不可能与实际执行情况完全吻合，但它对项目的整个资源系统进行了一个总体规划，可以帮助管理者及时发现项目实施中各阶段的费用偏差，避免小偏差的累积最终酿成严重后果。项目费用预算的内容主要包括直接人工费用预算、咨询服务费用预算、资源采购费用预算和意外开支准备金预算。项目费用预算的依据、工具与技术、成果如图 1-16 所示。

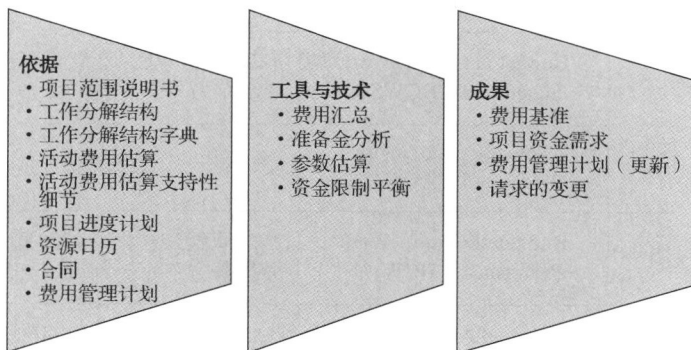

依据
· 项目范围说明书
· 工作分解结构
· 工作分解结构字典
· 活动费用估算
· 活动费用估算支持性细节
· 项目进度计划
· 资源日历
· 合同
· 费用管理计划

工具与技术
· 费用汇总
· 准备金分析
· 参数估算
· 资金限制平衡

成果
· 费用基准
· 项目资金需求
· 费用管理计划（更新）
· 请求的变更

图 1-16　项目费用预算的依据、工具与技术、成果

（3）项目费用控制

项目费用控制是按照事先确定的项目费用预算基准计划，通过运用多种恰当的方法，对项目实施过程中所消耗的费用的使用情况进行管理控制，以确保项目的实际费用限定在项目费用预算范围内的过程。

项目费用控制的目标是实现费用预算计划，在不影响项目质量、满足要求的前提下尽可能地降低项目费用。项目费用控制实现的是对项目费用的管理，其主要目的是对造成实际费用与费用基准计划发生偏差的因素实施影响，保证其向有利的方向发展，同时对与费用基准计划已经发生偏差和正在发生偏差的各项费用进行管理，以保证项目的顺利进行。项目费用控制的依据、工具与技术、成果如图 1-17 所示。

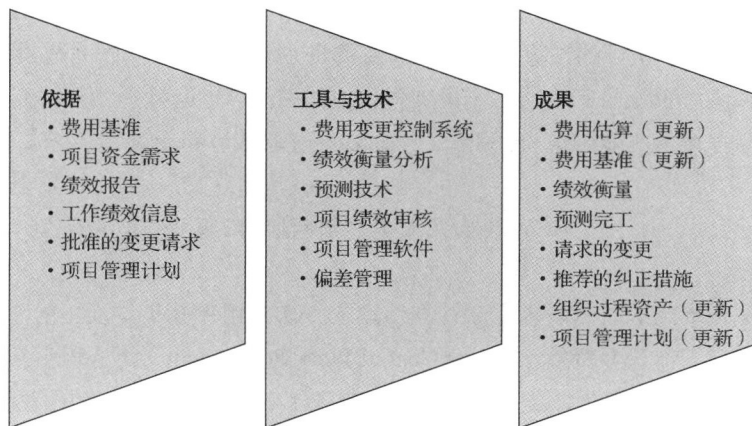

依据
· 费用基准
· 项目资金需求
· 绩效报告
· 工作绩效信息
· 批准的变更请求
· 项目管理计划

工具与技术
· 费用变更控制系统
· 绩效衡量分析
· 预测技术
· 项目绩效审核
· 项目管理软件
· 偏差管理

成果
· 费用估算（更新）
· 费用基准（更新）
· 绩效衡量
· 预测完工
· 请求的变更
· 推荐的纠正措施
· 组织过程资产（更新）
· 项目管理计划（更新）

图 1-17　项目费用控制的依据、工具与技术、成果

2．项目费用管理的工具

挣值管理法是一种能全面衡量项目进度、成本的整体方法，又称为赢得值法或者偏差分析法，通过分析项目实际进度与项目目标期望之间的差异，从而判断项目实施的费用、进度绩效。它综合了范围、时间和费用数据，是一种项目绩效测量技术。挣值管理法中的基本概念如表 1-3 所示。

表 1-3　挣值管理法中的基本概念

名称	英文名称和缩写	意义
计划工作预算费用	Budgeted Cost of Work Scheduled（BCWS）	累加预算费用，是当前本应该完成的所有工作的预算值之和，即计划费用
已完成工作实际费用	Actual Cost of Work Performed（ACWP）	实际费用，这个定义更准确
已完成工作预算费用	Budgeted Cost of Work Performed（BCWP）	这个值就是所谓的"挣值"，它表示当前完成的所有工作的预算值之和
完成工作预算	Budgeted At Completion（BAC）	整个项目的所有阶段的预算的总和，也就是整个项目费用的预算值

（1）三个独立参数

挣值管理法有三个涉及计算项目 WBS 中各项活动或汇总活动的独立参数：计划值、挣值、实际费用。

① 计划值

计划值就是计划工作预算费用，又叫预算，即计划在一个给定时期内，整个费用估算中用于某项活动的已经获得批准的那部分价值。BCWS 主要反映进度计划应当完成的工作量，是项目控制的基准曲线。BCWS 的计算公式为

$$BCWS = 计划工作量 \times 预算定额$$

② 挣值

挣值就是已完成工作预算费用，即项目实施过程中，到某一时刻为止，已经完成的工作（或部分工作），以批准认可的预算为标准所需要的资金总额，又称"已完成投资额"。由于客户根据这一预算值为企业已完成的工作量支付相应的费用，也就是企业获得（挣得）的金额，故称挣值（也叫挣得值）。当然，已完成工作必须经过验收，符合质量要求。BCWP 的计算公式为

$$BCWP = 已完成工作量 \times 预算定额$$

③ 实际费用

实际费用是在既定的时间段内完成计划活动或 WBS 组件的工作发生的总费用。实际费用以前叫作已完成工作实际费用（Actual Cost of Work Performed，ACWP）。实际费用即项目实施过程中，到某一时刻为止，已完成的工作（或部分工作）所实际花费的总金额，又称"消耗投资额"。ACWP 主要反映项目执行的实际消耗指标。

这三个费用可以描述为三个关于时间（进度）的函数，即

BCWS (t)，$(0 \leqslant t \leqslant T)$

BCWP (t)，$(0 \leqslant t \leqslant T)$

ACWP (t)，$(0 \leqslant t \leqslant T)$

其中，T 表示项目完成时间，t 表示项目进展中的监控时间。理想状态下，三条函数由线应该重合于 BCWS (t)。

小案例

某企业打算为 ERP 项目安装一台 Web 接入服务器，预计硬件、软件、安装等计划用一周的时间，购买硬件、软件及请他人安装等的成本预算为 3 万元。最后实际用了两周时间完成服务器的购买和安装。在第一周花 2.5 万元购买了服务器，在第二周花 0.5 万元完成了安装工作。

案例分析：

第一周的计划值：BCWS=计划工作量×预算定额=1×3=3（万元）。

第一周的 ACWP 为 2.5 万元，第二周的 ACWP 为 0.5 万元。这两周的 BCWS 就是 3 万元。如果第一周购买服务器和软件占总计划工作量的 70%，第一周的计划成本是 3 万元，那么第一周的挣值就是 2.1 万元。其计算过程：BCWP=已完成工作量×预算定额=3×70%=2.1（万元）。

（2）评价指标。

挣值管理法还有以下四个评价指标。

① 费用偏差

费用偏差（Cost Variance，CV）是指在检查期间 BCWP 与 ACWP 之间的差异，计算公式为

$$CV = BCWP - ACWP$$

当 CV 为正值时表示实际费用低于计划值，表示有节余或效率高，如图 1-18（a）所示；当 CV 为负值时表示执行效果不佳，即实际费用超过计划值（即超支），如图 1-18（b）所示。若 CV=0，表示项目按计划执行。

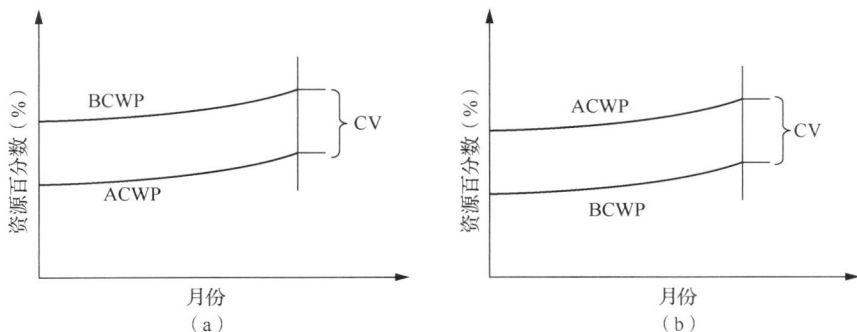

图 1-18 挣值管理法的费用偏差

② 进度偏差

进度偏差（Schedule Variance，SV）是指在检查期间 BCWP 与 BCWS 之间的差异，如图 1-19 所示。其计算公式为

$$SV = BCWP - BCWS$$

当 SV 为正值时表示进度提前，SV 为负值表示进度延误。若 SV=0，表明进度按计划执行。

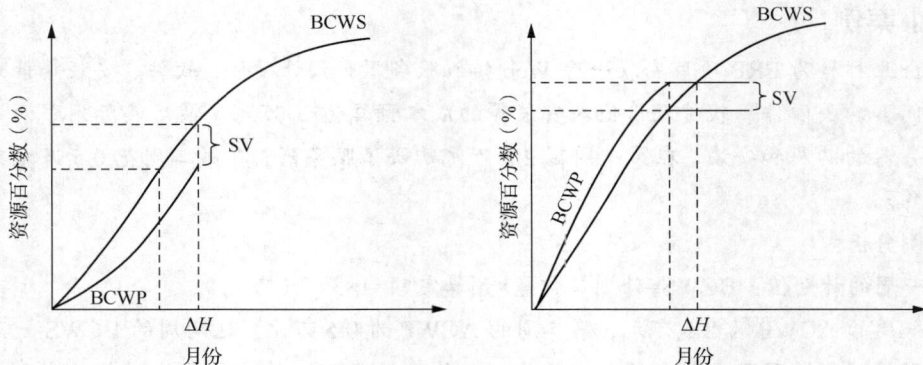

图 1-19　挣值管理法的进度偏差

③ 费用执行指数

费用执行指标（Cost Performed Index，CPI）是指挣值与实际费用之比，计算公式为

$$CPI = BCWP / ACWP$$

CPI 可以用来估算完成项目的计划费用。

当 CPI<1（或 100%）时，表示项目超支，即实际费用高于预算费用。

当 CPI>1（或 100%）时，表示项目在预算范围内，即实际费用低于预算费用。

当 CPI=1（或 100%）时，表示实际费用与预算费用吻合，表明项目费用在计划范围内。

④ 进度执行指数

进度执行指标（Schedule Performed Index，SPI）是指挣值与计划值的比值，计算公式为

$$SPI = BCWP / BCWS$$

SPI 可以用来估算完成项目的计划时间。

当 SPI>1（或 100%）时，表示项目进度提前，即实际进度比计划进度快。

当 SPI<1（或 100%）时，表示项目进度延误，即实际进度比计划进度慢。

当 SPI=1（或 100%）时，表示项目实际进度等于计划进度。

（3）项目综合评价

根据挣值管理法中的三个参数和四个指标对项目进行综合评价，通过数据判断项目目前所处的阶段，以便给管理者提供更好的修正方式方法或者策略，总体的情况如图 1-20 所示。

序号	图	三个参数关系	分析	措施
1		ACWP>BCWS>BCWP SV<0 CV<0	效率低 进度较慢 投入超前	用工作效率高的人员更换一批工作效率低的人员
2		BCWP>BCWS>ACWP SV>0 CV>0	效率高 进度较快 投入延后	若偏离不大，维持现状
3		BCWP>ACWP>BCWS SV>0 CV>0	效率较高 进度快 投入超前	抽出部分人员，放慢进度
4		ACWP>BCWP>BCWS SV>0 CV<0	效率较低 进度较快 投入超前	抽出部分人员，增加少量骨干人员
5		BCWS>ACWP>BCWP SV<0 CV<0	效率较低 进度慢 投入延后	增加高效人员的投入
6		BCWS>BCWP>ACWP SV<0 CV>0	效率较高 进度较慢 投入延后	迅速增加人员的投入

图 1-20 项目综合评价

小案例

某企业的 ERP 项目已经进展到第 11 周，现对前 10 周的工作进行统计，基本情况见表 1-4。

表 1-4 某企业 ERP 项目前 10 周的基本情况

金额单位：万元

工作	计划值	已完成工作量	实际费用	挣值
A	400	100%	400	400
B	450	100%	460	450
C	700	80%	720	560
D	150	100%	150	150
E	500	100%	520	500
F	800	50%	400	400
G	1 000	60%	700	600
H	300	100%	300	300
I	120	100%	120	120
J	1 200	40%	600	480
合计	BCWS=5 620		ACWP=4 370	BCWP=3 960

案例分析：

根据表格数据整理可知，三个基本参数：计划值为 5 620 万元，实际费用为 4 370 万元，挣值为 3 960 万元。四个评价指数：CV=BCWP-ACWP=3 960-4 370=-410（万元），SV=BCWP-BCWS=3 960-5 620=-1 660（万元），CPI=BCWP/ACWP=3 960/4 370≈0.906，SPI=BCWP/

BCWS= 3 960/ 5 620≈0.705。

数据关系：BCWS>ACWP>BCWP，CV<0，SV<0。

项目总体情况是效率较低，实际费用比已完工预算多，但工作进度慢，因此项目状况不好，需要加快进度并控制费用，建议增加高效人员的投入。

▶▶▶ 六、ERP 项目风险管理

项目风险管理就是在项目生命周期中对可能遇到的风险进行预测、识别、估计、分析，并在此基础上有效地应对风险。它作为项目管理的一个重要组成部分，通过制订适宜的风险管理计划，防范任何可能给项目带来不利影响的潜在事件。

1. 项目风险管理的内容

在对企业实施 ERP 系统的风险分析中，ERP 项目潜在的风险包括以下方面：软件风险，如软件功能风险和软件选择风险；实施风险，如项目组织风险、时间和进度控制风险、成本控制风险和实施质量控制风险；转变风险，一般是指管理观念转变的风险、组织架构调整的风险、业绩考评体系改变的风险等。对 ERP 项目实施过程中发生的或可能发生的各种风险进行管理和控制，是项目管理贯穿 ERP 项目全过程的重要内容。

2. 项目风险管理的过程

项目风险管理可以分为四个步骤：项目风险识别、项目风险衡量、项目风险管理、项目风险监控。

（1）项目风险识别

项目风险识别主要的工作是确定可能影响项目实施的风险并记录风险的特征。需要注意的是：项目风险识别贯穿整个项目实施的全过程，而不仅仅是项目的开始阶段；可能的风险来自各种内部因素和外部因素；在识别风险的同时，需要辩证地分析其负面效应（即风险带来的威胁）和正面效应（即潜在的机会）。

（2）项目风险衡量

项目风险衡量主要是对识别的风险进行评估，确定风险与风险之间的相互作用以及潜在的一系列后果，同时还需要确定风险的重要性和处理风险的优先次序。在这一阶段可以采用的分析工具包括"风险评估矩阵""预期投资回报率""风险模拟法""风险决策树法"等。

📚 小贴士

风险决策树法

风险决策树法是一种运用概率与图论中的树对决策中的不同方案进行比较，从而获得最优方案的风险型决策方法。图论中的树是连通且无回路的有向图，入度为 0 的点称为树根，出度为 0 的点称为树叶，树叶以外的点称为内点。决策树由树根（决策节点）、其他内点（方案节点、状态节点）、树叶（终点）、树枝（方案枝、概率枝）、概率值、损益值组成。

（3）项目风险管理

项目风险管理是风险控制中最为直接、最为关键的一个步骤。在管理风险过程中，需要对风险的正面效应（即潜在的机会）制订增强措施，对风险的负面效应（即可能的威胁）制订应付方法。对于不同的风险，需要根据其重要性、影响大小以及已经确定的处理优先次序，采取相应的措施加以控制，对负面风险的反应是尽量避免、努力减小或设法接受。另外，在处理风险时需要注意"及时性"，即在第一时间对各种突发的风险做出判断并采取措施；同时需要注意"反复性"，即对已经发生或已经得到控制的风险经常回顾，确保风险能够得到稳定、长期的控制。

（4）项目风险监控

最终需要对项目过程进行监控，检查风险控制的实际效果，评价项目的整体表现。项目管理是通过项目管理循环，从表现衡量与质量管理、风险管理等不同方面对项目进行控制，使企业实现项目所预期的成果和目标。良好的项目管理对 ERP 项目的成功运行、对各种实施风险的成功管理控制有着至关重要的作用。

项目思考

1．简述项目发展的历程。

2．简述项目及项目管理的概念、特征及属性。

3．简述项目管理的过程组。

4．简述项目生命周期管理。

5．简述 ERP 项目的实施主体。

6．简述 ERP 项目实施阶段及管理重点。

7．简述 ERP 项目管理中的范围、时间、成本、质量及风险管理等概念及工具。

8．查阅 ERP 实施相关资料，构建评价指标，分析说明 ASAP、ORACLE 以及金蝶实施方法的各自特点。

举一反三

案例企业的 ERP 项目，项目金额为 80 万元，全部工期预计为 12 个月。目前，该项目已经进展到第 9 个月，现对前 8 个月的项目实施进展进行统计总结，整体情况如表 1-5 所示（结果保留两位小数）。

表 1-5　项目任务完成情况

金额单位：万元

工作	计划值	已完成工作量	实际费用
A	40	100%	40
B	45	100%	46
C	70	80%	72
D	15	100%	15
E	50	100%	52
F	80	50%	40
G	100	60%	70
H	30	100%	30
I	12	100%	12
J	120	40%	60

1．计算 8 月末的合计 BCWS、ACWP、BCWP。

2．计算 8 月末的 CV、SV、CPI、SPI，进行分析并提出相应的解决方案。

▼ 项目实施总结 ● ● ●

  ERP 项目实施是一个复杂的系统工程，涉及企业生产、经营、技术和管理的各个方面，必须把企业外部市场需求和企业内部的经营情况以及外部供应商资源整合在一起，对企业的各种资源进行充分调配和平衡，通过系统应用实现整个企业信息的集成。整个实施过程极其复杂多变，所以 ERP 项目实施管理的过程必须严格遵守项目管理知识体系规则，否则无法保证项目的成功实施。本项目基于企业 ERP 系统建设的实际过程，并结合 ERP 供应商的实施方法论，梳理总结了 ERP 项目实施与管理方法论。

项目二
ERP 项目规划

项目描述与分析

项目规划是实施任何项目必须首先考虑的。案例企业在实施方的协助下对企业进行现状调研及需求分析，制订了适合企业的实施策略与计划，成立了高效的实施团队，从而确定了整个项目管理机制，以保障项目未来顺利进入下一个阶段。本阶段项目组需要完成的主要任务如图 2-1 所示。

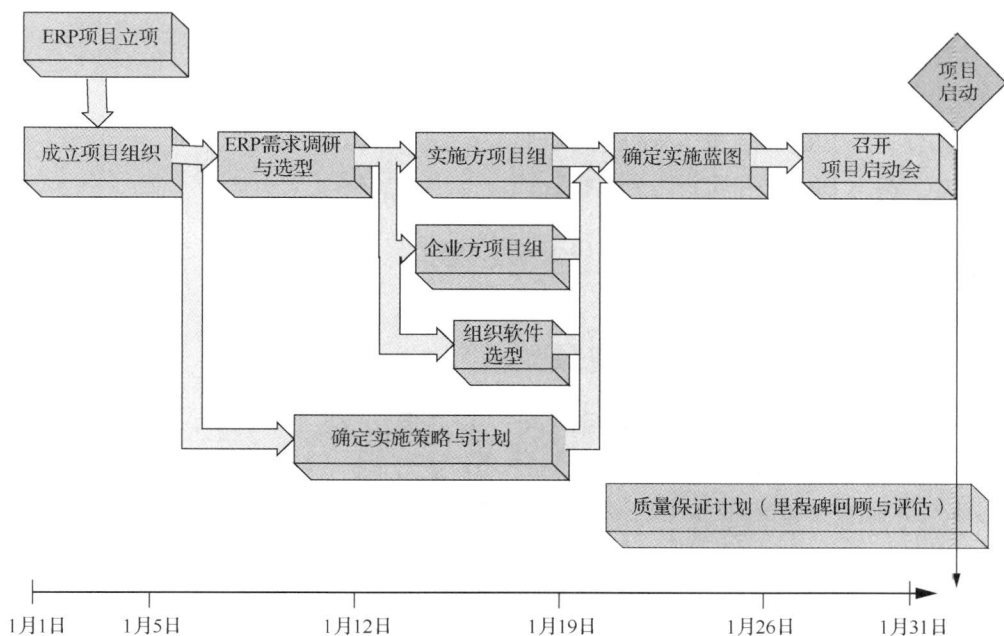

图 2-1　ERP 项目规划阶段的主要任务

ERP 项目规划是针对项目人员、项目计划和项目有关初始约定的一系列相关活动，案例企业根据自身的实际情况确定实施策略和项目组织，解决项目做什么、如何做、谁来做的问题。在项目的实施过程中，项目经理必须根据项目变化，进行项目实施组织的动态调整，以满足实现项目实施目标的需要。

项目知识点

ERP 项目立项，ERP 项目投资分析，项目组织，项目绩效管理，ERP 需求分析，ERP 系统选型的步骤，ERP 系统选型的原则，项目实施策略，项目实施计划书。

项目技能点

➤ 能利用项目经济可行性分析的方法对 ERP 项目进行投资评估。

➤ 能根据项目可行性研究的要求编写项目可行性分析报告。

➤ 能根据 ERP 项目组的职责和任务组建项目实施团队，并确定团队的绩效考核制度。

➤ 能根据 ERP 系统选型的步骤与原则进行 ERP 软件及实施服务商的选择。

➤ 能确定 ERP 项目实施策略，并制订 ERP 项目实施主计划。

【任务 2-1】 ERP 项目立项

任务导读

① ERP 项目立项的内容是什么？

② 如何进行 ERP 项目投资分析？

③ 如何编写 ERP 项目可行性分析报告？

任务实施

▶▶▶ 一、认识 ERP 项目立项

ERP 项目立项是实施整个 ERP 项目的第一步，主要完成项目启动前，企业方和实施方对项目进行的前期准备工作，主要内容包括 ERP 项目投资分析，项目前期文档分析，企业经营背景研究，项目实施策略制订、项目实施方案和项目实施整体设计，双方交流项目组织要求和项目公约等。

小贴士

企业方和实施方

① 企业方，一般是指购买 ERP 软件和实施服务的企事业单位，在合作过程中经常也称为"甲方"。

② 实施方，一般是指提供 ERP 软件或者实施咨询服务的单位，在合作过程中经常也称为"乙方"。

▶▶▶ 二、ERP 项目投资分析

ERP 项目投资分析要求企业在实施 ERP 系统的过程中，必须对项目的成本和效益问题进行分析，从而避免在项目实施过程中过度谨慎与盲目跟随。为了更好地对项目进行投资分析，企业必须清楚 ERP 项目实施的成本构成及实施 ERP 后给自身带来的效益。

1. ERP 项目成本分析

（1）ERP 项目成本构成

ERP 项目实施需要企业花费软、硬件等设备的购置费用、咨询的服务费用及项目运营的各种费用等。美国、瑞典企业 ERP 项目的成本因素及各类成本所占比例如表 2-1 所示。

表 2-1　美国、瑞典企业 ERP 项目的成本因素及各类成本所占比例

ERP 项目成本构成	美国企业	瑞典企业
硬件	15%	16%
软件	30%	26%
咨询	28%	28%
培训	10%	18%
项目实施团队	17%	12%

企业实际 ERP 项目的投资成本与 ERP 软件选型、咨询和实施服务等多种因素都有很大的关系。一般来讲，我国中小企业 ERP 项目成本的构成包括以下几大方面。

① 软件的购置费用。软件的购置费用包括购买 ERP 系统软件、服务器的操作系统、数据库系统软件的费用等。

② 硬件的购置费用。硬件的购置费用主要包括购买服务器、用户计算机、网络设备及局域网建设等费用。其中 ERP 系统对服务器的要求较高，根据企业业务量的大小和对数据处理的要求不同，服务器的配置也不同。

③ 实施咨询费用。在 ERP 项目实施中企业需要支付实施咨询费用。实施咨询费用以咨询的工作量来计量。工作量与企业业务的复杂性、ERP 模块的数量有很大关系。在实施过程中由于不确定性因素的存在，工作量也具有不确定性。目前咨询费用一般是以天数为单位计算的。咨询费用一般都较高，国外公司如 SAP、ORACLE 等高级咨询顾问费用为 2 000 美元/天，中级为 1 200 美元/天，初级为 800 美元/天。国内公司如用友、金蝶的咨询顾问费用为 2 000～8 000 元/天。

④ 培训费用。培训往往是企业最容易忽视和投入不足的工作。培训没有做好，ERP 的实施和运行会有大量困难。以往的经验表明，在 ERP 实施中只有 80%以上员工得到培训，才能确保项目实施的成功。培训费用一般为项目投资总额的 20%，其投入最具有杠杆效应，即以小的投入获得大的产出。ERP 的培训可以分为外部培训和企业内部培训。外部培训是企业在 ERP 实施之前和过程中通过 ERP 供应商对企业管理层和相关部门员工的培训，包括 ERP 基本知识和理念、ERP 的操作等内容。企业内部培训是指 ERP 上线运行以后，企业组织的进一步培训，重点在于提升员工的 ERP 应用技能。

⑤ 人工成本。人工成本包括 ERP 实施和运行期间与 ERP 维护和操作相关的人员的工资、奖金、福利、保险等。ERP 系统的维护和操作可以由专职人员负责，也可以由兼职人员负责。

ERP 用户端的操作可由经过培训的原有员工完成，当系统复杂程度高时，系统的维护应由专职人员负责。

⑥ 基建费用。基建费用是指计算机机房的建设费用及相关设备，如空调、计算机等的购置费用。

⑦ 年维护费用。年维护费用是指维持系统正常运转所需的费用，主要包括设备维护更新的费用，如系统升级、硬件更新等产生的费用，以及消耗的材料费用，如打印纸、墨盒等耗材的费用，消耗的能源费用等。

⑧ 其他费用。其他费用主要包括选型期间发生的办公费、会议费、项目评估费等各种管理费用。

（2）ERP 项目成本的特征

企业在 ERP 项目中发生的各种费用总计构成 ERP 项目投资的成本。ERP 项目的投资同实物性投资相比，其项目成本存在以下特征。

① 投入上的先期性。投入上的先期性是指在实施 ERP 项目之前需要投入相当一部分资源来做准备。如项目前期准备工作所需要的投资、系统选型所需的投资和软硬件建设需要的投资等，这些投入占据项目总成本较大的比重。

② 成本的确定性。ERP 项目所表现的成本容易用数字量化表示。如人员培训费、软硬件购买费、咨询服务费以及运营期间人工费用等，都可以计算或估计出来。

③ 投入的持续性。企业对 ERP 项目的投入不是一次性的投入，而是一个持续不断的投入过程。这样才能使 ERP 系统保持优化，以适应企业的发展变化。在 ERP 系统上线之后，企业要花费运营期间的服务和维护费用；若企业业务流程发生改变，则需要对 ERP 系统进行修改或重新设计；为保持系统的先进性，需要进行定期的系统升级；为使员工能熟练使用和操作系统，需要进行不断的培训。这些都需要企业通过相当的投入来实现。

④ 无形资产投入巨大。在一般的项目投资中，固定资产的投入往往占较大比重。但在 ERP 项目投资中，无形资产所占比重却是最大的。国外企业 ERP 项目投资中，硬件、软件、咨询服务三者的投入比为 1 : 2 : 3。软件和咨询服务一般列入企业无形资产，可见 ERP 项目投资中，无形资产的投入巨大。

⑤ 企业在 ERP 项目的实施中还存在一定机会成本和隐含成本。机会成本包括由于实施这一系统，可能造成的部分部门的损失，例如原有软件、硬件系统的废弃。隐含成本包括在项目实施过程中对业务的影响以及对公共资源的调用等。

2. ERP 项目效益分析

ERP 项目效益分析是指研究企业实施 ERP 系统可以为企业带来多少效益。效益包括直接效益和间接效益。

（1）ERP 项目效益的特点

ERP 项目实施带给企业的效益具有自身的特点，主要表现为效益的综合性、效益的长期性和效益的不确定性。

① 效益的综合性是指 ERP 的实施给企业带来的效益可分为直接效益和间接效益。

② 效益的长期性是指 ERP 项目的一次性投入，在相当长的一段时间内能给企业带来效益。

ERP 系统在投入使用之后，短期之内带给企业的效益可能表现并不明显，但随着人员使用的熟练，系统和企业的契合程度不断加深，运行成本就会降低，经济效益就会逐渐显现出来。

③ 效益的不确定性是指企业 ERP 项目实施的成功与否受很多不确定性因素影响，ERP 项目带给企业的效益具有不确定性。另外，在进行 ERP 项目的经济效益评价时，一些基础数据和必需资料不容易获得，ERP 效益中表现更多的一些间接效益不容易进行量化，这些都会导致对 ERP 效益评估的困难和不确定性。

（2）ERP 项目直接效益

ERP 项目的直接效益主要表现为企业收入的增加和成本费用的节约两个方面。

① 收入的增加。企业 ERP 的应用能提高劳动生产率、缩短交货期、提高产品质量和改善企业与顾客、供应商的关系。ERP 系统可以提高企业生产的柔性化程度，及时生产出满足不同市场需求的多种产品。这些能力的提升使企业面对竞争对手时更具优势，更能赢得订单和市场，提高企业销售收入和利润。

② 成本费用的节约。ERP 的实施可以提高企业业务的自动化程度，降低企业内部协作成本，从而降低企业的生产经营成本和费用。ERP 系统可以帮助企业实现合理采购，节省采购费用；优化库存，降低原材料和在制品的库存量，减少对流动资金的占用；实现均衡生产，提高劳动生产率，减少产品工时成本，控制交货期，做到按期交货并减少由延期交货带来的违约损失；提高资金的利用率，加速资金周转，降低资金成本，减少财务费用。另外，ERP 系统能够提供大量对企业决策有用的信息，从而能提高企业决策的及时性和科学性，避免决策滞后和失误给企业带来损失。

（3）ERP 项目间接效益

ERP 项目的间接效益主要表现为以下五个方面。

① 管理规范化。ERP 系统蕴含着先进的管理思想和管理模式，通过 ERP 的实施可将这种先进的管理思想和管理模式融入企业。实施的过程中要进行企业业务流程的梳理或重组，改变业务处理方式，降低原有手工工作的随意性和不规范性，这些都能提高企业管理的规范化程度，实现企业管理的现代化。

② 增强企业应变能力。系统对财务、生产、销售、采购、库存的统一信息化管理，能够使企业领导层及时准确了解企业运营情况，发现问题，并及时改进；在市场情况发生变化时，能够快速做出正确决策，及时调整企业生产经营战略，使企业在激烈的市场竞争中保持优势。

③ 促进企业文化建设。ERP 系统的实施能够加强企业间信息的沟通，通过员工对 ERP 系统的学习和应用能够形成不断学习的氛围和团队合作的意识，利于建设学习型组织和形成团结向上的企业文化。

④ 提升企业形象。ERP 系统的实施能提高产品质量，提升品牌价值，为企业塑造良好的形象。

⑤ 提高员工素质。ERP 实施能促进生产、技术、管理等各部门间人员的协作，改变旧的观念和生产方式，提高员工素质。

3. ERP 项目效益的计量

通过以上对 ERP 项目的直接效益和间接效益的分析可知，直接效益容易量化，间接效益不易量化。以下介绍国内外对 ERP 带来效益的量化统计数据。相关机构统计显示，成功使用一套 ERP 系统，平均可以为企业带来的经济效益如表 2-2 所示。

表 2-2　ERP 系统为企业带来的经济效益统计

效益改善	量化值	效益改善	量化值
库存下降	30%~50%	库存周转率提高	50%
延误交货减少	80%	采购提前期压缩	50%
停工待料减少	60%	制造成本减少	12%
管理人员减少	10%	生产能力提升	10%~15%

4. ERP 项目的现金流量分析

项目的现金流量分析就是在项目的生命周期内，把项目作为一个独立的财务系统，对其现金的流入量和流出量的差值——现金净流量进行分析。现金净流量如果是正数，则为净流入；如果是负数，则为净流出。现金净流量反映了项目带来的现金流量的最终结果。就 ERP 项目而言，现金的流入主要表现为企业 ERP 实施带来的效益增加；现金的流出主要表现为 ERP 项目的先期投资和 ERP 系统运营支出的成本。项目的现金流量是对项目进行财务评估、计算的重要数据，尽可能准确地估算出项目的现金流入量和现金流出量，才能做好 ERP 项目的财务评估和预测，为企业项目决策提供依据。

根据项目经济可行性分析的工具——净现值方法，首先应根据项目组综合评估确定实施周期，这里预设实施周期为 5 年。表 2-3 所示为案例企业 ERP 项目的净现值分析。总成本分为项目启动成本与周期性成本，项目启动成本是一次性的初始投入，周期性成本每年都会发生，如在该项目中的供应商维护费用、系统维护与升级费用、项目实施团队的支出费用。在该项目中可见的经济收益有库存成本的降低，每年节省 700 万元，由于生产率的提高与人员的精简，管理成本每年节省 259 万元。不可见的经济收益包括信息及时性与可用性增加促使决策正确、迅速，业务流程的标准化消减了浪费，企业形象得到提升，客户满意度提高等，使企业收益从第 2 年起每年增加 1 215 万元。

表 2-3　案例企业 ERP 项目的净现值分析　　　　　　单位：万元

项目	初始年份	第 1 年	第 2 年	第 3 年	第 4 年	第 5 年
软件	1 600					
硬件	1 280					
咨询、培训	800					
系统维护与升级		300	300	300	300	300
项目实施团队		200	200	200	200	200
总成本	3 680	500	500	500	500	500
减少的库存成本		700	700	700	700	700
减少的管理成本		259	259	259	259	259
隐形收益		625	1 215	1 215	1 215	1 215
总节约金额	0	1 584	2 174	2 174	2 174	2 174
资金流	-3 680	1 084	1 674	1 674	1 674	1 674
折现率	1	0.909	0.826	0.751	0.683	0.621
利率为 i 时的净现值（i=10%）		-2 698	-1 311	-58	1 087	2 127

案例企业 ERP 项目第 1 年的净现值为负数，主要是因为初始投资较大，第 4 年的净现值为正数，表示已经收回投资，第 5 年净现值为 2 127 万元，表明企业投资 ERP 系统是明智的。

▶▶▶ 三、ERP 项目可行性分析报告

ERP 项目可行性分析报告是对企业实施 ERP 项目所进行的可行性分析的结果，主要包括经济可行性、技术可行性、管理基础可行性等分析结论，并且项目必须在国家有关规范、政策、法规的指导下完成。

1. ERP 项目可行性分析报告的编写要求

由于可行性分析工作对整个项目建设过程有极其重要的意义，为了保证它的科学性、客观性和公正性，有效防止错误和遗漏，一般对编制有下列要求。

（1）内容客观公正

必须站在客观公正的立场上进行调查研究，做好基础资料的收集工作。对收集的资料要按客观实际情况进行论证评价，如实地反映客观规律。可行或不可行的结论，应通过科学分析的数据来做出。

（2）内容完整

可行性分析报告的内容深度一定要达到国家规定的标准，基本内容要完整，应使用尽可能多的数据资料，避免粗制滥造、走形式。在做法上要掌握以下 4 个要点。

① 坚持先论证，后决策。绝不能先下结论，再编选数据。

② 要掌握好项目建议书编写、可行性研究、评估这 3 个阶段的关系，对于重大项目，如果发现项目建议书研究得不够彻底，应先进行初步可行性研究。多比较并选择一些方案，再进行全面的、更深层次的可行性研究。

③ 调查研究要贯彻始终。要掌握切实可靠的资料，保证资料选取的全面性、重要性、客观性和连续性。

④ 坚持多方案比较，择优选取。

（3）内容有质量保证

为了保证可行性研究的质量，应保证实施双方的工作周期，防止出于某种原因而搞突击、草率行事。具体的工作周期由实施方与企业方在签订合同时商定。可行性分析报告对以下问题应给予明确且详细的答案。

① 资源及市场情况如何？

② 投资项目的规模如何？

③ 采用什么关键技术，有什么特点？

④ 需要的外部协作条件如何？

⑤ 建设时间多长，需要多少投资，能否筹集到所需的资金？

⑥ 建成后的经济效益和社会效益如何？

2. ERP 项目可行性分析报告的编写内容

在 ERP 项目的立项过程中需要进行可行性分析。ERP 项目可行性分析报告撰写提纲如表 2-4 所示。

表 2-4　ERP 项目可行性分析报告撰写提纲

第 1 章　项目总论	第 9 章　投资估算与资金筹措
§1.1　项目背景	§9.1　项目总投资估算
§1.1.1　项目名称	§9.1.1　固定资产投资总额
§1.1.2　项目承办单位	§9.1.2　流动资金估算
§1.1.3　项目主管部门	§9.2　资金筹措
§1.1.4　项目范围	§9.2.1　资金来源
§1.1.5　承担可行性研究工作的单位和法人代表	§9.2.2　项目筹资方案
§1.1.6　研究工作依据	§9.3　投资使用计划
§1.1.7　研究工作概况	§9.4　借款偿还计划
§1.2　可行性研究的主要内容	第 10 章　财务评估与分析
§1.3　主要技术经济指标表	§10.1　生产成本和销售收入估算
§1.4　存在问题及建议	§10.2　财务评价
第 2 章　项目背景和发展概况	§10.3　国民经济评价
§2.1　项目提出的背景	§10.4　不确定性分析
§2.1.1　国家或行业发展规划	§10.5　社会效益和社会影响分析
§2.1.2　项目发起人和发起缘由	§10.6　项目风险分析
§2.2　项目发展概况	第 11 章　可行性研究结论与建议
§2.3　项目的意义与投资的必要性	§11.1　对推荐的拟订方案的结论性意见
第 3 章　国内外现状、技术发展趋势	§11.2　对主要的对比方案进行说明
§3.1　行业信息化建设现状	§11.3　对可行性分析中尚未解决的主要问题提出解决办法和建议
§3.2　技术发展现状与趋势	§11.4　对应修改的主要问题进行说明，提出修改意见
第 4 章　项目的技术基础	
第 5 章　项目建设方案及技术路线	§11.5　对不可行的项目，提出不可行的主要问题及处理意见
§5.1　项目组成	
§5.2　技术方案	§11.6　可行性分析中主要争议问题的结论
§5.3　技术路线	
第 6 章　环境保护	第 12 章　财务报表
第 7 章　企业组织和劳动定员	第 13 章　附件
§7.1　企业组织	
§7.2　劳动定员和人员培训	
第 8 章　项目实施进度安排	
§8.1　项目实施的各阶段	
§8.2　项目实施进度图	
§8.2.1　甘特图	
§8.2.2　网络图	
§8.3　项目实施费用	

>>> 四、ERP 项目的初步设计与详细方案设计

在可行性分析的基础上，企业可同时结合项目可行性分析报告编写的要求和规范，进行 ERP 项目的初步设计与详细方案设计。目前有很多实施 ERP 的企业往往缺少这一环节，致使项目实施完成后，发现实施结果与预期差距较大，最终影响企业的积极性。由于详细设计是初步设计的进一步完善，在此只介绍 ERP 项目的详细方案的主要内容。

第 1 部分：前言，主要说明详细设计的起草背景、起草详细设计的意义及其他需说明的事项。

第 2 部分：摘要，说明详细设计的撰写规范、详细设计的主要内容、各章节的安排与主要观点，以及其他需要突出的重点。

第 3 部分：企业基本情况，说明企业的一些基本情况，如企业简要情况、主要产品、生产流程、组织结构和现有业务处理规范等。

第 4 部分：系统详细需求分析，包括详细功能需求分析、详细性能需求分析、详细信息需求分析、详细资源需求分析、详细系统运行环境及限制条件分析，这几方面的分析汇集了企业对 ERP 的管理需求。

第 5 部分：总体方案确认，对系统的总体结构，包括系统的目标、系统组成、逻辑结构及层次关系、应用系统的划分、网络与数据库支撑系统、系统的工作流程及各自的功能，进行确认。

第 6 部分：ERP 系统详细设计，应结合拟采用的 ERP 软件起草，内容包括实施中会涉及的功能模块，如基础数据处理、物流管理、生产计划管理、制造控制、财务管理、成本质量管理、人力资源管理等。

第 7 部分：数据库支撑环境详细设计，包括数据库系统详细设计、数据传递方式、全局数据字典。

第 8 部分：网络支撑环境设计，包括网络系统设计技术路线、网络系统设计原则、网络逻辑方案确认。

第 9 部分：信息编码设计，包括编码原则和编码方案。

第 10 部分：关键技术分析与研究，在关键技术分析与研究的基础上提出解决方案。

第 11 部分：系统配置、投资预算，说明系统所需软件、硬件的配置与购买计划及投资预算。

第 12 部分：组织机构及人员配置，说明系统实施和运行中企业组织机构的设置。

第 13 部分：系统实施计划，制订 ERP 系统项目的实施规划、实施范围、工程进度和分阶段目标。

第 14 部分：人员培训，制订实施前、中、后三个阶段中的培训事宜，包括培训对象、培训内容、培训方式以及培训考核结果的处理。

第 15 部分：系统验收原则与办法，主要说明系统验收的一些原则和方法。

第 16 部分：结束语。

【任务 2-2】 成立项目组织

任务导读

① 项目组织的定义、特征是什么？

② 项目组织结构的形式及优点有哪些？

③ ERP 项目组织中的角色及其职责要求是什么？

④ 如何组建项目顾问团队？

⑤ ERP 项目绩效考核的具体指标有哪些？

任务实施

▶▶▶ 一、认识项目组织

项目组织是指为完成某个特定的项目任务而由不同部门、不同专业的人员所组成的一个特别工作组织，它不受现有的职能组织结构的束缚，也不代替各种职能组织的职能活动。项目组织是实施项目的主体，应具有相应的领导（项目经理）、组织的规章制度（项目章程）、配备的人员（项目团队）及组织文化等。

1. 项目组织的特征

项目组织为一次性特殊项目任务而设立，是一种临时性组织，在项目结束以后，就会解散。项目组织没有冗余人员，成员各自拥有多种技能，成员之间通过合作来达到本次目标。项目组织的缺点是，成员来自不同职能部门的不同岗位，在完成项目任务时，每一个成员的目标各异，对项目组织的忠诚度不够。

2. 项目组织结构的形式

（1）职能型组织结构

职能型组织结构是最基本的，也是目前使用比较广泛的项目组织结构形式。职能型组织结构的形式是层次化的，每个成员有明确的上级。项目由组织中现有的设计、生产、营销、质量、财务等职能部门作为承担任务的主体。项目可能只持续一段时间，也可能持续下去；一个项目可能由某一个职能部门完成，也可能由多个职能部门完成。

在使用职能型组织结构执行项目时，没有指定的项目经理，项目由企业总经理全权负责，由职能部门负责人作为项目协调人。职能型组织适用于小型项目。

职能型组织的优点如下。

① 有利于企业技术水平的提高。

② 充分发挥资源集中利用的优势和人员分配的灵活性。

③ 降低企业运作成本。

④ 易于同一部门的专业人员进行知识和经验的交流。

⑤ 有利于从整体上协调企业活动。

职能型组织的缺点如下。

① 职能部门更多要完成自己部门的日常工作，但项目需要集中各种资源在一定的时间内完成，这种冲突是职能型组织的最大的弱点。

② 项目责任不明确，容易导致协调困难和局面混乱，项目成员责任淡化。

③ 在项目和客户之间存在多个管理层次，容易造成对客户的响应迟缓。

④ 不利于调动参与项目人员的积极性；跨部门的交流沟通比较困难，协调难度大。

（2）项目型组织结构

项目型组织结构是从企业组织中分离出来的，是一种单项目的垂直组织方式，每个项目都任命了专职的项目经理。项目型组织适用于大多数独立的项目。

项目型组织的优点如下。

① 项目经理全权负责，可以调用整个组织内、外部的所有资源。

② 目标明确，统一指挥，决策速度快。

③ 团队精神得以充分发挥。

④ 对客户的响应较快。

⑤ 组织结构简单灵活，易于实施项目控制。

⑥ 有利于全面型人才的成长。

项目型组织的缺点如下。

① 每个项目都有自己独立的组织，资源不能共享，造成一定程度的浪费。

② 项目与部门之间联系少，不利于企业专业技术水平的提高。

③ 项目一旦结束，项目成员的工作便没有保障，不利于员工的职业发展。

（3）矩阵型组织结构

矩阵型组织结构是职能型组织结构与项目型组织结构的结合，即在职能型组织的水平层次上，叠加了项目型组织的垂直结构。矩阵型组织适用于大型的、复杂的项目或同时承担多个项目的管理。

矩阵型组织的优点如下。

① 强调项目组织是项目活动的焦点，项目成员大多数是专职从事项目工作的，项目经理是主体，项目经理可以对项目进行有效的控制。

② 解决了传统模式中企业组织和项目组织之间的矛盾。

③ 项目组织具有很强的灵活性，资源得到有效的利用，组织成员之间协调性强。

矩阵型组织的缺点如下。

① 对项目经理的要求高，团队成员可能会有多重领导，容易产生矛盾，无所适从。

② 组织形式复杂，易造成沟通障碍。

③ 项目经理和部门经理之间易产生矛盾。

根据项目组织中项目经理和部门经理权限的大小，矩阵型组织结构又可分为弱矩阵、平衡矩阵、强矩阵 3 种。组织结构对项目的影响程度如表 2-5 所示。

表 2-5　组织结构对项目的影响程度

类型	职能型	矩阵型			项目型
		弱矩阵	平衡矩阵	强矩阵	
项目经理的权限	很少或没有	有限	小到中等	中等到大	很大
全职工作人员的比例	几乎没有	0～25%	15%～60%	50%～95%	85%～100%
项目经理投入的时间	半职	半职	全职	全职	全职
项目经理的常用头衔	项目协调员	项目协调员	项目经理	项目经理	项目经理
项目管理行政人员	兼职	兼职	半职	全职	全职

▶▶▶ 二、确定项目组织角色

项目组织角色在项目管理过程中可分为项目干系人、项目经理、项目的核心成员、项目的非核心成员、项目的其他人员。当然角色的分配与定位不是一成不变的，因为具体角色要依据具体项目而定。

1. 梳理项目角色

从普遍的 ERP 项目实施成功的经验来看，人的因素是决定项目是否成功的首要因素甚至是决定性因素，其对项目的影响超过资金、技术。如果没有人力资源方面强有力的保障，整个项目实施便很难按照规划方案来推进。对于人力资源的投入并不仅是某一方的工作，而是实施方和企业方双方必须共同完成的工作。ERP 实施团队应由一个通力合作的小组组成，在这个小组里成员各司其职，发挥各自的作用。以下是优秀的 ERP 实施团队应包含的主要角色。

（1）项目管理委员会

ERP 项目实施是"一把手"工程，因此成立项目管理委员会是组建 ERP 实施团队的关键一步，也是项目成功实施的基石。其中关键的一点是必须有一位高层人员参与领导、监督、控制、协调。一方面是及时协调、处置实施过程中遇到的实际问题，对实施过程中有可能发生的矛盾做出最终调解和裁定。另一方面是监控 ERP 系统实施的进度，及时为实施团队成员排除障碍、指明方向，使各种矛盾和争执得到尽快的解决，避免出现 ERP 实施过程中常见的拖拉、相互推诿的不良现象。同时，还可为项目计划的变更、资金落实情况、项目经理的任命等重大决策做最终决定。

（2）项目经理

项目经理是执行 ERP 实施项目计划的执行主管，是日常项目活动的主协调者。他是真正对整个 ERP 项目的实施过程和结果负责的人。例如，他需要参与实施方案的讨论与确定，实时关注项目的进展情况，协调 ERP 厂商和企业相关业务部门的关系。同时，项目经理还负责制订具体的项目计划，把握项目各方面的进程，指导业务流程重组和项目变更，检查及调控项目实施范围，提出合理化建议及改进措施，并向企业高层汇报项目进展状况。也就是说，项目经理必须在规定的时限内，合理调配各种项目活动的人力、财力、物力，对阶段性产出进行评估，并根据评估结果对项目的计划做出相应调整。项目经理统管项目的所有活动，对项目管理委员会负责，并接受其监督。

（3）业务实施组

ERP 系统能否成功上线取决于是否拥有强大的核心团队——业务实施组。因为 ERP 系统是为业务服务的，如果实施人员不了解企业实际业务流程，就很难设计出最适合企业需要的 ERP 系统，在实施时也无法搭起咨询顾问、实施顾问和业务部门之间的桥梁，ERP 项目的成功实施也将不会得到保证。在团队组建上，业务实施组成员可从各业务部门抽调，也可以由外部招聘的人员组成。但是由于业务实施组的特别地位，在小组内最好能配备一名或多名具有较强 IT 背景的技术人员，这可以促进业务人员同技术人员之间的交流，这种技术"翻译员"所发挥的效果是很明显的。因为很多时候，业务实施组认为的一个小问题可能在技术实现上并不容易，这时"翻译员"的存在一定程度上可以避免出现在技术人员和业务人员之间"鸡同鸭讲"的现象。

（4）IT 及配置组

IT 及配置组一般由 IT 人员组成。他们对软件的功能和配置手段比较熟悉，他们需要阅读、理解并且"翻译"业务实施组的各项业务需求，并在技术上加以有效实现。工厂及配置组成员负责提供 IT 支持，进行客户化开发的设计、开发和测试；负责系统安装和参数配置；负责单元测试、系统测试及整体性测试；对系统整体性能提出意见，并完成数据转换和系统切换等工作；还负责其他必要的技术支持工作以保证系统正常运行和日常维护。因此，IT 及配置组成员必须具备很强的 IT、数据库配置等能力，能够熟练使用各种 IT 工具。

梳理完项目角色，企业方和实施方人员便可根据以往的经验组建 ERP 项目组织。某企业的项目组织如图 2-2 所示。接下来确定双方的项目负责人、实施方相关部门项目负责人和双方的项目组成员，最后明确各自的分工和职责，为项目实施提供保障。

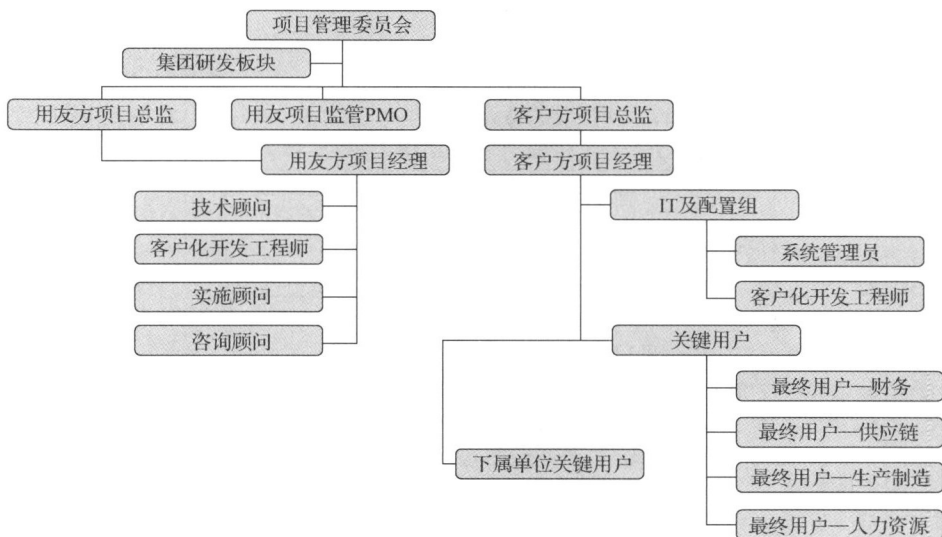

图 2-2　某企业的项目组织

2. 成立项目管理委员会

项目管理委员会由企业方和实施方双方高层领导以及双方项目经理共同组成。成立项目管理委员会的目的是审查项目的进展状况，并解决可能对项目产生不利影响的管理问题。经双方项目经理提议，每月召开一次项目管理委员会会议。会议上，项目管理委员会成员将一起审阅项目进展状况。

项目管理委员会的职责包括以下几个方面。

① 对项目的总体目标和计划安排做出决策，并定期参与项目里程碑目标的制订。

② 监督项目的实施进度和质量。

③ 解决项目实施过程中的意见分歧，确定重大事项并做出决策。

④ 组织双方高层领导沟通与协调。

⑤ 按项目实施需要负责有关资源的分配和工作授权。

信息化项目是个"一把手"工程，实施方高层要给予充分的支持和强有力的推动，尤其在项目实施遇到障碍、人员调整、部门之间的协调时，应迅速出面帮助解决。同时，应对项目组成员充分授权并制订相应的激励措施。

3. 确认双方项目任务及职责

企业方项目组按照工作任务书中确定的实施范围，负责项目管理和总体协调，组织项目实施工作；实施方项目组包括项目经理、关键用户、技术人员等，配合企业完成工作任务书中约定的各阶段任务。双方按工作任务书中约定的分工，保证各自工作任务的质量和进度。

双方项目组的职责也可以用图表的方式明确，以规划双方工作，达到良好的合作关系。企业方项目组和实施方项目组的职责和任务明细分别如表2-6、表2-7所示。

表 2-6　企业方项目组的职责和任务明细

项目角色	职责和任务	基本标准
项目高层委员会	1. 定期或在项目经理的请求下会见项目领导 2. 向本企业高层领导汇报项目的进展状况 3. 在需要时与本企业高层领导沟通项目有关情况 4. 对项目实施所涉及的政策问题做出决定 5. 解决项目实施过程中所涉及的重大问题 6. 按项目实施需要负责有关资源的分配和工作授权	1. 委员会成员是相关部门的主管或经理 2. 熟悉企业的产品 3. 熟悉企业的管理流程
企业方项目总监	1. 必须参加实施方组织的ERP理论和实施方法、项目管理的高级培训 2. 定期参加项目进度汇报例会 3. 定期或不定期与实施方项目经理进行沟通，了解项目进展 4. 定期或不定期组织全企业中高层管理人员听取己方项目经理的项目进度报告，了解项目进展和项目中遇到的困难 5. 督促人力资源部门建立项目实施效果与个人业绩考核挂钩的标准 6. 积极推动企业的变革管理，协调企业内部的矛盾 7. 大力支持项目组成员的工作，定期与项目组成员沟通以了解大家的想法 8. 积极理解系统运作可能带来的收益，以及可能给管理和业务运作带来的变更 9. 协调系统实施过程中带来的业务运作的矛盾，推动系统的实施进程 10. 审定项目各设计实施方案和项目实施目标及考核指标 11. 检查考核项目组织实施工作，审批和保证项目投资落实，确保项目实施按计划进行 12. 负责实施项目形成的管理制度、规程的审批 13. 决定对与项目相关部门及责任人的奖惩 14. 负责项目验收和监督系统切换运行	1. 企业的"一把手"必须参与项目的管理 2. 支持ERP项目的实施，了解ERP可以给企业带来的利润 3. 熟悉企业管理 4. 熟悉计算机应用

项目角色	职责和任务	基本标准
企业方项目经理	1. 负责布置企业方项目组所有成员的日常实施工作 2. 负责项目组所有资源（人员、设备）的调配 3. 负责企业方项目进度、质量的控制 4. 定期对项目组成员进行绩效评估 5. 负责配合实施方项目经理开展项目实施的具体工作 6. 负责企业内部部门间的沟通和协调 7. 确认实施方提交的各项成果和阶段项目实施的计划 8. 对项目实施的最终结果负主要责任 9. 负责领导企业方项目组的所有成员，开展项目相关的工作 10. 对于项目实施过程中的问题，与实施方的项目经理进行沟通协调 11. 协助实施方项目经理开展企业实施的相关工作 12. 定期组织项目进度汇报的例会 13. 负责向项目负责人提交项目各业务解决方案和项目实施目标及考核指标 14. 负责实施项目形成的管理制度、规程的制订 15. 决定项目组成员的奖惩 16. 负责项目验收和监督系统切换运行 17. 组织项目阶段实施鉴定 18. 负责每月召开一次实施专题会议，协调解决实施问题	1. 对企业自身的业务流程相当熟悉 2. 对各业务单位的业务熟悉 3. 对物料需求计划（Material Requirement Planning，MRP）理念有相当程度的认识 4. 对计算机技术和相关的系统有相当的了解
内部顾问	1. 协助项目经理，完成日常项目管理工作 2. 负责指导和参与企业基本资料的准备工作 3. 参加ERP理论、软件操作的培训，并且必须掌握软件的具体操作 4. 负责关键用户软件培训指导及运作指导 5. 负责业务流程和岗位手册的编写 6. 负责企业内部支持体系的建立	1. 投入大量的时间 2. 积极向上，善于沟通 3. 熟悉企业业务流程 4. 可以进行手册的编制和最终用户培训
企业方关键用户	1. 协助项目经理，完成企业方的实施工作 2. 负责指导和参与企业基本资料的准备工作 3. 参加ERP理论、软件操作的培训，并且必须掌握软件的具体操作 4. 参与企业业务流程的调研、方案评定、系统测试等关键环节的工作 5. 负责数据的整理和导入工作 6. 负责最终用户的培训 7. 负责业务流程和岗位手册的编写 8. 负责企业内部支持体系的建立	1. 关键用户需要是职能部门的领导和业务骨干 2. 对本部门的职能非常熟悉 3. 可以进行手册的编制和最终用户培训
企业方系统管理员	1. 负责企业内部网络、操作系统、数据库系统等方面的维护 2. 负责处理系统运行方面的技术问题 3. 负责软件中关于系统管理方面的工作，例如权限的设定、修改，系统的安装、调试等工作 4. 负责系统数据的备份和恢复工作 5. 负责保障企业内部网络安全的工作 6. 参与关键用户培训，负责部分软件操作的培训	1. 非常熟悉与产品有关的技术问题 2. 能够独自处理技术问题 3. 熟悉数据库、网络的相关知识
企业方二次开发人员	1. 负责企业二次开发报表设计需求的定义 2. 负责与实施方的二次开发人员讨论开发事项 3. 负责向企业项目组定期呈报开发进度报告、成果	1. 有相关系统的开发经验 2. 熟悉开发工具 3. 熟悉企业的业务流程

表 2-7　实施方项目组的职责和任务明细

项目角色	职责和任务	基本标准
项目监管	1. 负责监督项目实施质量 2. 负责审阅项目监督报告 3. 负责检查项目实施文档资料	1. 项目监管应由产品实施专家担任 2. 具有丰富的项目管理经验 3. 非常熟悉实施方的实施方法论
实施方项目总监	1. 负责项目实施程序、原则、标准的建立与执行 2. 清楚定义项目责任 3. 保证项目组成员在团队内有效工作 4. 负责监督项目实施质量 5. 负责完成项目监督报告	1. 非常熟悉实施的产品 2. 具有项目监管的经验 3. 非常熟悉实施方的实施方法论 4. 具有丰富的项目实施经验
实施方项目经理	1. 编制项目费用预算报告 2. 建议项目的阶段审核点 3. 制订项目实施主计划 4. 规定培训内容及过程，制订培训及后勤计划 5. 指导、管理项目日常活动 6. 管理项目初始变更及变更过程 7. 参加项目管理委员会会议 8. 定期向项目领导及项目管理委员会汇报项目的进展状况，并提出问题改进措施 9. 协助企业方通报并解决出现的问题 10. 合理分配项目资源 11. 计划、组织系统集成的执行 12. 确认任务的完成，实施质量控制 13. 发现、协调相互沟通/变更控制/组织方面等问题 14. 协调项目组每一位成员的职责 15. 完成每周一次的项目状态报告 16. 完成每月一次的工作总结 17. 负责建立待解决问题备忘录 18. 化解项目的各种风险并解决争议问题 19. 组织讨论、编写《需求分析报告》 20. 组织讨论、编写《业务解决方案》 21. 在批准的项目预算内控制费用支出 22. 向项目总监提交项目各阶段成果和工作报告 23. 向项目总监提出更换项目组成员的意见 24. 负责项目阶段成果确认和整个项目的验收工作，并获得企业方签字 25. 管理与企业方的合作关系 26. 负责向企业方催收应收账款 27. 负责项目组成员项目期间的绩效考核，向项目总监提出项目奖惩方案	1. 非常熟悉自己的产品 2. 具有很强的项目管理和控制的能力 3. 具有很强的组织协调能力 4. 通过权威机构组织的项目经理资格认证 5. 参加过项目管理培训、实施方法论的培训 6. 具有相关行业项目的实施经验和实施组织经验

项目角色	职责和任务	基本标准
咨询实施顾问	1. 主持需求调研和讨论会，负责项目实施中企业方需求的调研，以及文档的编制 2. 指导培训计划的制订与培训后勤工作的开展，对实施方高层进行培训 3. 对企业方项目组进行管理理念的培训 4. 指导企业方的用户进行数据整理和导入 5. 支持系统运行中的排错处理 6. 分析现有业务流程和系统接口要求，负责项目整体框架的规划，并指导项目实施方案的编写 7. 确定用户功能需求并协助制作文档 8. 设计未来业务流程 9. 根据功能需求确定实施方 ERP 产品的功能和流程选择 10. 根据双方确定的业务需求，定义和配置系统参数 11. 计划集成测试，并预估集成测试所需资源，制订集成测试方案 12. 协助制订系统测试过程和测试所需的业务案例 13. 协助监控、评估集成测试的执行 14. 为最终用户培训提供指导和建议 15. 定义基础数据转换步骤和策略	1. 非常熟悉产品，能够与企业方进行良好的沟通 2. 通过权威机构组织的咨询实施顾问资格认证 3. 能够单独承担培训任务 4. 有相关行业项目的实施和咨询经验 5. 精通相关行业的业务，并对 ERP/MRP 理论非常熟悉 6. 可以实施对企业方高层的管理培训
技术顾问	1. 提供系统运行环境配置建议和优化措施 2. 负责数据库及软件的安装、调试，以及系统管理人员的培训 3. 负责指导和培训企业方系统管理员报表的开发和安装调试 4. 负责指导企业方系统管理员的软硬件及网络问题的排错处理 5. 负责提交项目实施中技术方面的状态报告 6. 负责项目的客户化开发的相关工作 7. 负责对系统数据进行整理和转换 8. 负责 ERP 产品与外部系统接口的分析工作 9. 负责报表开发和程序包的安装测试	1. 非常熟悉与产品有关的技术问题 2. 能够独自处理技术问题 3. 熟悉数据库、网络的相关知识 4. 有相关系统的技术实施经验
实施方二次开发人员	1. 负责项目中的报表开发和设计 2. 负责项目中开发需求的调研 3. 负责项目中个性化程序的开发、测试 4. 负责二次开发的提交	1. 有相关系统的开发经验 2. 熟悉开发工具 3. 熟悉企业的业务流程

▶▶▶ 三、项目经理负责制

大型企业 ERP 系统的实施宜采用项目经理负责制。项目经理是项目团队的灵魂，是决定项目成败与否的关键人物。项目经理的管理素质、组织能力、知识结构、经验水平、领导能力等都对项目管理的成败有决定性的影响。

1. 项目经理的素质特征

项目经理是项目实施过程的关键人物，因此对项目经理的任命尤为重要。一个合格的项目经理应该至少具备以下的能力和素质。

（1）项目经理应具备的能力

① 获得资源的能力。项目资源包括人员和预算两个方面。一般来说，项目开始时，对项目的复杂程度估计不足，资源配置有限，或者项目进行过程中，项目组关键成员被临时抽调，都会使项目实施陷于被动。项目经理应依靠其谈判和沟通技能，及时获得项目所需资源，保证项目按时完成。

② 组织及组建团队的能力。组建团队是项目经理的首要责任，有效的团队建设是项目成功的关键要素之一。组建团队包括确定项目人员、向项目成员分派任务等。

③ 应对危机及解决冲突的能力。项目的唯一性意味着项目常常会面临各种风险和不确定性。项目经理应该具有对风险和不确定性进行评价的能力，同时通过经验的积累及不断学习提高应对危机的能力。另外，在项目进行过程中，项目组成员之间、项目组与企业之间、项目组与客户之间存在着种种冲突，如果不能有效地解决冲突，就会影响团队的凝聚力，最终影响项目实施的效果，因此项目经理应该具备了解并有效地解决冲突的能力。

④ 谈判及广泛沟通的能力。由于在整个项目生命周期中会遇到各种各样的冲突，项目经理的谈判能力就成为顺利解决冲突的关键。企业管理软件的实施过程也是重塑企业业务流程和管理模式的过程，因此会涉及企业中业务流程途经的各个部门，相应地引发部门间利益的重新分配及岗位调整，这势必会遇到来自各个方面的阻力。因此，项目经理的良好沟通能力就成为项目实施成功的关键。项目实施过程中的沟通包括以下几个方面：与企业方领导层沟通、与各部门主管领导沟通、与项目组成员沟通。

⑤ 领导才能及管理技能。项目经理权力有限，却又不得不面对复杂的组织、多变的环境，因此，项目经理需要具有很强的领导才能及快速决策能力。这具体表现在项目领导要有清楚的领导意识，能够把握行动的方向，能辅助团队成员解决问题，以及能凝聚团队成员。

⑥ 较强的专业知识及广博的相关知识。项目经理虽然不必是相应领域的技术带头人，但也应该具有较强的技术背景。只有具备一定的专业技术能力，才能对技术解决方案进行评价、与团队成员进行有效的沟通、评价项目的风险。若要成功实施软件项目，项目经理就必须熟悉软件功能，了解模块间的数据传递关系，熟悉每项功能的使用方法。

项目经理不仅要有一定的专业知识，还应具备企业管理方面的相关知识，了解企业的生产运作过程、组织机构及管理模式、业务处理流程。在此基础上，项目经理才能在系统实施过程中融合企业实际，制订切实可行的解决方案。

⑦ 创业能力。项目经理需要有全局的观点、远大的志向及创业精神。这样，他才会把每一个项目作为事业对待，在项目实施的过程中，不断发掘新的市场，发现新的机会。

（2）项目经理应具备的素质

① 丰富的管理经验。

② 成熟的个性。

③ 较强的技术背景。

④ 丰富的工作经验。

⑤ 创造性思维。

⑥ 事业心、进取心。

⑦ 善于沟通。

⑧ 处事果断、灵活。

2. 项目经理的挑选与培养

项目经理必须具备项目管理所需的基本素质，以满足项目管理的基本要求。

（1）项目经理的挑选

项目经理的挑选主要考虑两方面的问题：一是挑选什么样的人担任项目经理，二是通过什么样的方式选出项目经理。

挑选项目经理的原则如下。

① 考虑候选人的能力。

② 考虑候选人的敏感性。

③ 考虑候选人的领导才能。

④ 考虑候选人的应付压力的能力。

挑选项目经理的方式如下。

① 由企业高层领导委派。

② 由企业和用户协商选择。

③ 竞争上岗。

（2）项目经理的培养

项目经理的培养主要靠工作实践，这是由项目经理的成长规律决定的。成熟的项目经理都是从项目管理的实际工作中选拔、培养而成长起来的。

▶▶▶ 四、组建项目顾问团队

组建项目顾问团队是筛选、确定实施方和企业方项目经理及团队成员，明确职责、批准成立的过程。

1. 组建项目顾问团队的目的

组建项目顾问团队的目的是确保项目能够按照既定的目标进行。实施经理要根据项目的特点，慎重地选择项目经理，项目经理也要尽可能多地了解项目情况，并根据所获知的信息仔细评选项目顾问，明确职责分工，为高质量的交付项目打下坚实的基础。

2. 组建项目顾问团队的过程

组建项目顾问团队的主要任务如下：实施经理根据项目特点选定该项目的项目经理，安排派工通知；项目经理组建项目实施小组，选拔相关的顾问，并提交实施经理审批；实施经理根据企业的实施策略审定和批准项目组成员；正式成立项目实施小组。组建项目顾问团队的具体过程如表 2-8 所示。

表 2-8　组建项目顾问团队的具体过程

序号	任务	关键行动	角色	控制点
1	指派项目经理	1. 根据项目情况选择合适的项目经理 2. 根据项目要求和项目经理的特点合理地分派项目 3. 正式任命项目经理，授权项目经理开始项目准备工作 交付成果：《项目经理任命》	实施经理	电话/E-mail/面谈
2	选择团队成员	1. 项目经理在实施经理的授权下挑选项目顾问。根据项目的要求，项目顾问可能包括实施顾问、技术顾问和咨询顾问 2. 将备选的顾问团队名单汇报给实施经理	项目经理、候选顾问团队名单	项目要求和顾问的时间
3	批准项目团队	1. 实施经理批准顾问团队名单 2. 召开顾问团队会议，宣布项目组成员名单，明确项目职责 3. 将项目顾问团队任命发布给公司内部项目干系人：团队成员、客户经理、上级领导及行政财务（如需要） 交付成果：《项目组成员名单》《项目组成员职责和任务》	实施经理、项目经理、实施顾问	正式授权
4	团队融合	1. 行业资料及案例库搜索 2. 企业基本状况了解 3. 项目初步讨论	项目经理、实施顾问	建立团队凝聚力

▶▶▶ 五、项目绩效管理

项目绩效是项目团队成员在实现团队目标和组织目标的过程中，对于团队和组织的贡献程度在团队运作过程中表现出来的行为和结果。

项目绩效管理是项目组织与人力资源管理的重要组成部分，也是项目管理的重要内容。项目绩效管理是以团队目标为导向，在团队负责人和团队成员之间就目标本身及如何实现而达成共识，形成利益与责任的共同体，并推动和激励成员实现预先设定的绩效，从而实现团队目标的过程。

1. 项目绩效管理的意义

（1）项目绩效管理对企业的意义

项目绩效管理的目的之一就是培养项目成员的忠诚感。如果企业要稳定发展，其发展速度一定要和内部员工的培养速度协调，绩效管理可为内部员工的培养打基础。由于项目组织是一个比较松散的组织，多数时候项目成员往往受双重领导，但有时又没有人领导，因此，项目绩效管理就是要变制度化管理为员工的自主管理，要视项目成员为项目整体的一部分。只有这样，才会发现项目成员正在以更投入、更认真的态度作为回应。一个投入认真的员工，就是更有动力、更有生产力的员工。以员工绩效为本最终是为了通过标准、规范、流程化的管理，最大限度地激发人的创造性，真正实现智力资本的开发和管理，从而达到企业和员工的共赢。

（2）项目绩效管理对项目管理者的意义

项目管理者的责任是实现组织赋予自己的目标，而每个管理者都是通过下属或者团队来实现管理目标的，因此，项目管理者需要一支高绩效的项目团队来实现管理目标，采用项目绩效管理正可以创造一支高绩效的团队。通过有效的项目绩效管理，项目管理者可以达到以下目的。

第一，将项目目标传递给项目团队中的每一个成员，并取得他们对项目目标的认同，使整个项目团队成员能够共同朝着目标努力。

第二，告诉项目成员自己对他们的工作期望，使其了解哪些工作重要，哪些可以自己做出决策以及各项工作的衡量标准是什么。

第三，使自己不必介入过多的事务工作。

第四，获得各种有用的信息，从而节省大量的时间以投入新的工作。

（3）项目绩效管理对项目成员的意义

项目成员在项目绩效管理中通常是以被管理者和被评估者的角色出现的，绩效评估对项目成员而言着实是一种压力，然而，如果能很好地理解项目成员对工作的内在需求，就会发现绩效评估与管理对项目成员来说，有助于他们成长。

马斯洛需求层次理论告诉我们，人的需求分为五个层次：生理需求、安全需求、归属需求、尊重需求、自我实现需求，具体内容如图 2-3 所示。

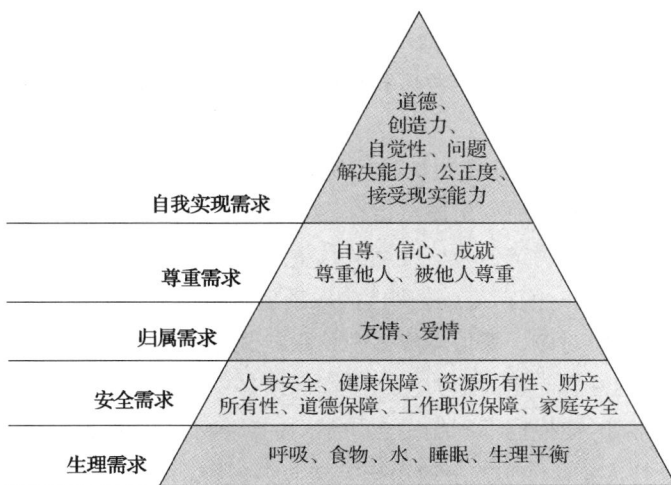

图 2-3　马斯洛需求层次理论

因此，通过项目绩效管理，项目成员可以了解和提高自己的绩效，了解自己在哪些方面还有待发展，以提升自己的胜任能力。项目绩效管理还可以帮助项目成员了解自己的绩效表现，提高自己的绩效，增强自身的竞争力。

2. 项目绩效管理的流程

项目绩效管理的流程主要包括制订项目绩效计划、绩效计划的实施和管理、绩效考核、绩效反馈和绩效强化。

（1）制订项目绩效计划

在制订项目绩效计划阶段，组织领导、团队领导和团队成员应共同确定项目团队目标，并对目标进行分解，在对绩效的期望问题达成共识的基础上，确定分解到各个团队成员的工作职责和目标，确定绩效指标，从而界定成员绩效，以此作为团队成员考核的依据。

（2）绩效计划的实施和管理

在绩效计划实施和管理的过程中，要重点注意以下事项。

① 对团队成员进行绩效辅导，对发现的问题及时反馈、沟通、解决，以达到增加成员的知识、提升技能和改善态度的目的，并应随时收集资料，以作为绩效评估的依据。

② 对绩效计划进行动态调整。由于绩效计划是预先做出的，并未在实践中得到充分的检验，在制订之后需要随着绩效管理工作的开展而有所调整。在绩效实现的过程中，如发现或产生了新的问题，则需要调整原绩效计划的不足之处。

（3）绩效考核

绩效考核是在绩效考评期结束的时候，依据预先制订的绩效计划，考核者对被考核者的绩效目标完成情况进行评估。绩效考核要做好以下几个方面的工作。

① 将个体考核和团队考核相结合。项目绩效考核可分为个体层面考核和团队层面考核。过分注重个体层面的绩效考核很容易忽视优秀团队的互助和协同效应，而过分强调团队考核则可能忽视个体成员的贡献，造成成员的懒散和"搭便车"现象。所以企业应尽量将个体层面的绩效考核和团队层面的绩效考核相结合。

② 明确项目绩效考核的依据。绩效考核的依据就是在绩效实施和管理的过程中所收集到的绩效考评信息，以及在绩效计划中考核者与被考核者达成共识的、并能体现被考核者工作目标完成程度的绩效指标。

③ 确定项目绩效考核维度和权重。项目绩效考核应坚持多维导向，主要从基础绩效、能力、态度等维度进行考核。为突出重点目标，实现多目标、多指标的考核结构优化，达到整体最优或满意，应考虑和确定各考核维度的权重。

④ 确定项目绩效考核时间跨度。原则上应以项目的生命周期为基础，根据项目的生命周期将考核时间与项目阶段对应，即每完成一个阶段就进行一次考核。当然也可进行月度或季度考核，具体视项目的性质而定。能力、态度指标须在一个较长的时间段中才能准确评价，所以在考核这两项维度时应根据不同的企业和不同的项目而有所取舍。

⑤ 选择绩效考核方法。传统的绩效考核方法有很多种，可结合使用。具体考核方法的选择应视企业和项目的具体情况而定。

⑥ 建立绩效考核指标体系。在设置指标时应遵循以下几个原则：指标可以实施；指标可以量化，且容易理解；指标所考核内容的基本数据和资料便于以较低的成本获取；指标所考核内容应与组织战略目标一致，且与企业的整个指标体系一致。案例企业 ERP 项目绩效考核指标如表 2-9 所示。

表 2-9　案例企业 ERP 项目绩效考核指标

评分标准	每周评分，每月一次核算。以项目组织整体达标一周满 5 分，一月按 4 周计，满分 20 分。另每月特设特别贡献评 10 分	
评分项目说明	项目任务	一周内 ERP 运行所要求的任务该组织能准时、准确完成，达标评满分 2.5 分，未能达标的扣该组织 2.5 分
	项目沟通	对于一周内 ERP 运行所遇到的问题或障碍，该组织中的人员能及时快速沟通解决的，复杂问题组织会议讨论解决的，评满分 1.5 分，对于问题解决延误和拖延，沟通未能达标的，扣该组织 1.5 分
	项目纪律	一周内在任务下达、执行、解决过程中出现不合作，拖集体或他人后腿的，任务多次迟迟不完成，又不主动说明原因，不主动解决障碍难点，开会不参加或迟到的，扣该组织 1 分，正常考评评分为 1 分
	特别贡献	对于有对于系统或团队有重大帮助，能提高系统运行效率，在系统运行时善于和勇于解决问题的个人，按月奖以 0～10 分
评分攻略	一个组织期望评满分、高分，需要集体团队的合作，相互帮助及协同作战	

（4）绩效反馈和绩效强化

在这一阶段考核者要对绩效考核结果进行信息反馈，使被考核者了解自己的绩效状况和不足之处。考核者也要帮助其分析问题，提出相应的改进措施及今后期望。被考核者也可以提出自己在完成绩效目标中遇到的困难，请求考核者的指导。绩效反馈有助于被考核者提升工作技能和改进工作绩效，也有助于有针对性地制订绩效改进计划。

完成对绩效考核结果的反馈，并不意味着绩效管理工作的结束。不可忽视的一项工作是对绩效考核结果的合理应用，以起到对绩效考核的强化作用。绩效考核结果可应用于以下 5 个方面。

① 薪酬和奖励方案。将考核结果作为薪酬调整的决策基础，结合其他方面的一些因素确定最终的薪酬变动和奖励方案。

② 岗位变更。团队成员绩效状况能够反映出成员是否适合当前的工作岗位。企业人力资源部根据多方面和一定时期的综合考虑，对团队成员的工作岗位进行调整。对团队成员进行合理调整和配置，可使项目团队运行更有效率。

③ 培训。加强员工的培训和开发是企业组织绩效提高的重要手段，利用绩效考核结果可以识别对团队成员绩效有不利影响的事项，显示团队成员对培训方面的特定需要，从而制订有针对性的培训方案，增强成员的工作胜任能力，以改善其将来的绩效。

④ 职业发展规划。绩效考核结果可以显示团队成员的优缺点及潜能，企业人力资源部可据此帮助团队成员制订职业发展规划。

⑤ 招聘及选拔。企业人力资源部可以将高绩效的团队成员在完成任务时所表现出的行为特征作为对应岗位的任职标准，以此作为招聘或选拔的依据。

【任务 2-3】 ERP 需求调研与选型

任务导读

① 企业如何进行 ERP 需求调研？
② ERP 需求调研的内容是什么？
③ 企业如何进行 ERP 的选型？
④ ERP 系统选型的原则是什么？

任务实施

一、ERP 需求调研与分析

在 ERP 的实施过程中，前后有两个不同的需求调研与分析的过程，一个是在 ERP 项目实施前由企业自身完成的需求调研与分析，另一个是在项目实施过程中由 ERP 软件供应商或管理咨询公司完成的需求调研与分析。这两个需求调研与分析的目的、方法、过程都有所不同，这里介绍第一种由企业完成的需求调研与分析。

1. 需求调研与分析的目的

需求调研与分析是 ERP 实施过程中极其重要的一个环节，它为制订企业信息化建设的总体规划，为企业选择与购买适合自身需要的 ERP 软件奠定基础。需求调研与分析是在企业诊断工作的基础上进行的，目的主要是解决三个问题：一是企业是否需要 ERP；二是企业选择实施 ERP 的适当时机；三是企业对 ERP 的具体要求。

2. 需求调研与分析的方法

需求调研与分析在本任务中主要围绕上述三个问题展开，采用的主要方法如下。

（1）问卷调查法

问卷调查法就是由项目组成员根据上述三个要求回答的问题罗列出一个个相关的孤立的小问题，组成问卷下发给企业的所有部门，间隔一段时间后回收并汇总分析答案。

（2）部门自查法

部门自查法由企业各部门自己负责对本部门的业务处理方法进行评价,以发现哪些处理流程是合理的，应予以保留；哪些处理流程不合理，应进行重组，并需要借助于先进的管理手段。

3. 需求分析的具体内容

在这个阶段的企业需求分析，主要关注企业信息化的整体目标、范围，以及对软件系统的要求三方面内容。

（1）企业信息化的整体目标

企业信息化的整体目标是企业首先要确认的目标，也是信息化要达成的程度，企业方必须要专门成立信息化项目组来研究分析企业的信息化整体目标，既要考虑到目前企业的需求情况，又要考虑到未来企业的发展需要，确认可行的、具体的信息化目标。当然在这个过程中，有必要通过软件厂商或第三方机构一起沟通确认这个信息化目标的系统性、可行性、扩展性等。企业可以通过这个目标来了解以下几点内容。

① 利用信息系统将企业各部门的大量业务数据整合，达到快速反应及信息共享的目的。

② 控制企业关键信息安全，控制采购、销售、库存成本以及决策分析的及时有效性并做出正确的处理和分析，达到控制成本的目的，为领导层决策提供重要的分析数据。

③ 解决企业日常工作及业务中的常见的或突出的问题，进一步提高工作效率及响应速度，从而提升企业内部的协调力和竞争力。

④ 必须能满足企业未来五年到十年发展需要的扩展能力，并提供各种可扩展接口。

这是 ERP 需求分析的第一步也是非常重要的一步。

（2）企业信息化的范围

企业要根据目前的财力、物力并结合实际情况与软件厂商或第三方机构沟通确认信息化的范围。因为信息化不是一次两次或一年两年的事，而是伴随着企业一起成长的必要工具及手段，所以信息化也可以分阶段进行。信息化范围也就是企业确认哪些分公司或哪些重要部门或亟待解决问题的部门范围，当然企业希望花最少的钱解决所有问题，这是最理想的结果，但从现有的其他企业信息化项目来看这是不现实的，所以确认符合企业情况的信息化范围至关重要。企业方要与软件厂商或第三方机构共同确认信息化范围，这非常有必要，这也是 ERP 需求分析要确认的关键内容。

（3）对软件系统的要求

此处所说的系统要求是企业的硬件操作系统、数据库系统的要求。现在企业的类型多元化，有国有企业、外资企业、合资企业等，各类企业硬件操作系统的要求也不尽相同，有 Windows、IOS、Linux 等软件操作系统，数据库系统方面的种类也有很多，如 ORACLE、MSSQL、MySQL、Sybase 等，企业要根据自己的需要以及财力来均衡选择合适的硬件操作系统及数据库系统，这一点很重要。当然 ERP 软件如果能跨平台、跨数据库系统是很好的，但实际操作过程中有很多问题也相当复杂，适合企业的才是最好的。

4. 需求调研与分析的结论

上述需求调研与分析应能得到下述几个方面的结论。

① 企业是不是到了该应用 ERP 系统的阶段。

② 企业当前最迫切需要解决的问题是什么，ERP 系统是否能够解决。

③ 实施 ERP 的目的是什么，ERP 能够解决哪些问题和达到哪些目标。

④ 基础管理工作有没有理顺。

⑤ 是否准备在实施 ERP 之前让咨询公司帮助理顺业务流程。

⑥ 人员的素质够不够高。

⑦ 在财力上企业能不能支持 ERP 的实施。

▶▶▶ 二、ERP 系统选型

ERP 系统选型是指企业选择 ERP 软件供应商的过程。目前 ERP 的实施模式主要包括自主开发、合作开发、购买软件三种，大多数企业选择购买 ERP 软件为主要的实施模式。企业通过购买软件来实施 ERP 系统，要面对 ERP 系统的选型问题。

1. ERP 系统选型的重要性

购买商品化软件便于引进先进的理念和思想，也便于日后的升级维护，减小企业在人员、资金等资源上投入的力度。ERP 系统选型的成败对 ERP 项目成功与否的影响很大，调查显示，有 67% 的软件因为选型不当而失败。ERP 系统的选型对企业后期 ERP 项目的实施和 ERP 的应用有着重要的影响，因此企业在 ERP 系统的选型时，应结合企业的目标以及企业的现状、业务特点，外界的 IT 趋势和一般的产品特点等，着眼于当前的需要，考虑未来发展，进行系统性的分析，以做出正确的选型决策。

2. ERP 系统选型的步骤

目前，有很多 ERP 软件供应商，软件的差异较大。较好的 ERP 软件蕴含了许多先进的管理思想，为企业流程优化与重组提供了可借鉴的参考模型。软件的选型关系到 ERP 实施的效果，合理的选型可以减少投资风险，是顺利实施 ERP 的保证。

本书通过调查总结多家企业 ERP 系统选型的过程，结合案例企业选型的具体工作内容，把 ERP 系统选型的步骤分为以下几步。

① 组建选型团队。选型团队成员应包括熟悉企业业务流程的企业高级管理人员、第三方咨询顾问或专家，这些人各自具备独特的视角、行业管理的知识与业务运营经验。

② 列出 ERP 软件候选名单，筛选出 4~6 家主要候选者。根据企业规模、行业经验对软件供应商进行初步筛选；向行业内已经导入 ERP 的领先企业学习、请教。分析软件及软件供应商的强项与弱项，判断其对本企业业务的适应能力。

③ 通过招标选出两三家最终入围者。发布企业的需求清单，并对投标申请书进行评估，对比评估候选软件供应商的强项与弱项，选出两三家最终入围者。

④ 组织入围者进行软件功能的演示。在软件演示过程中，入围者与选型团队可以更多地沟通，软件供应商需要证明其软件能够处理企业的业务流程，并拿出能够快速实施的证据。每家软件供应商的演示过程要持续两三天，整个过程大概需要 3 周。

⑤ 投票表决选出优胜者。综合考虑多种因素，采用因素评分法，选出软件供应商。

⑥ 合同谈判。就合同的细节进行面对面的谈判。

⑦ 运行 ERP 软件的试用版本。选型团队成员观察并评估 ERP 系统的试运行效果。

⑧ 做出投资决策。

3. ERP 系统选型的原则

企业选择 ERP 软件，必须根据自身的产品特点、生产组织方式、经营管理特点、资金预算等选择适用、实用的软件，而不要片面追求技术领先或功能强大的产品。选择 ERP 软件及其供应商，必须遵循一定的原则，具体如下。

（1）软件符合 ERP 标准模式

企业选择的软件既然是 ERP 软件，就要符合 ERP 的基本原理，符合国际生产与库存控制学会对标准模式所做的规定。所以在选择软件时应用 ERP 原理衡量和判断软件供应商所提供的软件是否还是仅仅停留在 MRP-II 或 MRP 阶段。如生产计划的制订，市场上有不少软件还缺少这一功能，有的软件即使有该功能也仅仅是对销售订单的简单排列，且没有订单合并的功能，不能进行粗能力或细能力的平衡。

（2）软件功能满足企业需求

如果软件供应商提供的都是 ERP 软件，那么它们的设计原理都是相同的，基本上都有物流、制造、财务、成本、质量、人力资源等管理模块或管理功能。但由于每一种软件都会有其适用的行业，每一种软件由于开发者的实现思路不同会有所区别，每个功能模块能够实现的功能也会有大小，所以企业在选择软件时还应注意是否能满足自身的需求。随着云计算的不断发展，云 ERP 作为一种新的 ERP 部署服务模式，以其独特的优势渗透到现代企业的管理变革之中。和传统的本地 ERP 相比，云 ERP 能够更快地部署，同时也能够避免本地 ERP 实施中成本高、难度大、周期长等问题。

小贴士

本地 ERP 与云 ERP 解决方案

① 本地 ERP 解决方案是指将 ERP 软件安装在企业的计算机硬件和服务器上，企业 IT 人员能对其进行管理。

② 云 ERP 解决方案也叫 SaaS（软件即服务）。使用这种类型的解决方案，企业的 ERP 软件和相关数据可以由软件供应商集中（在"云"中）管理，企业员工通过笔记本电脑、计算机或移动设备的网络浏览器即可访问。

（3）系统的集成性符合要求

系统集成其实是 ERP 软件应具有的最基本的特征。只有系统集成，才能有效实现数据的一致，才能实现数据的共享，减少企业不必要的重复劳动。ERP 系统应能保证数据从一处输入，就能同步更新数据库中所有与此数据有着直接或间接关系的其他数据，这应该是个实时的集成过程。另外，ERP 系统的集成性还体现在 ERP 系统与其他应用软件之间的集成上，如 ERP 与产品数据管理（Product Data Management，PDM）及制造执行系统（Manufacturing Execution System，MES）的集成、ERP 与设备管理软件的集成、ERP 与加工中心或其他自动化装备的集成等，这就要求 ERP 系统能够提供良好的集成接口。

（4）软件思想体现经济发展趋势

当今企业正面临着全球性的竞争，这就要求企业能迅速适应环境的变化，尽快调整自身的产品结构、组织结构、客户结构，所以 ERP 软件同时也应具备快速的适应能力，具有动态的组模技术，以迅速适应市场与企业的变化。另外，ERP 系统还应能支持企业参与全球市场竞争，能支持多币制交易，支持多语言，适应多种财政与税制要求。

（5）软件支持开放式环境

开放式环境已被越来越多的 ERP 软件采纳，目前较多的 ERP 软件能在不同的硬件平台、软件平台上运行，企业可以在能承受的投资范围内选择最适当的运行平台。

（6）软件的客户化工具完善

软件的客户化工具是否完善是衡量 ERP 软件系统是否柔性化的重要依据，也是 ERP 软件能否与企业实际紧密结合的评判依据。客户化工具主要包括报表生成器、菜单生成器、环境定义工具、数据字典等。

（7）软件供应商具有良好的服务支持

ERP 软件是一个十分复杂的系统，企业 IT 人员对它不可能完全了解和掌握，所以在实施过程中和项目验收后，都会需要软件供应商提供良好的技术支持。尤其当软件供应商与实施方错位时，更需要软件供应商的服务。

（8）软件具有持续发展能力

软件的持续发展既包括软件版本的升级，又包括软件功能的扩展，同时还隐含企业所选软件的生命力，以及企业持续地获得服务的能力。如果软件选择不当，企业担心的不仅仅是所用软件的落伍，更是投资的浪费。

（9）软件已拥有足够的客户群

软件是否成熟是由客户来检验的，客户群能反映该软件的成熟程度，企业不能成为软件供应商的试验田。同时，企业还应多关注该软件是否已有同行业用户应用，同行业用户的应用水平从侧面反映了该软件的适用性。

（10）软件具有较高的性能价格比

选购软件时，性能价格比是一个必须考虑的因素，任何一个企业都愿意选择性能价格比较优的 ERP 软件。

（11）软件供应商的实力强与发展前景好

软件供应商的实力决定了软件功能，也决定了供应商在软件研发方面的投入，决定了软件的后续发展能力，所以对企业来说，软件供应商的实力与发展前景也是必须考虑的因素。

（12）软件的界面友好、操作简便

软件操作界面是否友好，操作是否简便易学，在某种程度上决定了操作人员是否乐于接受 ERP 软件，是否愿意推动 ERP 软件的应用和长期使用，这也决定了 ERP 软件能否在企业成功地实施并顺利地应用。

小案例

某企业对 ERP 软件厂商的评分如表 2-10 所示。

表 2-10　某企业对 ERP 软件厂商的评分

软件厂商名称		用友	金蝶	天心	评分标准
总项	分项	评分			
公司实力（权重10%）	公司规模、产品和服务品牌				4
	服务的客户数量与利润				4
	是否上市				2
	小计（满分 10 分）				
产品与技术（权重15%）	产品的成熟性（是否有 10 年以上的研发历程）				1
	产品行业适应性（是否拥有机械、加工制造的行业的经验）				2
	产品的成功案例（至少选取类似行业的 10 家典型客户）				2

软件厂商名称		用友	金蝶	天心	评分标准
总项	分项	评分			标准
产品与技术（权重15%）	是否易学易用，操作方便，界面友好				2
	是否足够灵活，可以方便增加、修改流程，可定制				2
	分阶段上不同模块，是否可以平滑升级				3
	财务数据是否有数据搬迁解决方案				3
	小计（满分15分）				
解决方案（权重30%）	是否正确进行了公司的整体需求分析				1
	方案对目前主要需求的满足度				1
	方案的严密性				1
	方案的可行性、实用性				1
	方案及讲解人对管理需求的针对性				1
	是否支持新产品开发流程				1
	是否可灵活配置订单接订单型生产、成品备货型生产、订单装配型生产、小批量实验性生产项目生产（模具、零件）等多种生产模式				2
	主生产计划和物料需求计划计算过程是否科学、透明、可追溯				1
	是否支持紧急插单，功能是否强大				1
	是否支持全过程的批号跟踪				1
	是否支持生产日报、周报、月报和工序级的报告				1
	是否可排产到设备、到人				1
	是否支持特定的几种备件审批				1
	是否支持库存的上限、下限报警				1
	是否支持模具的每天使用次数记录累加和到期提醒以及图纸管理、中途检修记录				2
	是否支持委外加工和受托加工				1
	是否支持供应商评价				1
	是否支持合同管理（附件，到期提醒）				1
	是否支持采购任务分配				2
	是否支持紧急采购				1
	是否支持合同与非合同采购				1
	按照部门、项目或批次自己归集收入、成本、利润，自动计算生成明细表				2

续表

软件厂商名称		用友	金蝶	天心	评分
总项	分项	评分			标准
解决方案（权重30%）	各种账目明细导出格式多样，无须调整				1
	凭证是否可以多借多贷，能否修改往年的凭证和数据				1
	往来账目按照各种需要来自定义，例如定义三个月以上尚未收回的账款提醒，按照单位查询应付账款				1
	固定资产能否分类汇总，与账务连接自动提取折旧，生产凭证按照品种或部门汇总				1
	小计（满分30分）				
成功案例（权重15%）	是否有10家以上企业的成功案例				2
	成功案例是否真实准确（电话访谈）				3
	典型客户参观效果				10
	小计（满分15分）				
项目实施（权重5%）	团队简介				1
	培训安排				1
	对需求的理解和沟通协调能力				1
	意外事故的预防与处理能力				1
	实施技术文档的规范和完整				1
	小计（满分5分）				
售后服务（权重10%）	提供增值服务的能力				2
	售后服务的响应速度				3
	本地化服务支持力度				5
	小计（满分10分）				
投资与商务条款（权重15%）	初始成本（供应链与财务模块）				4
	用户数扩充成本				3
	总成本				6
	商务条款				2
	小计（满分15分）				
总分（100分）					

注：评分人员在给定的满分标准范围内打分

4. ERP 软件的购买合同

ERP 软件的购买合同是企业确认购买 ERP 软件的正式文件。企业在与软件供应商正式签订合同时，应注意以下几点。

① 软件的 Licenses 的概念与数量。不同软件的 Licenses 概念是不同的，有的理解为并发用户数量，有的则理解为提供给用户的站点数量（可安装用户数），所以企业在与软件供应商正式洽谈时一定要区分清楚，不然会导致实施困难、系统应用效率低下。

② 系统实施计划和分阶段实现目标一定要作为合同的附件，以进一步规范企业方、软件供应商、实施方的行为，增强合作方之间的协同能力。

③ 转委托事项的说明。有的软件供应商或实施方会将合同转委托给第三方负责实施，这会增加实施的困难，给实施工作带来影响，所以企业应在合同中注明，严禁软件供应商或实施方将部分或全部开发、实施工作转委托给第三方承担。

④ 双方的权利与义务，特别是保守对方商业秘密的义务必须在合同中详细标注清楚。技术成果的归属和分享必须进行详细划分，避免发生知识产权纠纷。

⑤ 项目实施完成的标志是什么，项目的验收如何进行等涉及项目实施周期的事项都应在合同中加以说明，避免为此产生隔阂。

⑥ 后续服务事项的约定。

⑦ 合同金额及支付方式，这是购买合同的主要内容，也是合作双方合同洽谈的焦点和重点。目前企业在这方面是处于弱势的，这就需要企业在洽谈过程中争取更多权益，如费用支付采取分期付款的形式，将费用的支付与分阶段目标的实现挂钩。

⑧ 合同中还应注明双方的权利，规定如何进行违约责任的判别与应当承担的违约责任，这是进一步规范双方执行合同行为的重要保障。

5. ERP 实施方的选择

"在购买软件的同时还要购买服务"这句话，对企业来说，就是要在选择软件的同时，详细考察软件供应商和管理咨询公司的服务能力。因为有时是由管理咨询公司提供实施服务的，需要认真评价其即将提供的服务。实施 ERP 并不等同于实施技术改造项目或基建项目，不是将砖块、水泥堆砌出来就可以了。实施 ERP 是一种创新，需要聘请资深的管理咨询顾问指导和参与实施的全过程，使其在业务流程重组、建模、实施技术路线、实施计划与具体目标、实施质量控制等多方面发挥积极的作用。

业务流程重组与建模并不是简单地反映企业的管理过程，而应该是吸收国内外相关企业的管理模式经验，综其所长、为我所用的过程。但由于企业往往仅熟悉本企业的管理模式，缺少相互取长补短的交流与学习的机会，再加上内部和外部的多种阻力，仅靠企业自己的力量难以提出和实施业务流程重组。为达到最佳效果，企业必须寻求管理咨询公司和专家的帮助。

ERP 实施过程中，实施方（可能是软件提供商，也可能是专业实施商，即管理咨询公司）的实施经验很重要，但企业也不能对其过于依赖。ERP 的实施过程是企业与软件供应商、管理咨询公司同舟共济的过程。从一些失败的案例中可发现，有些管理咨询公司非要让企业按照软件设置的管理模式运作，而实际上每个企业都有自己的管理模式，且经过多年运行的考验，有自己的独到之处。企业实施 ERP 的目的，是对现有不合理的管理模式进行改进，而不是全盘否定、重新开始一个陌生的、不一定符合企业实际情况的管理模式。

案例企业在考察实施方时，主要了解以下几个问题：实施方从事咨询业务的时间；实施方对企业选定的 ERP 软件是否了解和熟悉，是否有过该软件的实施经验；实施方在整个 ERP 市场上的信誉，是否有过与企业合作不愉快的经历；实施方是否拥有在同一行业中的其他企业或类似的企业成功实施的经验；实施方提供的实施顾问的咨询业绩；实施方将用什么方法提供实施服务；实施方是否以集成形式提供管理咨询与 ERP 项目实施；实施方的人力资源是否充足，以及人员素质情况；实施方的费用计算方法和支付方法；实施方提出的实施路线是否合理；实施方是否具备二次开发能力；实施方如何保证工作质量；实施方实施完成后是否提供实施文档；调查实施方咨询过的项目，了解实施方咨询的效果如何；调查实施方咨询过的项目，了解实施方是否进行后期跟踪服务。

【任务 2-4】 确定实施蓝图

任务导读

① 项目实施策略的内容是什么？

② 如何制订实施主计划？

③ 如何进行 ERP 项目预算？

任务实施

▶▶▶ 一、认识项目实施策略

ERP 系统一般的实施方法可归纳为理解问题、确定解决方案、付诸实施、投入运行。理解问题是实施的基础，确定解决方案是实施的关键，付诸实施是具体的行动，投入运行是对实施的检验。实施过程中可以运用系统分析的方法、企业建模方法、项目管理方法、业务工程方法、定制开发方法等。

面对庞大的地理位置分散的组织，ERP 项目实施不仅要有正确的实施方法论，还必须确定恰当的实施策略。实施策略包括全面推进式策略、按模块分期策略、试点上线策略等。

1. 全面推进式策略

全面推进式策略必然伴随着组织的革命性变革，指在组织或业务单元内制订庞大的 ERP 实施计划，同时实施多个模块。

在这种实施策略中，包括所有模块的整个 ERP 系统的安装在整个企业范围内一次性完成。这一方面可获得业务过程集成的优势，有利于各个功能部门的统一协调与同步化；另一方面，由于各部门的不均衡性，必然会存在"木桶短板"的风险。

当然，如果执行得仔细和彻底，那么全面推进式策略可以降低 ERP 系统的集成成本。在早期的 ERP 系统实施中，经常采用这种革命性实施策略，但是这种策略也会将企业拖入深深的"泥潭"。

小案例

20世纪90年代末，波音公司导入荷兰BAAN公司的ERP系统尚未达到预期目标，很大程度上是由于庞大的规模与实施范围。波音公司的新系统连接了1.8万名用户，跨越4个区域及19个工厂。波音公司需要维护与新系统并行的374个旧系统。波音公司的几千个流程在做了改变后失去了自制力，最终变成了噩梦。当初吸引波音公司的是BAAN公司的建模方法及软作的柔性、适应性。但是ERP软件的这一优势并未能有效应对波音公司业务流程的全面重大调整给ERP实施带来的挑战。不得不承认，ERP实施策略对企业的成功至关重要。

2. 按模块分期策略

ERP的实施是一项庞大工程，企业若想一步到位有可能导致其他生产运营工作受到负面影响，还会受到来自部分员工的消极抵制，最后遭遇失败。按模块分期策略可有效减小变革中的文化和技术风险。组织可以选择收益高、风险小、企业迫切需要的模块优先实施。

一般来说，销售与运作计划、质量管理与决策支持、物料管理、商业智能模块所需时间与资源少，且企业在这些模块中获得的收益高，应优先实施。不过，不同的企业面临不同的情况，企业应首先实施联系比较紧密的模块组合，如有些企业首先实施了财务、分销、制造模块等。

小案例

在2006年4月，苏泊尔携手高维信诚，全面启动企业ERP项目，以加强企业自身管理，最终实现建设一流国际化企业的发展目标。苏泊尔在实施ERP的过程中，采取了按模块分期策略。苏泊尔信息中心主任说："从2006年开始，我们首先在炊具事业部实施项目，分别完成了在玉环（5个标准模块）、武汉子公司等标准模块的实施工作。同年12月这两家公司的系统正常运行。2007年2月，在前两家公司系统正常运行的基础之上，我们对家电杭州公司实施SAP系统。"由此可见，按模块分期实施可以有效地降低风险。

3. 试点上线策略

对于实施工作量较大的项目或阻力较大的项目，一般可以先找业务比较成熟、用户基础较好、双方配合度较好的几个单位进行试点，试点成熟后，再在所有实施主体（或推广单位）中进行策略的推广。试点上线策略的类型有很多种，如表2-11所示。

表2-11　试点上线策略的类型

序号	试点方式	项目类型	推广策略	说明
1	按实施主体	财务核算、供应链、成本管理	分批集中实施	实施主体多，人员、时间、场地无法满足全面上线要求
2	按区域	财务核算、供应链	按区域分批集中实施	跨区域经营，人员、时间、场地无法满足全面上线要求
3	按业务类型	报账平台	培养关键用户	业务类型繁多，先上线基础业务
4	按产品	生产管理	验证和完善解决方案，再全面推广	物料清单（Bill Of Material，BOM）数据整理工作量太大，不可能在有限时间内全部完成

序号	试点方式	项目类型	推广策略	说明
5	按业务板块	集中管理集团企业的财务与资金、人力资源、采购业务与资产	完善总体方案,分步推广	控股型公司、集团从事多元化业务,业务之间的关联度较差,业务差异性较大

推广就是根据前期在试点单位实施形成的业务解决方案、取得的经验,在推广单位进行差异分析,再全面应用。

推广过程中必然会发生现有系统与个别实际需求的差异,是按业务解决方案改变推广单位的现状,还是保持推广单位的现状,这不仅涉及数据,还涉及业务流程,甚至组织结构,改变控制管理得好,项目推广就会很顺利。

试点上线(即先试点,再分期或全面推广)策略具有以下好处。

① 在试点范围内对业务解决方案进行实际业务验证,优化业务解决方案,提高软件系统可靠性、稳定性和易用性。

② 避免出现系统全面上线后问题过多、正常业务受影响、项目失控的局面。

③ 系统上线后及时发现问题并予以解决,把项目问题控制在一定范围内,使项目风险可控。

④ 采用试点上线策略可以减少静态数据准备工作量,快速推动项目上线。

▶▶▶ 二、确定项目实施策略与计划

确定项目实施策略与计划是实施方为了实现合同约定的实施目标,预先根据可能出现的问题和风险制订若干对应的方案,并就项目的目标、范围、进度、质量目标、资源投入、交付成果等项目实施计划书内容与企业方沟通并达成一致的过程。

1. 项目实施计划书

(1)项目实施计划书的概念

项目实施计划书是指根据 ERP 项目实施范围和目标的规定,对项目实施工作进行的各项活动做出周密安排的文档。项目计划围绕项目目标的完成,系统地确定项目的任务,安排任务进度,编制完成任务所需的资源预算等,从而保证项目能够在尽可能合理的工期内,用尽可能低的成本和尽可能高的质量完成。

(2)项目实施计划书的内容

项目实施计划书的内容包括项目基准计划、实施计划、人员组织计划、预算与资源供应计划、进度计划、沟通计划、费用计划、风险计划、质量计划等,此处介绍前 5 项计划。

① 项目基准计划是项目在最初启动时制订的计划,也即初始拟定的计划。项目基准是特指项目的规范、应用标准、进度指标、成本指标,以及人员和其他资源使用指标等。

② 实施计划是为保证项目顺利开展、围绕项目目标的最终实现而制订的实施方案。

③ 人员组织计划主要是表明工作分解图中的各项工作任务应该由谁来承担,以及各项工作间的关系如何。

④ 预算与资源供应计划是指项目所需资源的采购与供应计划、开支预算计划。

⑤ 进度计划是指在规定的期限内计划项目各个阶段的进度安排。

（3）项目实施主计划

项目实施主计划的基本工作就是要确定项目的主要任务、工作，并做出工作分解图，即将项目分解为可管理的工作包，每个工作包可建立自己的时间、成本和质量目标。工作分解图建立了清晰明确的项目框架，如图 2-4 所示。

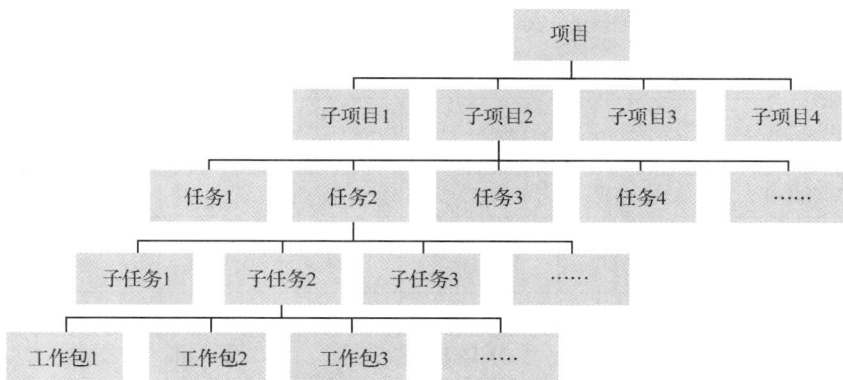

图 2-4　工作分解图

企业应根据项目目标工期的要求，制订切实可行的项目实施主计划。表 2-12 所示为某企业工作计划（部分）。项目实施主计划规定每个成员的任务，检查任务完成的情况和质量，是项目顺利实施的重要保证。项目实施主计划管理应包括以下几点。

① 按照项目实施主计划分解到周再做出具体的工作计划，并经双方批准。

② 每周进行周状态报告，报告本周的基本情况及总结，以及下周的计划安排，同时进行每周工作量统计、质量检查，并由项目组签字。

③ 每周进行工作小结，说明未完成原因及改进建议。

④ 工作分解到人。

表 2-12　某企业工作计划（部分）

项目阶段	计划开始日期	计划结束日期	项目角色	产出文档
项目规划	1 月 4 日	2 月 26 日		
确认主计划及工作任务书	1 月 4 日	2 月 22 日		
确定项目实施主计划书			项目经理	实施主计划书
双方确定工作任务书			项目经理	实施工作任务书
召开项目启动会	2 月 24 日	2 月 26 日		
安排启动会计划			项目经理	启动会会议安排
召开项目启动会			项目经理、高级顾问、技术顾问	项目启动会 PPT、项目启动会议纪要
蓝图设计	3 月 3 日	5 月 16 日		

项目阶段	计划开始日期	计划结束日期	项目角色	产出文档
业务需求调研	3月3日	4月9日		
沟通调研计划			项目经理	项目调研计划、调研问卷
详细业务需求调研			项目经理、实施顾问	
需求和产品匹配分析			项目经理、实施顾问	需求分析报告
基础培训	3月13日	4月28日		
编码方案、BOM层次讨论			项目经理、实施顾问	
基础数据相关培训			实施顾问	数据准备模板
业务解决方案初稿	4月28日	5月16日		
编撰业务解决方案初稿			项目经理、实施顾问	业务解决方案初稿
方案评审			项目经理、高级顾问、实施顾问、项目总监	方案评审报告

小案例

某企业 ERP 项目的第五周项目状态报告如表 2-13 所示。

表 2-13　第五周项目状态报告

目前项目已进入（蓝图设计）阶段，本周按计划应完成以下工作					
序号	计划任务	负责人/配合人员	计划开始时间	计划结束时间	说明
1	需求报告整理	用友项目小组	10月8日 9:30—11:30	10月8日 9:30—11:30	
2	基础档案编码讨论	用友项目小组/东君项目小组	10月8日 13:30—15:30	10月8日 13:30—15:30	具体档案见静态数据准备表
3	生产业务调研	用友项目小组/生产部门	10月9日 9:30—11:30	10月9日 9:30—11:30	
4	仓库业务调研	用友项目小组/东君项目小组	10月9日 13:30—15:30	10月9日 13:30—15:30	
5	财务业务调研	用友项目小组/财务部门	10月10日 9:30—11:30	10月10日 9:30—11:30	
6	调研报告撰写	用友项目小组	10月10日 13:30—17:00	10月12日 9:30—17:00	
7	调研报告现场确认	用友项目小组/东君项目小组	10月13日 9:30—15:30	10月14日 9:30—15:30	

本周已完成工作					
序号	完成任务	负责人	实际开始时间	实际结束时间	说明
1	需求报告整理	用友项目小组	10月8日 9:30—11:30	10月8日 9:30—11:30	
2	基础档案编码讨论	用友项目小组/东君项目小组	10月8日 13:30—15:30	10月8日 13:30—15:30	具体档案见静态数据准备表
3	生产业务调研	用友项目小组/生产部门	10月9日 9:30—11:30	10月9日 9:30—11:30	
4	仓库业务调研	用友项目小组/东君项目小组	10月9日 13:30—15:30	10月9日 13:30—15:30	
5	财务业务调研	用友项目小组/财务部门	10月10日 9:30—11:30	10月10日 9:30—11:30	
6	调研报告撰写	用友项目小组	10月10日 13:30—17:00	10月14日 9:30—17:00	

本周未完成工作			
序号	计划任务	负责人	未完成原因
1	调研报告现场确认	用友项目小组/东君项目小组	主要部门主要领导不在

目前存在的主要问题			
序号	问题	需要的响应/支持	情况说明
1	无	无	无

下周项目工作计划					
序号	计划任务	负责人/配合人员	计划开始时间	计划结束时间	说明
1	调研报告现场确认	用友项目小组/东君项目小组	10月17日 9:30—16:00	10月17日 9:30—16:00	顺序：采购、销售、生产、技术、仓库
2	编码原则二稿讨论	用友项目小组/东君项目小组	10月18日 10:00—11:30	10月18日 10:00—11:30	技术部已修正版本
3	调研报告修正	用友项目小组	10月18日 13:00—16:00	10月18日 13:00—16:00	
4	搭建培训环境	用友项目小组/系统管理员	10月19日 9:30—16:00	10月19日 9:30—16:00	
5	业务解决方案撰写	用友项目小组	10月20日 9:00—16:00	10月20日 9:00—16:00	现场/远程

说明：本报告于每周五下班之前，整理提交给客户方项目经理、客户方项目总负责人、用友公司咨询/实施部经理。项目工作时间为 9:30—12:00，13:00—17:00。

客户方项目经理：_____ 用友项目经理：_____

确　认　日　期：_____ 确　认　日　期：_____

2. 确定项目实施策略与计划的过程

确定项目实施策略与计划在宏观上对项目实施给出应对措施和时间规划，指导后续的实施工作，最大限度提高实施的效率、提升效果并降低风险，具体的过程如表 2-14 所示。

表 2-14　确定项目实施策略与计划的过程

序号	任务	关键行动	角色	控制点
1	项目分析与评估	1. 项目经理组织项目成员对项目情况做全面的了解和分析 2. 对项目中可能出现的各种风险，包括技术、产品、团队、客户关系、进度等方面的风险，做出评估和初步预案 交付成果：《会议纪要-项目分析与评估》	项目经理、实施顾问	对所有潜在风险做出预案
2	制订项目实施策略与计划	1. 根据前面的项目分析与评估，项目组拿出可能的应对措施或者方案，包括按模块分期策略、客户关系策略、需求和范围管理策略、试点上线策略、质量和风险管理策略、验收策略、沟通策略、知识转移策略、客户主导实施策略等 2. 在实施策略的基础上，制订项目实施主计划书，包括里程碑计划、进度计划、资源计划、费用计划、质量管理计划、风险管理计划、沟通计划等 交付成果：《项目实施策略》《项目实施主计划书》	项目经理、实施顾问	实施策略的制订要以项目实施工作任务书为依据
3	内部评审	1. 组织项目干系人及专家对主计划书进行评审 2. 根据评审意见修改主计划书 交付成果：《会议纪要-确定实施策略与计划》	项目组、总部专家	关键性的实施里程碑
4	项目实施主计划确认	1. 提交项目实施主计划书 2. 双方对项目实施主计划书进行沟通确认（会议）	双方项目经理	要求签字盖章

3. 实施时间及工作量估算

估计时间与资源，对工作分解图中的作业逐一进行分析，确定其所需的资源与时间，同时确定作业的工作量、工作时间，工作量用人年（一人工作一年完成的工作量）、人月（一人工作一个月完成的工作量）、人周（一人工作一周完成的工作量）、人日（一人工作一天完成的工作量）、人时（一人工作一小时完成的工作量）表示。某企业完成项目任务所需的资源与时间如表 2-15 所示。

表 2-15　某企业完成项目任务所需的资源与时间

任务（作业、活动）	工作量/人周	工作时间/人周
1. 项目规划	4	4
1.1　确认主计划及工作任务书	2	2
1.1.1　确定项目实施主计划书	1	1
1.1.2　双方确定工作任务书	1	1
1.2　召开项目启动会	2	2
1.2.1　安排启动会计划	1	1
1.2.2　召开项目启动会	1	1

例如，根据以往项目的实施经验，某企业实施 ERP 项目第 1 期估计需工作量 390 人天，具体工作量分布如表 2-16 所示。

表 2-16　某企业 ERP 项目所需的顾问资源

任务		工作量/人天
第 1 期	财务	85
	现金	20
	采购	35
	销售	40
	库存	35
	固定资产	30
	制造	75
	成本	30
	二次开发	30
	第 1 期质量检查	10
	总计	390
第 2 期	第 2 期项目推广	75
	总计	75
实施总天数		465

4. 实施费用预算

实施任务所需的各类人力资源及其工作时间确定以后，就可以根据各类人员每天工作的费用做出项目实施的费用预算。表 2-17 所示为某企业 ERP 实施模块及需要各类顾问的服务天数。

表 2-17　某企业 ERP 实施模块及需要各类顾问的服务天数

单位：天

项目实施阶段	技术支持人员	高级顾问	应用顾问	总计
财务	10	25	50	85
现金	5	5	10	20
采购	5	10	20	35
销售	10	10	20	40
库存	5	10	20	35
固定资产	5	10	15	30
制造	10	20	45	75
成本	5	10	15	30
二次开发	30			30
第 1 期质量检查		10		10
总计	85	110	195	390
第 2 期项目推广	20	15	40	75
总计	20	15	40	75

高级顾问、应用顾问、技术支持人员的费用按照他们的实施天数计算，在案例企业合作合同中，分别以每天 4 000 元、3 000 元、3 000 元作为实施费用报价标准，预算结果如表 2-18 所示。

表 2-18　某企业 ERP 实施顾问服务天数及费用预算

阶段	实施顾问	服务天数/天	单价/元	实施费用/元
第 1 期	高级顾问	110	4 000	440 000
	应用顾问	195	3 000	585 000
	技术支持人员	85	3 000	255 000
	小计	**390**		**1 280 000**

阶段	实施顾问	服务天数/天	单价/元	实施费用/元
第2期	高级顾问	15	4 000	60 000
	应用顾问	40	3 000	120 000
	技术支持人员	20	3 000	60 000
	小计	75		240 000
总计		465		1 520 000

【任务 2-5】 召开项目启动会

任务导读

① 项目启动会的目的是什么?

② 如何准备项目启动会?

任务实施

一、认识项目启动会

项目启动会是利用企业组织的正规形式,宣布项目正式开始实施的会议。项目启动会一般是在项目中标后或者合同签订后,企业方、实施方召开的第一次会议,以澄清项目目标、项目范围、项目进度、规章制度等,要求人员开始进场,保障项目工作能够按照项目进度保质保量、有条不紊地开展。

1. 项目启动会的目的

通过项目启动会,企业全体人员可以了解到项目对企业信息化建设的整体意义,了解到领导的决心和期望,为项目的配合和最终成功做好铺垫。项目启动会需要达到以下几个目的。

① 向企业主要人员和项目组全体成员解释项目的使命和目标,确保每位成员明确自己的任务和职责。

② 调动项目成员的积极性,使个人目标与团队目标达成一致。

③ 建立项目负责人的领导威信。

④ 界定项目的范围、项目实施的阶段、完成每一阶段的标志和日期。

⑤ 向全体人员阐明项目计划,解释项目进度安排。

⑥ 向全体人员解释项目的实施程序,包括项目形成的文件、报告、会议以及实施过程中项目成员间如何进行沟通和协调。

2. 参与项目启动会的人员

召开项目启动会是一个新项目的开始标志。项目启动会要求实施方项目总监、项目经理、项目组全体成员,企业方高层领导及各部门负责人、项目经理及企业方项目组成员与会。

▶▶▶ 二、召开项目启动会

在 ERP 项目实施的过程中召开项目启动会是项目规划阶段结束的标志，同时也是项目进入下一实施阶段的标志。

1. 召开项目启动会的过程

双方项目经理应当为项目启动会做充分准备，企业方和实施方的项目经理和项目实施小组应进行充分的沟通。召开项目启动会的过程如表 2-19 所示。

表 2-19　召开项目启动会的过程

序号	任务	关键行动	角色	控制点
1	会议前的准备	1. 企业高层商定会议议程，以及参加人员名单 2. 选定会议主持人，明确会议的议程 3. 准备相关演讲 PPT 资料 4. 准备领导讲话演讲稿 5. 企业方准备会议场地 6. 会场布置 7. 发出会议通知 交付成果：《项目启动会会议议程》《项目启动会 PPT》	双方项目经理	明确会议议程
2	召开项目启动会	1. 由企业方项目经理介绍企业项目的前期准备情况，宣布并介绍项目组成员及其职责 2. 实施方项目经理向企业介绍项目组成员及职责，并做项目实施方法的主题演讲 3. 最后应由企业高层做总结性发言，以表达领导对项目的重视，给相关人员以责任和安排。企业方领导讲话致词，说明项目的目标，向企业方项目经理和项目组成员授权 4. 如果需要，可以在项目启动会上针对企业方管理层进行理念和项目管理的培训，介绍项目成功和失败的案例，重点说明项目实施成功的条件和导致项目失败的原因。同时需要注意项目启动会的时间不宜过长，主要把相关项目的信息、领导层的决心等有效地传达给相关部门负责人，以引起他们的充分重视、理解，为整个项目实施小组的下一步工作奠定基础 交付成果：《会议纪要-项目启动会》	双方项目组	注意控制会义的场面纪律，完成预期的效果
3	签字确认	项目启动会结束后，整理会议纪要并提交双方项目总负责人签字确认 交付成果：《会议纪要-项目启动会》	双方项目经理	会议纪要签字存档

2. 项目启动会的具体内容

（1）项目总动员

一般由企业方一把手做项目总动员，内容如下。

① 说明该项目背景、企业管理改造的期望、领导层的决心。

② 对各部门的积极配合提出具体要求。

③ 宣布企业方项目组成员组成。

（2）理念宣传

由实施方项目总监或其他高层领导说明实施该项目的意义，以及 ERP 系统实施的理念、实施项目的风险等，宣布实施项目组的成员组成，项目的内容、时间进度、各阶段提交的成果报告。具体内容如下。

① 更新传统的观念和认识，树立流程管理思想，并提升营销管理、生产管理、财务管理、采购管理思想。

② 明确项目的成功实施是双方共同的利益和责任。

③ 明确实施过程也是实施方知识和技术转移的过程，因此实施将采取双方合作的方式。

④ 建立明确的阶段目标和业务处理需求。

⑤ 严格控制项目范围。

⑥ 建立层次结构合理、功能齐全、职责明确的项目组织结构。

⑦ 挑选合适的双方人员在项目组中承担合适的职责。

⑧ 按照各自的职责及时解决实施过程中出现的问题。

⑨ 及时审阅和响应对方提交的文件。

⑩ 定期检查项目进度与阶段目标及阶段成果。

（3）确定项目实施主计划

在项目启动会上，项目经理应就项目实施主计划等与企业方充分交流和沟通，并最终确定项目实施主计划。

（4）建立项目管理机制

建立项目管理机制的实质就是实施方搭建项目管理平台，建立实施方和企业方的实施共享交流社区，实现真正以企业为主导的实施模式，将项目管理工作延伸到企业方。并且该平台可作为长期的项目工作平台，企业方应及时与实施方建立联系（问题管理），打造长期合作的基础平台。

项目思考

1. 简述 ERP 项目立项阶段的工作内容。

2. 简述 ERP 项目的成本构成。

3. 简述 ERP 项目可行性分析报告的主要内容。

4. 简述项目组织。

5. 简述 ERP 需求调研与分析的方法。

6. 简述 ERP 系统选型的步骤和原则。

7. 简述 ERP 项目全面推进式策略。

8. 简述 ERP 项目试点上线策略。

9. 简述 ERP 项目实施费用的估算。

10. 简述企业如何召开项目启动会。

举一反三

某公司拟安排 IT 部门的王经理担任项目经理。王经理工作认真负责，精通多项开发技术和工具，但较少与其他部门沟通。由于总经理对公司视频系统的建设不甚满意，就引荐了李生担任 IT 部门副经理，协助王经理工作。李副经理善于交际和沟通，逐步对企业的业务有了一些了解，希望通过本次项目树立自己的威信。

1．他们谁更适合做该项目的项目经理？

2．如果企业已经初步确立了王经理做项目经理，李副经理该怎么做？

▼ 项目实施总结 ●●●●

本项目主要介绍了 ERP 项目实施第一阶段项目规划的工作内容和工作方法。以案例企业的 ERP 项目为载体，介绍 ERP 项目立项、成立项目组织、ERP 需求调研与选型、确定实施蓝图、召开项目启动会等任务的内容、方法策略及实施工具，指明了工作的具体技术应用，并给予一定的理论指导。

项目三

ERP 项目解决方案

项目描述与分析

案例企业的 ERP 项目通过项目规划，目前进入 ERP 项目解决方案阶段，此阶段项目组需要完成的主要任务如图 3-1 所示。

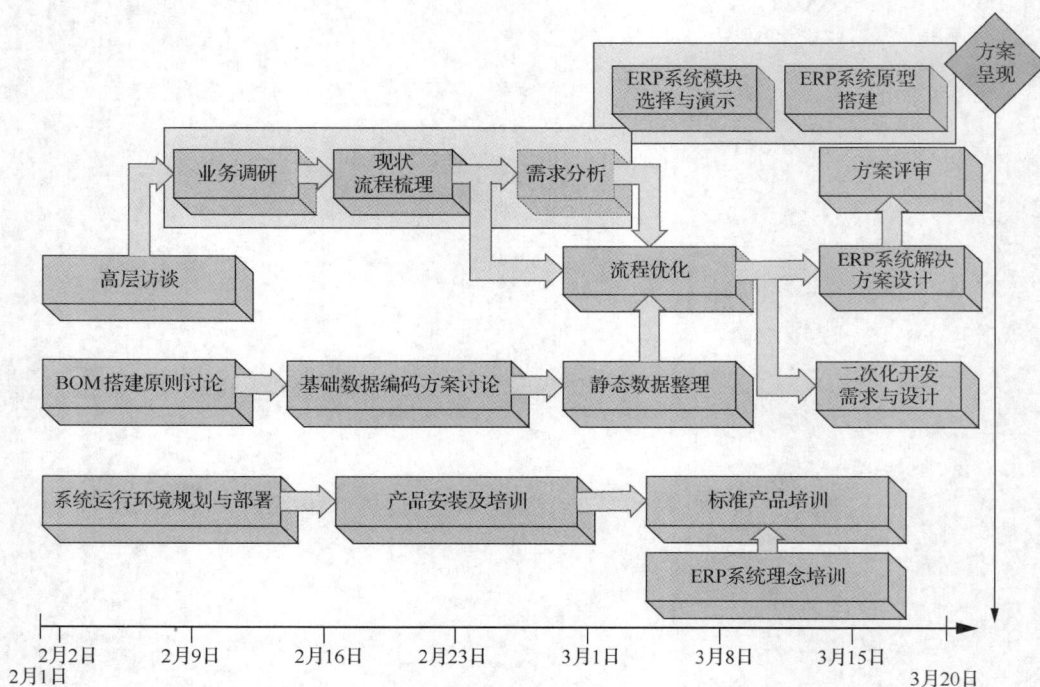

图 3-1　ERP 项目解决方案阶段的主要任务

ERP 项目解决方案阶段是 ERP 项目实施过程中的关键环节，项目解决方案的形成过程就是企业将自身业务流程转化为新系统业务流程的过程，对整个 ERP 系统在企业中能否应用成功起到了决定性的作用，项目组必须对企业的现有业务流程进行诊断并撰写详细的需求分析报告、确认 ERP 系统解决方案。此阶段中构建物料清单、基础数据编码方案讨论及静态数据整理等任务都是项目的基本工作，会直接影响系统后期的运行。

项目知识点

业务流程，梳理业务流程，优化业务流程，详细需求分析，企业主数据，物料编码原则，物料清单，物料清单分层，ERP 系统原型测试，ERP 系统解决方案。

项目技能点

➤ 能制订调研计划，选择恰当的调研方法开展业务。

➤ 能开展业务流程调研，并整理调研报告。

➤ 能对企业的现有流程进行梳理与优化，绘制企业主要业务流程。

➤ 能进行企业详细需求分析，撰写需求分析报告。

➤ 能根据企业主数据的管理要求，构建企业基础数据，形成企业物料编码方案。

➤ 能准备测试用例，组织 ERP 系统原型测试。

➤ 能根据 ERP 系统解决方案测试的情况，整理最终的 ERP 系统解决方案。

【任务 3-1】 业务流程调研

任务导读

① 业务流程调研的目的是什么？

② 业务流程调研的方法有哪些？

③ 业务流程调研的过程是怎样的？

④ 如何整理业务流程调研报告？

任务实施

▶▶▶ 一、认识业务流程调研

业务流程是指一组共同为顾客创造价值而又相互关联的活动，其表现形式是一种业务处理模式或业务处理过程。业务流程调研指通过各种调研方法，搜集、整理相关资料并分析企业现状和需求的过程。任何企业的经营运作都是由一系列连贯而交错的业务流程来实现的，企业通过对业务流程调研，了解不足之处，再从企业自身的角度出发，围绕企业的经营目标，不断改进企业的业务流程。

1. 业务流程的有效性

哈佛商学院教授迈克尔·波特（Michael Porter）将企业的业务流程描绘成一个价值链（Value Chain），"竞争不是发生在企业与企业之间，而是发生在企业各自的价值链之间。只有对价值的各个环节（业务流程）实行有效管理的企业，才有可能真正获得市场竞争优势"。业务流程是否有效，主要是由这一业务流程所能取得的绩效决定的，大致可从下述五个方面来衡量。

① 顾客的满意度。按照企业的现有业务流程，是否能够尽可能地满足顾客需求，如能否及时反映顾客的需求变化，顾客的订单是否能够及时交货等。

② 企业的成长性。在这一业务流程下，企业的经济效益是否是一步一个台阶向上攀登，发展速度与同类企业相比效率如何，现有的业务流程是否阻碍了企业的发展。

③ 业务处理的协调性。在这一业务流程下，各职能部门的业务处理是否能够有序地进行，各部门、上下级的沟通是否有效，是否更多地需要通过最高管理层或工作会议等形式来加以协调。

④ 管理工作的均衡性。各职能部门和管理人员的工作量分布是否均衡，某个职能部门或管理人员是否会有工作积压，即企业的日常管理工作是否存在"流量瓶颈"。

⑤ 对环境变化的应变能力。企业面临的外部环境发生变化，同时也会要求企业内部的业务处理模式随之发生变化，这就要求业务流程必须具备一定的灵活性。

2．业务流程调研的目的

业务流程调研的目的包括两个方面：一是了解企业的组织结构、业务内容及其处理流程；二是获取实施软件所必要的参数信息，通过对业务及其流程的调研分析，可以获得业务规范化调整的基础信息和软件客户化的必要信息，为规范企业业务管理，使软件标准化、规范化以及为下一步软件的实施打下坚实、可靠的基础。

3．业务流程调研的方法

合适的业务流程调研方法不仅会使调研工作顺利进行，而且会得到较高价值的业务流程现状调研报告，为后续的流程梳理和详细需求分析打下较好的基础。一般来说，通过实施方顾问与企业方职员的访谈、企业方职员填写调查问卷及绘制现状流程图等形式来进行实际的调研任务。通过与项目小组或企业业务人员的会谈，实施方顾问应从各种角度获得企业的业务管理思想并了解业务处理现状。项目调研要注重调研的方式方法，这里主要介绍以下三类调研方法。

（1）按形式划分的调研方法

按形式划分的调研方法如表 3-1 所示。

表 3-1　按形式划分的调研方法

方法	问卷式	开放式	混合式
使用范围	对不能及时准确给出答案，或须提前进行资料收集、分析、汇总的信息进行调研，基础类的信息调研常用此方法	首先讲解一个实例，然后业务人员参照实例进行本岗位业务现状的填写	混合式调研方法是指结合问卷式和开放式两种方法的调研方法
优点	可以对一些自己关心的业务点尽可能详细地设计问题，整理各业务点的方式较为方便易行	业务人员可以根据自己熟悉的流程进行撰写，思路相对较清晰	具体的细节问题采用问卷式的调研方法，即让业务人员逐个回答问卷中涉及的问题；对涉及业务处理流程的问题则采用开放式的调研方法

方法	问卷式	开放式	混合式
缺点	有点类似于做试卷，业务人员容易产生反感，而且业务人员对一些问题无法系统地说明；对流程性管理内容等无法描述清楚，潜在需求无法表达。某种情况下可接受性较差，准确性不可靠，引导性差等	业务人员书写的内容不受控制，对一些细节问题不会做过多的说明，可能造成信息收集不够全面	对业务人员要求较高，要区分问卷式和开放式的业务，可能导致准备时间过长且信息收集不够具体

（2）按对象划分的调研方法

按对象划分的调研方法如表 3-2 所示。

表 3-2　按对象划分的调研方法

方法	从低到高	从高到低
适用范围	无明确核心需求、合同或技术协议书包括的范围极广、需求无重点的项目	存在或有潜在核心需求、客户的管理存在较大变革要求、客户的高层领导有明确要求、核心价值带有导向性的项目
优点	通过对基层和中层干部的调研，可较全面地了解企业管理现状和不足，在此基础上形成合理的 ERP 建设规划及项目核心价值，对高层调研时可在此框架内进行	易对项目形成导向，高层的意志能形成对需求的约束，对中层和关键用户的需求可控制在一定范围内，对项目扩散有明显的抑制作用
缺点	关注过多的细节需求，容易忽略总体目标	对企业基层岗位人员对软件操作功能需求的了解程度可能会不够

（3）按场地划分的调研方法

按场地划分的调研方法如表 3-3 所示。

表 3-3　按场地划分的调研方法

场地	会议室	办公室、工厂（现场）
使用范围	可用于对复杂需求、管理模式的了解，调查潜在和带有引导性的需求	可用于对企业实际业务运作环境的了解，调查基层岗位人员的需求
优点	可通过互动方式深入探讨，可以描述复杂业务流程，通过会谈可获得额外信息，如态度、企业背景文化、建设性意见等	可了解基层岗位人员的实际业务，熟悉企业的整个业务流程以及人员素质等
缺点	准备工作需细致周到，对实施人员的应变能力、知识面要求高，易对顾问产生先入为主的不良效果	无法详细了解业务部门的关键需求，不便于记录访谈过程

▶▶▶ 二、业务流程调研的过程

业务流程调研大体分为四个阶段：一是调研准备，其中主要包括召开业务调研动员大会并明确此次调研的主要任务；二是编制业务流程调研计划；三是开展业务流程调研，即项目组进入企业各业务部门进行实地的业务调研工作；四是整理业务流程调研报告，即根据企业实际的调研情况整理业务流程调研报告。

1．调研准备

为了保证业务流程调研工作的质量，项目组一般首先组织召开业务调研动员大会，共同梳理此次调研的主要任务，最后一起完成现场的调研工作。

（1）召开业务调研动员大会

在实施方正式进入企业进行具体业务流程调研之前，企业方和实施方的项目经理应组织一次业务调研动员大会。参加会议的主要人员有企业的项目组成员、所有的部门经理和主要业务骨干。会议主要议题有以下几个方面。

① 业务现状调研在 ERP 实施中的重要性。

② 调研工作的主要内容，也就是要了解哪些情况。

③ 被调查对象要注意哪些事项，要事先做哪些准备工作。

④ 业务流程描述的培训。

调研动员大会一定要组织好，以达到预期目的，否则，被调查对象对业务调研的重要性认识不清，或者事先没有经过充分的准备和思考，会导致在调研时遇到一些阻力或者不能达到预期目标。

（2）明确调研的主要任务

业务调研的主要工作包括以下几个方面。

① 分析企业的目标和策略。

② 了解和分析当前业务的内容及处理流程。

③ 结合软件功能和业务目标，对当前业务流程进行重新调整和优化改进。

④ 确定系统配置和报表方面的需求。

⑤ 收集必要的信息，为收集实施运行阶段的数据做准备。

⑥ 确定新的业务处理流程中的各项业务处理程序、完成的任务与处理步骤。

2．编制业务流程调研计划

业务流程调研是一项复杂而又需要细致的工作，需要做好相应的计划和组织等准备工作，要根据企业的行业特征精心准备，切忌将一套调研提纲应用到所有的调研单位；要灵活运用调研的方式，针对不同的人员使用不同的方式。为了后续工作的连续性，在项目启动会之后，双方项目经理还需依据项目实施主计划制订详细业务流程调研计划。实施方要明确业务流程调研的内容、调研报告提交的格式、同企业方交流的时间安排，并将实施主计划中第一阶段的工作内容分解到具体时间段。某企业业务与流程调研阶段和各部门调研时间安排分别如表 3-4 和表 3-5 所示。

表 3-4　某企业业务与流程调研阶段

序号	调研任务	开始时间	结束时间	实施人员	客户负责人员	工作成果
1	准备调研提纲	11 月 12 日	11 月 12 日	张经理	费经理	调研提纲
2	将调研提纲提交给客户	11 月 15 日	11 月 15 日	张经理	费经理	调研提纲
3	总体调研	11 月 17 日	11 月 17 日	张经理	费经理	客户基本情况、主要业务、相关部门及岗位设置等

序号	调研任务	开始时间	结束时间	实施人员	客户负责人员	工作成果
4	部门业务调研	11 月 17 日	11 月 19 日	张经理	费经理	部门业务处理流程、相关单据、管理重点、存在的问题、期望等
5	基础数据调研整理	11 月 22 日	11 月 23 日	张经理	费经理	基础数据调研报告
6	分析、整理调研结果，形成业务分析报告	11 月 25 日	11 月 25 日	张经理	费经理	业务分析报告

表 3-5　某企业各部门调研时间安排

序号	计划任务	负责人/配合人员	计划开始时间	计划结束时间
1	总体业务了解	用友项目小组/企业项目负责人	11 月 17 日 9:00—11:30	11 月 17 日 9:00—11:30
2	销售业务调研	用友项目小组/销售部门	11 月 17 日 13:00—15:00	11 月 17 日 13:00—15:00
3	采购业务调研	用友项目小组/采购部门	11 月 17 日 15:30—17:30	11 月 17 日 15:30—17:30
4	仓库业务调研	用友项目小组/仓库人员	11 月 18 日 9:00—11:30	11 月 18 日 9:00—11:30
5	生产业务调研	用友项目小组/生产部门	11 月 18 日 14:00—16:30	11 月 18 日 14:00—16:30
6	技术业务调研	用友项目小组/技术部门	11 月 19 日 9:00—11:30	11 月 19 日 9:00—11:30
7	财务业务调研	用友项目小组/财务部门	11 月 19 日 14:00—16:30	11 月 19 日 14:00—16:30

3. 开展业务流程调研

项目组在确定调研大纲、方式、计划后，就要开展具体的业务流程调研工作。实施方的人员在调研、分析过程中应了解企业各种业务处理的操作流程及其所涉及的单据，以及单据在各个部门之间是如何传递的、各个岗位人员的职责是什么。实施人员还应对软件的调研过程有一个总体的把握，也就是说实施人员不能仅仅局限于具体业务的处理，而应该从总体的业务流程上进行分析，把各个部门零散的业务处理结合成一个整体，把各个断开的业务连贯起来。

（1）对企业做整体上的了解

实施方和企业方的项目经理进行沟通交流，通过收集整理调研问卷和实地参观企业，从整体上了解企业所处的行业、行业的特性及企业在行业中所处的位置，企业自身管理的特点和重点，企业对本次信息化建设的期望等。

小案例

某企业整体状况调研清单

1. 企业名称：_____。
2. 企业地址：_____。
3. 邮编：_____。
4. 电话：_____。
5. 传真：_____。
6. 企业在职员工总人数：____人；其中职员____人，工人____人。
7. 工厂面积_____。
8. 最近一年的年产值：_____。
9. 企业性质：_____。
10. 企业所属行业类型：_____。
11. 企业是否为集团企业？
12. 企业是否通过质量体系认证？
13. 企业产品的销售方向：_____。
14. 请简要估算企业职员的学历组成，以百分比描述。
15. 企业人员流动情况。
16. 企业是否正在或曾经应用过 MRP、ERP 等进销存企业管理软件？
17. 已有应用系统的应用情况：_____。
18. 企业希望通过实施 ERP 系统解决的问题：_____。
19. 企业对应用用友 U8 系统的期望目标：_____。
20. 企业主要产品线和主导产品：_____。
21. 企业目前主营业务的现状及成长性预测是什么？
22. 企业短期的发展目标及长期的发展战略是什么？
23. 企业是否制订过信息化建设的总体规划？是如何规划的？
24. 请画出或提供企业组织架构图，并描述各个部门的职能。

（2）拜访企业高层

项目组通过拜访企业高层，了解企业战略规划、核心业务、发展目标等决策性信息；了解企业高层对本次信息化建设的期望、关注重点等。最重要的是取得企业高层领导的支持，要求每周将项目进度状况向企业高层领导汇报，在此过程中不断提高企业高层对项目的重视程度。企业高层访谈的流程和内容如表 3-6 所示。

表 3-6　企业高层访谈的流程和内容

序号	任务	关键行动	角色	控制点
1	制作高层访谈计划表	1. 确定高层访谈的时间安排 2. 确定参与每次访谈的人员及角色分工 3. 提前预约高层的访谈时间 交付成果：《高层访谈计划表》	双方项目经理	时间和参与者的确定

序号	任务	关键行动	角色	控制点
2	提交高层访谈提纲	1. 制订高层访谈提纲 2. 在预约访谈时间的同时向高层提交访谈提纲 交付成果:《高层访谈提纲》	双方项目经理	访谈提纲文档
3	高层访谈实施	1. 项目经理主持访谈:总体介绍项目背景及进展情况,参照访谈大纲根据实际情况进行高层的问题访谈 2. 访谈记录员整理形成访谈纪要 交付成果:《高层访谈纪要》	项目经理/记录员	保持高效和有序,确保访谈内容无遗漏地进行
4	访谈记录与总结	1. 整理高层访谈纪要,通过感谢信的形式以邮件方式反馈给高层领导本人 2. 对高层观点进行总结和综述 3. 提炼企业管理特点及其对项目实施的影响 交付成果:《高层观点综述和客户管理需求理解》	项目组	提炼出企业高层的关注点,总结企业的管理需求特点

（3）调研各部门

首先参观部门,介绍并认识各部门人员,尤其要对部门领导进行访谈,并取得他对项目的支持。之后在会议室进行该部门的调研,顾问不仅要针对调研报告内容进行了解,同时也要根据参观的状况,灵活地询问关键点,主要围绕部门的主要职责是什么,部门人员数量有多少,他们如何分工,部门的重点业务是什么,部门业务流程以及日常工作中所用的单据与报表是什么样子,部门对本次信息化建设更关注哪些方面,本次信息化建设有哪些主要需求,部门哪方面管理想通过 ERP 得到帮助与提升等问题展开。组织调研的顾问要掌握提问技巧,使现场保持活跃气氛,在不经意间得到需要的信息,并做好笔记。

调研的过程中可以借鉴的调研问卷有标准财务、费用报销、资金管理、预算管理、采购系统、库存系统、销售系统、生产制造、组织人事、薪酬管理、绩效管理、培训发展、招聘选拔、考勤管理等。

小案例

采购调研清单

一、部门基本情况

1. 公司是否有多个采购部门?

2. 采购主管和采购人员名单。如有多个采购部门,请同时列出多个采购部门的人员名单。

3. 采购业务是否由统一的部门进行管理?

4. 是否有计划由专门的人员负责录入采购订单?

5. 不同类的物料是否由不同的采购人员负责?

6. 不同的地区是否由不同的采购人员负责?

7. 请列出采购部门的组织结构图及本部门的整体业务流程,包括审批流程和与其他部门的接口。

二、供应商情况

1. 供应商的信息是否统一由专人维护?

2. 公司有无统一的供应商编码？

3. 公司的供应商总数约为_____家。

（1）国内供应商有_____家，主要分布在_____，经常往来的有_____家；占公司采购额_____%。

（2）国外供应商有_____家，主要分布在_____，经常往来的有_____家；占公司采购额_____%。

（3）大宗物料供应商有_____家，分别是_____。

4. 是否对供应商进行分类/分级？

5. 采购订单中是否需带有供应商自身的物料编号（即供应商物料编号）？

6. 公司是否对供应商进行定期考核？

7. 未通过考核的供应商是否允许交易？

8. 一次性（临时）供应商是否录入系统？

9. 对供应商的不满和投诉主要集中在哪些方面？

10. 如何选择一个新的供应商？

三、采购申请/价格管理

1. 是否有完整的供应商价格资料库？

2. 公司物料的采购价格是否含税？

3. 不同的供应商针对同一物料，是否会有不同的价格？

4. 与供应商签订的订单价格是否可以与价格表上不同？

5. 公司有供应商报价的物料大概有多少？

6. 请描述报价的审批流程。

四、订单管理

1. 公司的可采购件中包含哪些类型的物品？

2. 采购件是否有有效期控制？

3. 公司是否有同供应商签订长期采购合同？

4. 公司是否有成套采购/组装采购的物料？

5. 采购件采用主供应商政策，还是采用按比例分配供应商政策？

6. 采购的物料收料时，是否有搭配配件或组件一起收料的情况？

7. 采购物料的同时是否会采购物料的增值服务？

8. 是否有与供应商签订采购合同，但送货直接发给指定第三方用户的情况？

9. 公司的各相关部门之间是否会有内部采购订单？

10. 是否有外币订单？

11. 采购订单是否存在多次交货的情况？同一张采购订单价格是否经常变动？

12. 公司采购订单的发出方式有哪些？

13. 采购计量单位与报价单位、收货单位、发票单位、库存计量单位是否一致？

14. 订单交货期：最短___天，最长___天，平均___天，紧急订单月平均___天。

15. 公司订单交货期达成率如何？

16. 公司所有采购订单的处理流程（从接单到收料、结算）是否一致？

17. 订单变更是否频繁？

18. 如何对采购订单的执行情况进行跟踪？

19. 有无先开票后送货的情况发生？

20. 采购件是否需要批号跟踪？

21. 固定资产采购、生产性物料采购、非生产性物料采购的部门分别是哪些？流程是怎样的？

22. 公司如何对采购人员进行考核？

五、收料/退料

1. 收料通知由哪个部门开出？收料通知上有哪些主要信息？

2. 公司共有哪些物料仓库及物料仓库的管理部门？

3. 是否有专门的部门执行收料？

4. 是否严格按采购订单执行收料？有无超收、欠收情况？

5. 收料控制如何？

6. 物料收料时会有什么单据伴随？

7. 物料收料时的运输方式是什么？

8. 是否存在多个物料接收部门或接收地点？

9. 退料给供应商后，供应商是否需要进行物料的调换？

10. 退料给供应商后，供应商是否需要退回货款？

11. 物料检验不合格，退料给供应商后，是否要对供应商进行罚款？

12. 退料给供应商是否需要审批/检验？

13. 请描述物料收料流程。

14. 请描述物料退料流程。

六、对账

1. 采购订单是否都需要供应商开具发票？

2. 公司是否有预付货款的情况？

3. 是否允许同一供应商，在其既是客户同时又是供应商的情况下，用其应收款核销应付款？

4. 财务部根据什么付款？

5. 请描述财务部日常付款流程。

6. 对于物料已经入库但发票当月没收到的情况如何处理？

7. 采购费用和采购费用发票在公司是如何处理的？

七、日常使用表单

1. 请列出本部门日常使用的表单，并将每种类型表单附在本调研清单后，如请购单、采购订单、收料通知单、对账单等。

2. 请列出本部门日常使用的报表，并将每种类型报表附在本调研清单后，如订单统计表、收料统计表、采购金额统计表等。

4. 整理业务流程调研报告

业务流程调研报告是整个调研工作，包括计划、实施、收集、整理等一系列过程的总结，是调研人员劳动与智慧的结晶，也是 ERP 项目需要的最重要的书面结果之一。它也是一种沟通、交流形式，其目的是将调查结果、战略性建议以及其他结果传递给管理人员或其他担任专门职务的人员。因此，认真撰写业务流程调研报告，准确分析调研结果，明确给出调研结论，是报告撰写者的责任。

如果企业的业务复杂、规模较大，则花费的时间较多，因为业务流程调研报告要经实施小组与领导小组的讨论通过。ERP 项目的业务流程调研报告通常包括以下几个部分。

① 企业管理现状。对企业的各种业务、各个部门的业务职责及业务关系进行精准描述，并经过企业的确认，这样就保证了咨询方、实施方对企业的业务充分熟悉及对管理的充分了解。

② ERP 的管理方式。描述与 ERP 软件结合的管理方式。这部分也是软件公司业务流程调研报告的固有部分。

③ 业务实现与改革。根据对企业业务、管理的理解，将其与 ERP 系统结合，说明企业的管理流程、业务是如何利用本 ERP 系统来实现的。同时，根据 ERP 系统的需要与企业的实际管理现状提出业务改革方案，即业务流程重组方案。

④ 达到的效果。达到的效果通过管理数据与报表、直接效益及管理效益等反映。

【任务 3-2】 业务流程梳理与优化

任务导读

① 梳理业务流程的目的和方法是什么？
② 如何进行业务流程梳理？
③ 优化业务流程的方法及过程是什么？

任务实施

一、梳理业务流程

在 ERP 业务流程调研完成以后，项目组需要对企业的业务流程进行梳理。梳理业务流程，为企业搭建合适的流程分层分类体系，设计业务流程目录，并根据统一的文档规范绘制企业的业务流程图。

1. 梳理业务流程的目的

梳理业务流程的目的是使企业业务流程体系结构化、有序化；建立适合企业各级管理层的业务流程；帮助各部门按照统一的规范绘制业务流程图。业务流程梳理将使企业进一步明确自身的业务处理流程，了解各个业务岗位和部门之间的工作衔接。

2. 梳理业务流程的方法

业务流程梳理首先通过对职责的梳理，确定流程与职责的对应关系，为后面的流程描述和流程优化打下坚实的基础，其次通过对照制度发现各部门在职责方面的问题（如缺失、交叉重叠等），通过职责分解解决对应流程过程中可能出现遗漏流程的问题，同时为改进职责体系提供机会，最后通过对照制度，发现制度体系本身的问题（如制度缺失、过时等）。具体梳理业务流程的方法可以归纳为 5W2H 方法，如图 3-2 所示。

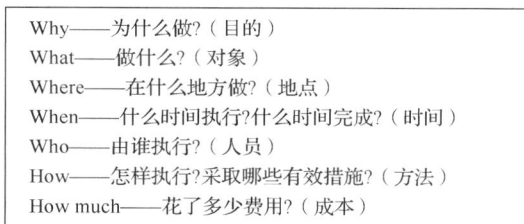

Why——为什么做?（目的）
What——做什么?（对象）
Where——在什么地方做?（地点）
When——什么时间执行?什么时间完成?（时间）
Who——由谁执行?（人员）
How——怎样执行?采取哪些有效措施?（方法）
How much——花了多少费用?（成本）

图 3-2　5W2H 方法

3. 梳理业务流程的步骤

梳理业务流程的步骤主要包括定义业务流程架构、设计业务流程图、梳理业务流程目录、绘制业务流程图等。

（1）定义业务流程架构

业务流程架构通过定义和描述企业业务流程及其随时间演化的规则，成为连接企业战略与业务之间的桥梁。业务流程架构向上承接战略，将业务架构的核心领域和业务模型的核心要素通过业务流程架构分解细化；向下以核心业务为主线，以辅助业务为支撑，将人流、物流、资金流、信息流等通过业务流程架构有机融合，清晰描述企业各业务之间相互作用的关系结构，从而落实企业的业务运作模式，建立业务流程架构持续规范与优化机制。

某企业的业务流程架构如图 3-3 所示。

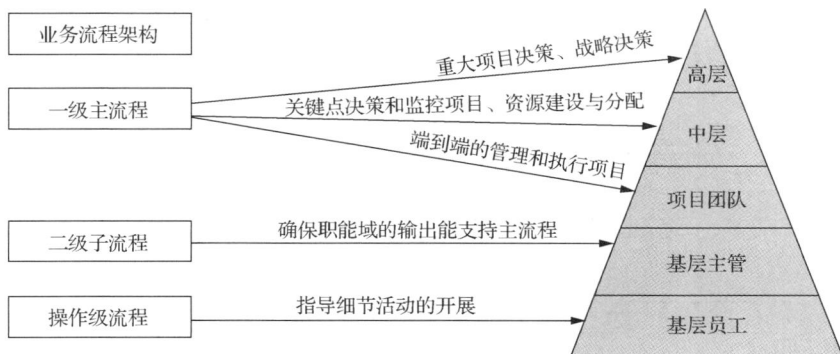

图 3-3　某企业的业务流程架构

（2）设计业务流程图

业务流程图是一种描述管理系统内各单位、人员之间的业务关系，作业顺序和管理信息流向的图表。业务流程图是企业以客户为导向，打破传统职能分割，清晰展现企业总体业务处理过程节点，绘制过程中可以参照业界标杆，构建的流程内容全面、分类合理的全局视图。某企业的业务流程图如图 3-4 所示。

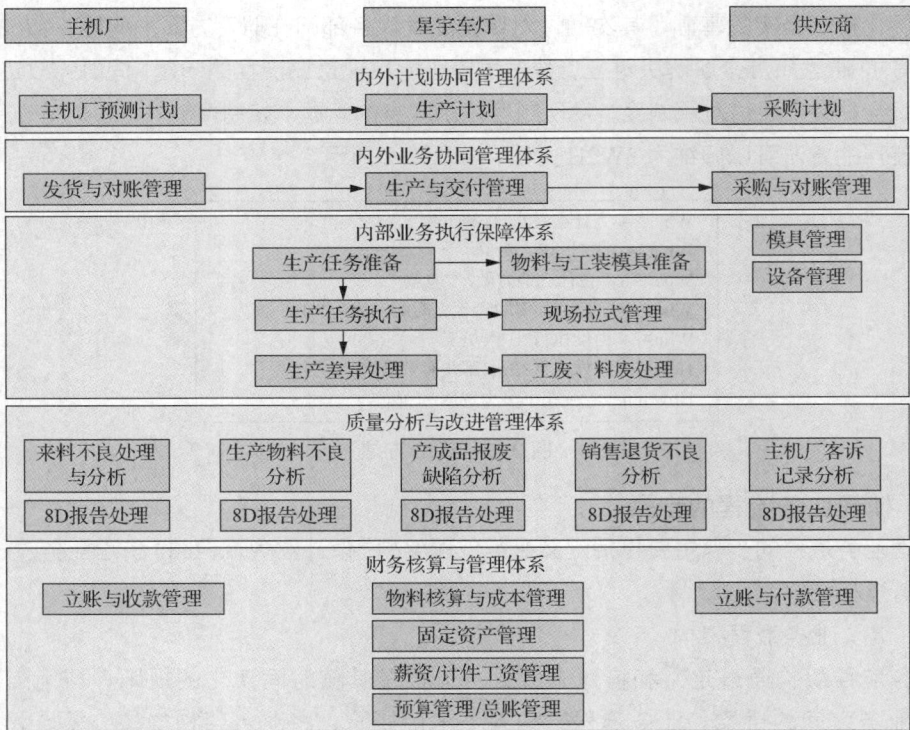

图 3-4　某企业的业务流程图

（3）梳理业务流程目录

业务流程清单根据流程分级规则要求，把企业高阶的全局视图落实到具体的可操作流程清单或流程目录。某企业的业务流程目录如图 3-5 所示。

研发/服务流程	市场营销与销售流程	订单执行流程	采购管理流程	生产制造流程	提供服务流程	仓储运输流程	售后服务流程
产品/服务战略制订流程	市场营销及销售战略流程	订单/合同确认流程	制订/维护采购战略流程	生产制造战略制订流程	制订服务战略流程	分销网络建立流程	客户反馈流程
市场研究分析流程	销售量预测流程	客户信用评估流程	制订采购计划与实施过程流程	生产计划流程	制订服务需求和服务能力计划流程	物流需求与能力计划流程	客户询问/意见搜集及反馈流程
研发执行流程	市场及上图流程	客户服务计划制订流程	供应商资质管理流程	订单变化执行流程	提供服务流程	产品交付管理政策制订流程	上门服务流程
产品选择决策流程	广告、促销和销售支持流程	收款/发票流程	供应商关系发展流程	生产制造流程	服务质量控制流程	货物储存、移动及跟踪流程	折扣、保修政策制订及实施流程
产品/服务计划评估流程	产品/服务价格确定流程		采购产品/服务流程	过程控制和质量管理流程		无效/危险货物分类与控制流程	客户合同管理流程
产品/服务技术文件准备流程	销售报酬及激励计划制订流程		产品/服务接收流程	产品包装流程		进出口货物跟踪记录及文件处理流程	
产品/服务资料维护及变化管理流程	客户关系的建立和维护流程		付款管理流程				

图 3-5　某企业的业务流程目录

（4）绘制业务流程图

业务流程图是一种描述管理系统内各单位、人员之间的业务关系，作业顺序和管理信息流向的图表。它用一些规定的符号及连线表示某个具体业务的处理过程，帮助分析人员找出业务流程中的不合理流向。业务流程图基本上按业务的实际处理步骤和过程绘制，是一种用图形反映实际业务处理过程的"流水账"。

在业务流程图中使用一些标准符号代表某些类型的动作，如决策用菱形框表示，具体活动用矩形框表示。但比这些符号规定更重要的是，必须清楚地描述工作过程的顺序。流程图也可用于设计、改进工作过程，具体做法是先画出事情应该怎么做，再将其与实际情况进行比较。

① 绘制业务流程图的常用符号如表 3-7 所示。

表 3-7　绘制业务流程图的常用符号

序号	符号（图形）	说明
1	开始/结束	开始/结束框，用于表示业务流程的开始或结束，框中文本注明开始或结束，开始/结束框必须成对出现，一个表示开始，一个表示结束
2	责任单位　责任岗位　（序号）：业务处理描述	业务处理框，用于表示某一业务处理，以及该业务所属部门、岗位，序号表示某一业务流程图中该业务处理框的顺序，业务处理框必须有数据的输入与输出，故两个业务处理框不能直接相连
3	文档/表格/单据名称　文档/表格/单据名称	输入/输出框，前者为单数据，后者为多数据，用于表示在进行业务处理时必须输入的数据，或业务处理结束后可以得到的数据，两个输入/输出框不能直接相连
4	决策内容　否　是	决策框，用于条件判断或选择处理，决策框必须至少有一个输入，必须有两个输出
5	××数据录入框	人工数据录入框，表示此处需由操作人员手工输入系统处理所需要的数据
6	人工操作	人工操作或干预框，表示此业务处理是由人工完成的，框内文字代表业务处理的名称
7	××卡	卡片填写框，表示此处的业务处理是由计算机系统或人工完成填写工作，如工艺卡、生产流转卡的填写等
8	选择某一流程	方案供选框，此流程框用于表示在业务处理过程中需要人工判断和选择某一最合适的业务处理流程，并引导出后续流程
9	转下页转页编号	离页连接框，用于转下页，表示续接下一个流程框或业务流程图

序号	符号（图形）	说明
10	接上页 转页编号	离页连接框，用于接上页，表示续接上一个流程框或业务流程图
11	某一库存数据	库存数据框，此流程框表示对某一库存数据进行操作，如原材料库存数据、半成品库存数据、成品库存数据等
12	→（指示线）	指示线，用于表示业务处理的方向，或表示信息的流向，双箭头线段表示方向可逆，无箭头线段仅表示存在联系

② 编制业务流程图的一般步骤如图 3-6 所示。

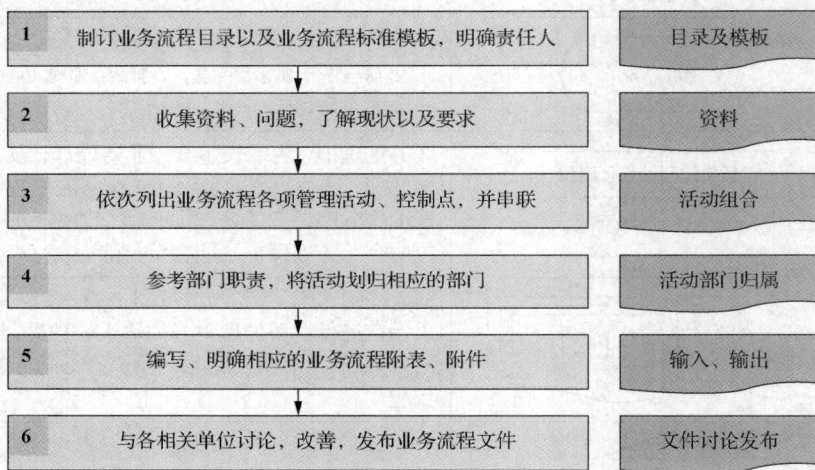

1	制订业务流程目录以及业务流程标准模板，明确责任人	目录及模板
2	收集资料、问题，了解现状以及要求	资料
3	依次列出业务流程各项管理活动、控制点，并串联	活动组合
4	参考部门职责，将活动划归相应的部门	活动部门归属
5	编写、明确相应的业务流程附表、附件	输入、输出
6	与各相关单位讨论，改善，发布业务流程文件	文件讨论发布

图 3-6　编制业务流程图的一般步骤

▶▶▶ 二、优化业务流程

优化业务流程是通过不断完善业务流程，使企业保持竞争优势的策略，包括对现有工作流程的梳理、完善和改进的过程。优化业务流程即从本质上反思业务流程，彻底重新设计业务流程，以便在衡量绩效的关键方面（如质量、成本、速度、服务）取得突破性的改变。

1. 优化业务流程的概念

优化业务流程是以满足客户需求、提高客户满意度为目标，对企业现有的业务流程进行根本性的再思考和彻底的再设计，并利用先进的制造技术、信息技术以及现代化的管理手段，最大限度地实现技术上的功能集成和管理上的职能集成，打破传统的职能型组织结构，建立起服务于新经济模式的全新的过程型组织结构的过程。某企业优化流程的步骤如图 3-7 所示。

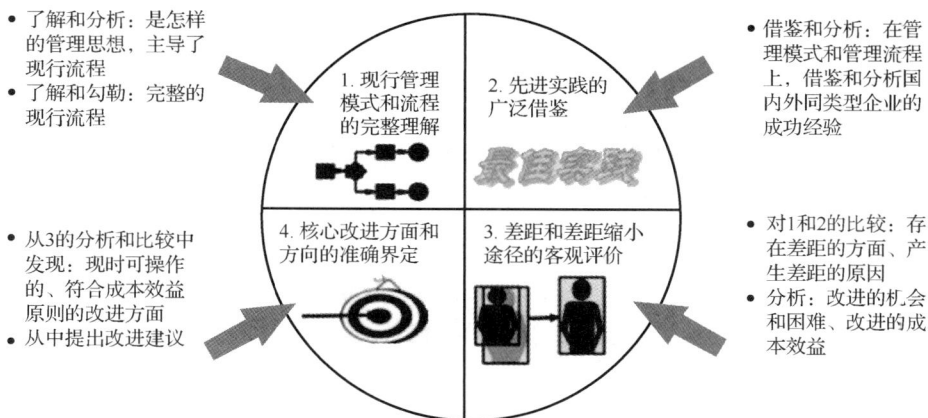

图 3-7　某企业优化流程的步骤

2. 优化业务流程的方法

目前流行的优化业务流程的方法主要有以下几种。

① 标杆瞄准法，又称竞标赶超法、战略竞标法，是将本企业各项活动与从事该项活动最佳者进行比较，从而提出行动方法，以弥补自身的不足。

② DMAIC 模型，DMAIC 分别是指定义（Define）、测量（Measure）、分析（Analyze）、改进（Improve）和控制（Control），主要侧重于已有流程的质量改善方面。它是用于改进、优化和维护业务流程与设计的一种基于数据的改进循环方法。

③ ESIA 分析法，即消除（Eliminate）、简化（Simplify）、整合（Integrate）和自动化（Automate）。所有企业的最终目的都应该是提升顾客在价值链上的价值分配。重新设计新的流程以替代原有流程的根本目的就是以一种新的结构方式为顾客提供这种价值的增加，及其价值增加的程度。反映到具体的流程设计上，就是尽一切可能减少流程中的非增值活动及调整流程中的核心增值活动。

④ ECRS 分析法，即清除（Eliminate）、合并（Combine）、重排（Rearrange）、简化（Simplify）。

⑤ SDCA 循环，即 Standardization Do Check Action，也即标准化维持，即"标准化、执行、检查、总结（调整）"模式，包括所有和改进过程相关的流程的更新（标准化），并使其平衡运行，然后检查过程，以确保其精确性，最后做出合理分析和调整，使得过程能够满足愿望和要求。

3. 优化业务流程的过程

企业优化业务流程的过程可以根据哈林顿提出的流程突破方法论分为五个阶段。

① 准备阶段。该阶段主要为竞争要素中最重要的质量要素做好流程改进的组织工作。建立领导机构，成立流程改进执行小组，吸收业务流程改进支持者，并对他们加强培训；向管理阶层与员工传达流程改进的目标，重新审视企业战略与顾客需求，设计改进模式，选择关键流程，任命关键流程负责人，组建流程改进小组。

② 理解流程，流程建模阶段。明确流程范围和使命，确定流程边界；加强团队培训，以全局观点看待流程，设定流程的顾客、业务需求与期望；利用各种流程图了解流程的方方面面，收集流程的成本、处理时间、周期时间、价值等数据；流程改进小组成员利用流程图与

各个部门人员进行深入沟通，从头到尾地跟踪流程，遍历流程中的作业，"全程走一遍"，观察流程，进一步收集现存问题与障碍等信息。哈林顿称之为"流程穿越测试"。

③ 理顺、精简流程阶段。对流程进行精简与优化，以提高流程效率、降低成本、增大流程效用，提高流程的适应性。通过团队的广泛培训与交流，不断发现流程的改进机会，如错误、返工、高成本、劣质、延迟、积压等；运用多种方式优化精简流程，建立流程管理的知识化管理体系，进一步选拔与培训员工。

④ 测评和控制流程阶段。设定一个不断改进、控制流程的系统。设置流程的基准目标与评价指标；建立带有流程绩效的测量、评价的反馈系统，定期审核流程，形成高绩效、低成本的运营系统。

⑤ 连续改进流程阶段。评价流程的全过程，建立流程的里程碑标志，定期执行流程的质量资格审查；确定流程中的问题并予以剔除；评估流程变革对业务和顾客的影响，设立流程的基准，不断加强团队的高级培训，形成流程持续改进的运营系统。

【任务 3-3】 详细需求分析

任务导读

① 什么是详细需求分析？
② 如何进行详细需求分析？
③ 如何编写详细需求分析报告？

任务实施

一、认识详细需求分析

ERP 项目中的详细需求分析是指对业务及其流程梳理和调研结果进行分析，获得业务规范化调整的基础信息和软件客户化的必要信息；并通过调研所获得的信息，抽象得到参数设置所必需的信息的过程。

1. 详细需求分析的内容

详细需求分析通俗来说就是对用户的意图不断揭示和验证的过程，要对经过系统可行性分析所确定的系统目标做更为详细的描述。需求一般可分为功能需求、非功能需求和领域需求。

① 功能需求。功能需求主要说明了系统实际应做到什么，这是用户最直观也是最主要的需求，如系统的输入输出、系统能完成的功能等。

② 非功能需求。非功能需求又称"约束"，它主要从各个角度对系统起约束和限制作用，如响应时间、存储效率、报表的规格和界面的样式等。

③ 领域需求。领域需求的来源不是用户，而是系统应用的领域，其主要反映了该领域的

基本问题。例如，勤工俭学管理系统，其领域需求就涉及诸如应聘合同书、酬金发放及劳工考核等相关内容，如果这些需求得不到满足，系统就无法正常运行。值得一提的是，领域需求可能是功能需求，也可能是非功能需求。

2. 详细需求分析的分类

详细需求分析也就是形成产品匹配性的初步分析，项目组要尽量从业务流程和管理模式的角度梳理客户必要的需求。当所有的需求整理出来之后，对需求进行分类分析。详细需求分析的分类如下。

第一类是软件可以解决并且能带来关键效益的需求，放在首位。

第二类是软件可以解决、企业管理层非常关注的需求，放在第二位。

第三类是软件可以解决、企业普通操作者关注的需求。

第四类是软件很难甚至无法解决的需求：首先关注企业管理层关注的问题，这一类问题通常比较好解决，通过沟通一般即可解决；而另一类是企业普通操作者关注的问题，这往往是影响实施成功的关键所在。

3. 详细需求分析的过程

详细需求分析的过程是描述用户要求软件"做什么"的过程，要求建立能表达用户需求的精细的、完整的逻辑模型，写出详细的需求说明，并经过用户的最终确认。ERP 项目实施过程中的详细需求分析大致分为以下五个过程。

① 可行性研究。它指明现有的软件、硬件技术能否实现用户对系统的要求，从业务角度分析系统开发是否可行以及在预算范围内能否成功开发。可行性研究的结果是清楚地回答"该系统是否值得开发"。

② 需求导出和分析。这是一个通过对现有系统分析、与潜在客户讨论、进行任务分析等导出系统需求的过程，也可能需要开发一个或多个不同的系统原型，以帮助分析员了解所要描述的系统。

③ 需求描述。这是指把在分析活动中收集的信息通过分析整理之后以文档的形式确定下来。该文档中有两类需求，即用户需求和系统需求。用户需求是从客户和最终用户角度对系统需求的抽象描述，系统需求是对系统要提供的功能的详尽描述。

④ 需求有效性验证。这主要是通过评审、验证等一系列活动来找出需求文档中的错漏并加以改正。

⑤ 需求管理。这一种系统化方法可用于获取、组织和记录系统需求并使企业方用户和ERP 系统开发方在系统变更需求上始终保持一致。

▶▶▶ 二、整理详细需求分析报告

详细需求分析报告是项目组通过业务调研，及时整理、编辑调研的结果，结合企业业务流程整理和调研结果对企业产品的详细需求进行分析，并由企业方和实施方共同签字确认的文档。详细需求分析报告是 ERP 软件实施的主要依据，详细需求分析报告主要包括三部分内容：调研活动总结、企业概况、需求分析。其中需求分析由总体业务流程描述和各部分需求分析组成。

整理详细需求分析报告的过程就是形成详细需求分析报告的过程，首先对需求和产品进行匹配分析，然后对详细需求分析报告进行审核，最后确认详细需求分析报告。详细需求分析报告的过程管理如表 3-8 所示。

表 3-8　详细需求分析报告的过程管理

序号	任务	关键行动	角色	控制点
1	需求和产品匹配分析	1. 顾问应及时整理、编辑调研的结果 2. 存在有疑问的地方，可以和客户企业再次进行沟通、确认 交付成果：《详细需求分析报告》初稿	实施顾问	及时整理调研成果
2	需求分析报告的审核	1. 将需求分析的过程和建议整理成需求分析报告 2. 项目经理审核报告 交付成果：《详细需求分析报告》审定稿	实施顾问/项目经理	需求分析（管理现状、企业需求的合理性）
3	确认需求分析报告	1. 项目经理须向客户企业提交最终的需求分析报告 2. 企业对报告内容再次审核、纠错或补充 3. 企业项目经理进行最终签字确认 交付成果：《详细需求分析报告》（终稿，双方签字）	企业方项目经理	企业方项目经理签字确认

详细需求分析报告初稿完成后，要向双方项目组进行详细的讲解和汇报，并逐项讨论，修改后形成详细需求分析报告终稿，确认后作为确定系统解决方案的依据。在最终形成和审核详细需求分析报告时应注意以下几点。

① 对各管理环节和业务流程现状所做的描述是否清楚。

② 对各管理环节和业务流程现状所做的分析是否正确。

③ 业务流程和管理改进建议是否合理。

④ 对企业现有业务流程和管理需求的清晰掌握是编写业务解决方案的前提。

⑤ 在设计和优化业务流程时，要充分考虑业务流程的可执行性或行业的普遍性，可参考先进企业的做法。

⑥ 在需求调研和分析期间，双方项目组成员一定要全程参与，切不可单方面确定需求分析的结果。

【任务 3-4】 企业主数据管理

任务导读

① 企业主数据是什么？

② 物料编码的原则及方法有哪些？

③ 如何构建物料清单？

④ 物料清单的分层原则是什么？

任务实施

>>> 一、认识企业主数据

ERP 系统能够成功运行，要靠技术，还要靠管理，更要靠数据。企业主数据是指系统间共享的数据（如客户、供应商和组织部门的相关数据）。为了达到企业主数据能在整个企业范围内保持一致性、完整性、可控性这一目标，就需要进行主数据的管理。其中物料主数据和物料清单的准备进度和质量会直接影响系统的上线进度和项目质量。

1. 企业主数据的内容

在 ERP 系统中，企业主数据也经常被称作静态数据，是指开展业务活动所需要的基础数据，如物料基本信息、客户数据、供应商数据、会计科目体系等。其特点是在整个数据的生命周期中基本保持不变，同时是业务数据的基础，企业所有业务人员通过调用静态数据来保持同一数据在整个系统中的唯一性。在整个项目实施过程中，静态数据的准备、整理、测试、完善等相关工作需要花费比较长的时间和较多的精力。

小贴士

动态数据

动态数据是指每笔业务发生时产生的事务处理信息，例如销售订单、采购订单、生成指令等。动态数据按照时点来分，又可以分为期初数据和日常数据。其中上线时点的数据对 ERP 上线前的数据准备尤其重要，它代表系统在期初上线这样的时间点上企业动态数据的当前状态，称为期初数据（或者初始数据）。期初数据既包括上线时点所有物料库存的数量、金额，会计科目的余额，也包括未完未结的业务单据涉及的数据，如未交货的销售订单、未付款的采购订单等。

2. 企业主数据管理的原因

许多企业在没有应用 ERP 系统之前，数据管理是以手工方式进行的。手工方式下的数据多是以部门为单位进行管理的，部门之间使用单据进行业务数据的流转，部门内用台账进行数据记账，月底通过对账保持部门内和部门之间的数据一致。

手工或多个独立系统主数据的特点：分散、不一致、冗余、不规范。这样一来，同一数据在同一时刻会在不同部门以不尽相同的描述和内容表现出来，在时间和空间上的描述也不一致。这显然有悖于 ERP 所追求的同一数据在系统中保持唯一性、共享性的理念。加之历史原因，企业中的很多数据不全或者账实不符，企业往往要在应用 ERP 系统的同时进行清产核资工作，这无形中加重了 ERP 数据准备的难度。某企业主数据的现状如图 3-8 所示。

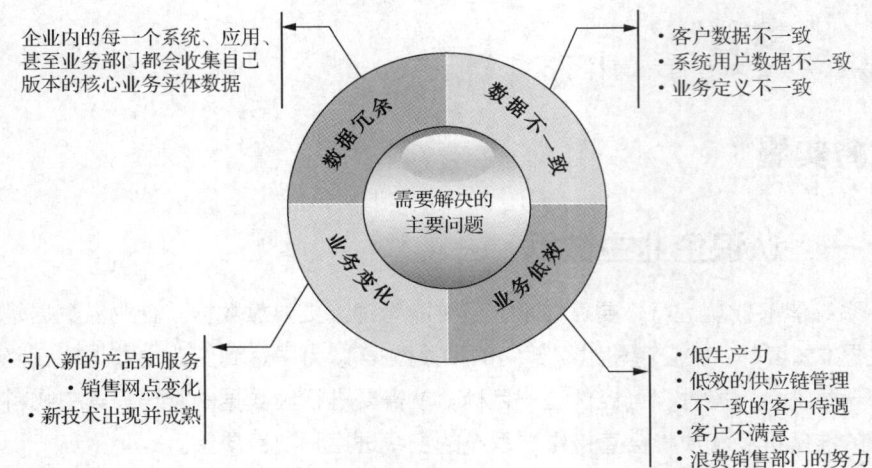

图 3-8　某企业主数据的现状

3. 企业主数据管理的方法

企业主数据的质量对 ERP 系统的运行起到重要作用，在项目实施的过程中为确保数据质量，企业一般采用以下方法。

（1）领导积极参与

企业高层领导积极参与是梳理过程能够顺利进行的有力保障。只有领导高度重视这项工作，才能极大地调动员工的工作积极性，培养他们的责任感，各部门才能配合完成工作。如果涉及部门内部不愿意公开的数据，更需要高层领导的决策支持。由此可知，实施 ERP 系统更多的是采用变革管理方式。

（2）制订相关规章制度

由项目组制订详细的企业主数据梳理和维护流程及相关制度。领导的支持是工作能够顺利进行的保证，而科学的管理制度是约束工作人员行为的基础。在具体工作中，要将数据梳理工作划分到部门、到人，工作节点要由责任人签字确认。

（3）成立数据组

数据组应该由高层领导负责，由业务部门人员和信息部门人员组成。在 ERP 系统上线前，静态数据梳理工作可以提前开始。物料主数据的梳理工作可从确定了使用哪一种 ERP 系统后就开始准备，即组织数据组人员参加培训、搜集表格模板等。企业主数据梳理不只是一个部门的工作，当 ERP 系统上线后，数据可在系统中共享，各部门都可以查询使用，数据梳理模板必须经过各部门流转才能反映各部门的真实需求。确定了数据梳理模板后，就可以开始搜集、制作数据。为了保证 ERP 系统上线后能够顺利运行，模板中有些字段是必填项，要让每个成员明白模板中字段的意义和要求。数据组要根据 ERP 系统的计划上线时间合理安排工作，定期召开小组会议，监督数据收集质量，并负责数据的最终导入和使用。另外，各部门要及时沟通，保证工作能够顺利进行。

（4）制订企业主数据的编码规范

ERP 系统对数据的管理是通过编码实现的，而编码是系统识别和检索数据的唯一标识。凡是纳入系统管理的物料、员工、供应商等都需要编码。企业在制订编码规范时，要注意以下几点。

① 尽量使用数字编码。

② 不使用特殊符号和容易混淆的符号。

③ 变动属性不在编码中体现。

④ 编码越短越好。

⑤ 不使用有实际意义的编码。

⑥ 编码长度要统一，详细编码规则要求参见物料编码方案内容。

▶▶▶ 二、物料主数据管理

物料主数据包含对所有企业所采购、生产和存储在库存中物料的描述。物料主数据的管理工作贯穿于整个项目中，而物料主数据的准确性、完整性和及时性对企业成功运用 ERP 系统起着至关重要的作用。

1. 物料与物料管理

物料对多数企业来说，有狭义和广义之分。狭义的物料就是指材料或原料，而广义的物料包括与产品生产有关的所有物品，如原材料、辅助用品、半成品、成品等。

物料管理是对企业生产经营活动所需各种物料的采购、验收、供应、保管、发放、合理使用、节约和综合利用等一系列计划、组织、控制等管理活动的总称。物料管理能协调企业内部各职能部门之间的关系，从企业整体角度控制物料"流"，达到供应好、周转快、消耗低、费用省、取得好的经济效益的目的，以保证企业生产顺利进行。其主要包括四项基本活动：预测物料用量，编制物料供应计划；组织货源，采购或调剂物料；物料的验收、储备、领用和配送；物料的统计、核算和盘点。

2. 物料主数据的重要性

影响 ERP 系统运行的因素有很多，其中，数据质量是关键。在这些数据中，物料主数据的数量最大、最关键。物料主数据主要记录物料的各种参数、属性及其相关信息，如物料编码、物料描述、计量单位、物料类型（原材料、半成品、成品）、工厂、库存地点、销售组织、来源类型（自制件/采购件）和财务成本信息等。这些信息反映了企业现有资源、现有生产能力和目前的工作流程。可以说，物料主数据是牵一发而动全身的数据，它是基础数据中的基础。

3. 物料编码方案

物料编码方案又叫编码规则，用于对企业关键核算对象进行分类、分级次及各级编码长度的指定，以便用户进行分级核算、统计和管理。物料编码方案设置包括级次和级长的设定。级次是指编码共分几级，级长是指每级编码的位数，类似于身份证号码。

小贴士

身份证的编码规律

18 位身份证号码由 17 位数字本体码和 1 位数字校验码组成。排列顺序从左至右依次为 6 位数字地址码、8 位数字出生日期码、3 位数字顺序码和 1 位数字校验。如果将 18 位身份证号码用一个通式"ssqqxxyyyymmddnnnj"表示，则：

ss——省、自治区、直辖市。

qq——市、地区（北京市除密云和延庆外，其他区的前4位地址码ssqq=1101）。

xx——县（如北京市：东城区01，西城区02，崇文区03，宣武区04，朝阳区05，丰台区06，石景山区07，海淀区08，门头沟区09，房山区11，通州区12，顺义区13，昌平区14，大兴区15，怀柔区16，平谷区17。密云区前6位数为110228，延庆区前6位数为110229）。

yyyy——出生年；mm——出生月；dd——出生日。

nnn——顺号（顺序码，表示在同一地址码所标识的区域范围内，对同年、同月、同日出生的人编定的顺序号）。

j——校验码（随机在10个数字和X中产生：10 X 9 8 7 6 5 4 3 2）。

物料编码是以简短的文字、符号或数字、号码来代表物料、品名、规格或类别及其他有关事项的一种管理工具。在物料极为单纯、物料种类极少的工厂或许有没有物料编码都无关紧要，但在物料多达数百种或数千、数万种的工厂，物料编码就显得格外重要。此时，物料的领发、验收、请购、跟催、盘点、储存等工作极为频繁，而借助物料编码，能使各部门提高效率，各种物料资料传递更加迅速、意见沟通更加容易。

（1）物料编码的功能

① 增强物料资料的正确性。物料的领发、验收、请购、跟催、盘点、储存、记录等一切物料活动均有物料编码可以查核，因此物料数据正确率更高。一物多名、一名多物或物名错乱的现象不会发生。

② 提高物料管理的工作效率。物料既有系统的排列，又以物料编码代替文字记述，物料管理简便省事，效率因此提高。

③ 利于信息化管理。物料管理在物料编码推行并执行彻底之后，方能进一步利用信息化工具进行更有效的处理，以达到物料管理的效果。

④ 降低物料库存、降低成本。物料编码利于物料库存量的控制，同时利于防止出现呆料，并利于提高物料管理工作的效率，因此可减少资金的积压，降低成本。

⑤ 防止发生物料舞弊事件。物料一经编码后，物料记录正确而迅速，物料储存井然有序，可以减少舞弊事件。

⑥ 便于物料领用。库存物料均有正确的统一的名称及规格予以编码，这对用料部门的领用以及物料仓库的发料都十分方便。

⑦ 便于减少物料的品种、规格。对物料进行编码时，可以对某些性能相近或者相同的物料进行统一、合并和简化，减少物料的品种、规格。

（2）物料编码的原则

物料编码必须合乎物料编码的原则，合理的物料编码必须遵循下列基本原则：简单性、分类展开性、完整性、单一性、一贯性、可伸缩性、组织性、适应计算机管理、充足性、易记性。

① 简单性。编码的目的在于将物料化繁为简，便于物料的管理，如果编码过于繁杂，则违背了编码的目的。因此物料编码在应用文字或数字上应力求简单明了，这样可节省阅读、填写、抄录的时间并简化手续，并可减少其中的错误。物料相当单纯时，只要将物料简单分

类为几项即可，物料分类项目多了，就显得很不方便。若物料相当复杂，就要将大分类再加以细分，这种分类展开也称为多级分类。

② 分类展开性。若物料复杂，物料编码大分类后还要加以细分。如果采用阿拉伯数字十进制细分，则每段最多只能有 10 个细分项目；如果采用英文字母细分，则每段有 26 个细分项目。然而细分项目太多，就难以查找，而细分项目太少，则分类展开太慢，故分类细分项目通常以 5～9 个较佳。例如采用十进位，有 18 个项目时，其分类展开可以利用表 3-9 所示的方法。

表 3-9　物料分类管理

需要分类的项目	第一种分类方法		第二种分类方法		第三种分类方法
1		11		01	01
2		12	0	02	02
3	1	13		03	03
4		14	1	1	04
5		15		21	05
6		16	2	22	06
7		21		23	07
8		22	3	3	08
9	2	23		41	09
10		24	4	42	10
11		25		43	11
12		26	5	5	12
13		31		61	13
14		32	6	62	14
15	3	33		63	15
16		34	7	7	16
17		35	8	8	17
18		36	9	9	18

③ 完整性。在物料编码时，所有的物料都应有物料编码可归，这样物料编码才能完整。若有些物料没有与之对应的物料编码，则很显然物料编码缺乏完整性。新产品、新物料的产生容易破坏物料编码的完整性。因此每当有新物料产生，即应赋予新的物料编码，并规定若新的物料没有编码，采购部门不得从事采购，即使没物料编码的新物料采购进来了；仓库部门或会计部门发现物料缺少物料编码，即应请采购部门补填物料编码，否则不予入库、不予付款。这样才能确保物料编码的完整性。

④ 单一性。物料编码的单一性是指一个物料编码只能代表一种物料，同一种物料只能找到一个物料编码，而绝无一个物料有数个物料编码，或一个物料编码代表数种物料。一般只要物料的物理或化学性质有变化、物料要在仓库中存储，就必须为其指定一个编码。如某零件要经过冲压成型、钻孔、喷漆三道工序才能完成，如果该物料的三道工序都在同一车间完成，不更换加工单位，即冲压成型后立即进行钻孔，紧接着进行喷漆，中间没有入库、出库处理，则该物料可取一个编码。如果该物料的三道工序不在同一个车间完成，其顺序是冲压

成型、入库、领料、钻孔、入库、领料、喷漆、入库，则在库存管理中为了区分该物料的三种状态，必须取不同的物料编码。例如，3000A、3000B、3000C 三个编码分别表示三种处于不同加工状态的物料。

⑤ 一贯性。物料编码要统一且有一贯性，如以年限分类为标准时，就应一直沿用，在中途不能改变用籍贯或姓氏来分类，若要这么做必须分段或分级进行。

⑥ 可伸缩性。物料编码要考虑到未来新产品发展以及产品规格的变更而发生物料扩展或变动的情形。预留物料的伸缩余地，并不能仅就目前物料的现状安排物料编码，否则未来新物料产生时，就会出现新物料无码可编的情况。

⑦ 组织性。物料编码依其编码系统，做井然有序的组织与排列，以便随时可从物料编码查知某种物料账卡或数据。物料编码的组织性有利于减少物料管理的麻烦。

⑧ 适应计算机管理。计算机的应用已经普及，因此在编码时一定要考虑录入的方便性，如编码尽可能短、少使用其他符号，如"#""-""*"等。

⑨ 充足性。物料编码所采用的文字、记号或数字，必须有足够的数量，以便所组成的个别物料编码，足以代表所有个别物料，以及满足将来物料扩展时的实际需要，以免遇到特殊物料时无码可编。

⑩ 易记性。在遵循上述九项原则的情况下，物料编码应选择易于记忆的文字、符号或数字，或赋予暗示及联想性。

（3）物料编码的方法

物料编码的方法有很多种，在 ERP 实施过程中经常用到的方法有以下四种。

① 阿拉伯数字法。阿拉伯数字法是以阿拉伯数字作为物料编码的工具，采用一个或数个阿拉伯数字代表一种物料。这种方法容易了解，只是需另外准备物料项目与数字的对照表，又要记忆对照项目，因此有关人员必须经过一段时间的训练与适应才能运用自如。常见的阿拉伯数字法有下列几种：连续数字编码法、分级式数字编码法、国际十进制分类法。

第一，连续数字编码法是先将所有物料依某种方式大致排列，然后自 1 号起依顺序编排流水号。这种物料编码方法可做到一料一号，只是顺序编码除显示编码时间的先后，往往与所代表项目的属性并无关联。

第二，分级式数字编码法是先将物料主要属性分为大类并编定其号码，其次再将各大类根据次要属性细分为较次级的类别并编定其号码，以此继续进行。在分级式数字编码法中，任一物料项目只有一个物料编码。某企业的分级式数字编码法如表 3-10 所示，该方法为三种属性的分级式数字编码法，共可组成 36（3×4×3）个编码。这种方法的优点是，一方面显示编码的规律性，另一方面达到一个物料项目仅有一个编码的目标；其缺点是无用空号太多，一方面显得累赘，另一方面常导致物料编码位数不够用。

表 3-10　某企业的分级式数字编码法

来源（大类）	材料（中类）	用途（小类）
1 = 自制	1 = 非铁金属	1 = 零部件
2 = 外购	2 = 钢铁	2 = 包装用料
3 = 委外加工	3 = 木材	3 = 办公用品
	4 = 化学品	

第三，国际十进制分类法是将所有物料分为十个大类，分别以 0 至 9 的数字代表，然后每大类物料再划分为十个中类，再以 0 至 9 的数字代表，如此按金字塔形态展开。某企业应用的国际十进制分类法如表 3-11 所示。

表 3-11 某企业应用的国际十进制分类法

编码	名称
6	应用科学
62.	工业技术
621.	机械的工业技术
621．8	动力传动
621．88	挟具
621．882	螺丝、螺帽
621．882．2	各种小螺丝
621．882．21	金属用小螺丝
621．882．215	丸螺丝

采用国际十进制分类法分类的物料编码，如编码编至 3 位数字之后仍须继续延长时，即应加以 "." 符号以表示划分，国际十进制分类法可无限展开，任何新物料均可插入原有物料的编码系统，而不混淆原有物料的编码系统，国际十进制分类法中能运用的符号只有十个（0～9），故使编码可延长而又无暗示作用。

② 英文字母法。英文字母法是以英文字母作为物料编码工具的物料编码法。英文字母中 I、O、Q、Z 等与阿拉伯数字 1、0、9、2 等容易混淆，故多废弃不用，除此之外，尚有 22 个字母可利用。例如，以 A 代表金属材料，B 代表非木材，C 代表玻璃，以 AA 代表铁金属，以 AB 代表铜金属……英文字母在我国使用已经相当普遍，故英文字母法是可用的物料编码方法。

③ 暗示法。暗示法是指物料编码代表物料的意义，可依据编码本身联想物料。暗示法又可分为英文字母暗示法、数字暗示法。

第一，英文字母暗示法。从物料的英文字母当中，择取重要且有代表性的一个或数个英文字母（通常取主要文字的第一个字母）作为编码的号码，使阅读物料编码者可以想象到英文全称，进而从暗示中得知该物料为何物。英文字母暗示法示例如表 3-12 所示。

表 3-12 英文字母暗示法示例

编码	实物名称
VC	Variable Capacitor（可变电容器）
IC	Integrated Circuit（集成电路）
SW	Switch（开关）
ST	Steel Tube（钢管）
BT	Brass Tuber（黄钢管）
EP	Earphone（耳机）

第二，数字暗示法。直接以物料的数字为物料编码的号码，或将数字以固定规则转换成物料编码的号码，阅读物料编码者可从物料编码数字的暗示中得悉该物料为何物。

数字暗示法示例如图3-9所示。

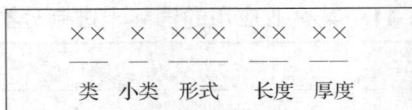

图3-9　数字暗示法示例

④ 混合法。混合法系联合使用英文字母与阿拉伯数字来做物料编码的方法，多以英文字母代表物料的类别或名称，其后再用十进制或其他方式编阿拉伯数字。这种物料编码方法较国际十进制分类法采用符号更多，很多企业采用此种方法。混合法示例如表3-13所示。

表3-13　混合法示例

编码	名称
M	金属物料
MB	螺栓、螺丝及帽
MBI	带帽螺栓
MBI-100	铁制螺栓带帽
MBI-106-6=3/8" x 3/4"	六角铁制螺栓带帽304
MBI-106-8=3/8" x 1"	六角铁制螺栓带帽31
MBI-106-9=1/2" x 1"	六角铁制螺栓带帽21

三、物料清单管理

采用ERP系统辅助企业进行生产管理时，首先要使计算机能够读出企业所制造的产品构成和所有要设计的物料，为了便于计算机识别，必须把用图示表达的产品结构转化成某种数据格式，这种以数据格式描述产品结构的文件就是物料清单。在ERP系统实施的过程中，对物料清单的管理主要包括物料清单的内容、类型的梳理，以及物料清单分层等。

1. 物料清单的内容

将产品的原材料、零配件、组合件予以拆解，并将各单项物料按物料编码、品名、规格、单位用量、损耗等依制造流程的顺序记录并排列为一个清单，这就是物料清单。不同企业的产品物料清单有着不同的记录内容和格式，如手扳喷雾器的产品物料清单中有原材料、零部件等基本信息，如图3-10所示。

2. 物料清单的类型

在企业实际生产经营过程中，物料清单有很多类型，最常见的有设计BOM、制造BOM、工艺BOM三种。

① 设计BOM，通常精确描述了产品的设计指标和零件与零件之间的设计关系，对应文件形式主要有产品明细表、图样目录、材料定额明细表、产品各种分类明细表。

产品物料清单

产品名称： SX-2064手扳喷雾器　　　　　　　　版　本： A/0
规格型号： 常规蓝色　　　　　　　　　　　　　发布日期：

序号	级次	物料编码	物料名称	规格型号	用量	单位	物料来源	默认仓库	备注
1	1	05.04.01.0018	200A手扳喷雾器喷头组件	实色蓝	1	套	手扳装配	手扳装配车间	自动组装后测试
1.1	2	04.04.03.0123	200A调节螺母	实色蓝	1	只	注塑二	手扳自制件仓库	
1.2	2	04.04.03.0124	200A旋水芯	LDPE本色	1	只	注塑二	手扳自制件仓库	
1.3	2	06.03.01.0021	喷头弹簧	SUS304	1	只	外购	手扳装配车间	
1.4	2	06.03.02.0013	小封水珠	Φ3玻璃球	1	只	外购	手扳装配车间	
1.5	2	04.04.03.0125	200A内套		1	只	注塑二	手扳自制件仓库	
1.6	2	04.04.03.0126	200A喷头主体	常规白	1	只	注塑二	手扳自制件仓库	
1.7	2	06.03.01.0022	扳手弹簧	SUS304	1	只	外购	手扳装配车间	
1.8	2	04.04.03.0127	200A皮碗	LDPE本色	1	只	注塑二	手扳自制件仓库	
1.9	2	04.04.03.0128	200A活塞杆	常规白	1	只	注塑二	手扳自制件仓库	
1.10	2	04.04.03.0129	200A扳手	实色蓝	1	只	注塑二	手扳自制件仓库	
1.11	2	04.04.03.0130	200A盖头	实色蓝	1	只	注塑二	手扳自制件仓库	
1.12	2	06.03.02.0012	大封水珠	Φ4玻璃球	1	只	外购	手扳装配车间	
1.13	2	04.04.03.0131	200A内塞	PP本色	1	只	注塑二	手扳自制件仓库	
2	1	06.03.03.0002	吸水管		1	只	外购	手扳包装车间	
3	1	04.04.03.0062	2号吸水管滤网	本色	1	只	注塑二	手扳包装车间	
4	1	04.04.01.0145	SX-2064液瓶	常规蓝	1	只	注塑二	手扳瓶体仓库	
5	1	06.03.05.0002	PE包装袋	42*38	1	只	外购	手扳包装车间	标签根据客户需求
6	1	06.03.06.0106	手扳喷雾器包装纸箱	72*36*41	1/48	只	外购	纸箱包材仓库	

编制：　　　　　　　　　　　审核：　　　　　　　　　　　　　　　批准：

图 3-10　手扳喷雾器的产品物料清单

② 制造 BOM，是在设计 BOM 的基础上，根据制造装配和加工过程要求完善的，包括加工零部件和按工艺要求的毛坯等的 BOM。对应文件格式主要包括工艺路线表、关键工序归总表、自制件明细表等。

小贴士

设计 BOM 和制造 BOM 的区别

1. 设计 BOM 中零部件的父子关系与制造 BOM 中零部件的父子关系可能不同。例如，汽车行业中的一个代号 5401000 在设计 BOM 中归属于 5010000，但在制造 BOM 中归属于焊装领料模块，与 5010000 同级。也就是说设计 BOM 中的父子关系可能变成制造 BOM 中的兄弟关系。

2. 设计 BOM 有些物料是不归于其中的，如原材料（有些情况则会在图纸中说明，由工艺部门来定），但是在制造 BOM 中则需要有明确的关系。

3. 设计 BOM 中的零部件图号在制造 BOM 中有一部分需要分为多个编码，用于不同车间的领料。也就是说，设计 BOM 里的一个零部件随着工艺路线变化可能在制造 BOM 中存在几个对应的编码，而且编码之间根据生产路线流转顺序存在父子关系。

③ 工艺 BOM，也称广义 BOM，是产品结构和工艺流程的结合体，二者不可分割。离开工艺流程谈产品结构，没有现实意义。要客观科学地通过 BOM 来描述某一制造业产品，必须从制造工艺入手，这样才能准确描述和体现产品结构。某企业产品的工艺 BOM 如表 3-14 所示。

表 3-14　某企业产品的工艺 BOM

产品名称：　　　　　　　　　产品编号：　　　　　　　　　　　　　产品图号：

零件图号	零件名称	数量	内盒规格	外箱规格	外购	自制	装配包装节拍	工序名称	加工工步	设备	工时定额	累计工时	加工单位

3. 物料清单分层

物料清单阶层是指用料计算物料清单阶数的一个标志，物料清单的阶层从上往下算，最上层成品为 0 阶，以下为第 1 阶、第 2 阶……。图 3-11 所示是一个 3 层的 BOM 结构，表示产品 P 由 2 个部件 A、1 个部件 B 和 3 个部件 C 组成，部件 A 又由 3 个零件 D 和 2 个零件 E 组成，部件 C 又由 2 个零件 F 和一个零件 G 组成。

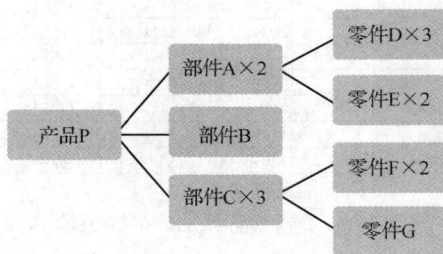

图 3-11　产品 P 层级结构

（1）物料清单分层总则

① 物料清单阶层结构最多用 8（1～8）阶层表示，对工艺较复杂的产品，用关键生产工序或者合并工序断阶层的方式表示。

② 外购的直接材料是物料清单的底层物料，底层到产成品之间，都是半成品。

③ 物料之间构成的逻辑关系，符合成本核算的半成品和成品，必须是断阶层的。

④ 零部件和半成品的加工工艺需转换车间的必须断阶层。

⑤ 零部件和半成品的加工工艺需外协的必须断阶层。

⑥ 零部件和半成品的加工工艺需仓储的必须断阶层。

（2）阶层物料划分说明

第一阶层：组件、外购件、半成品、直接构成成品的所有物料必须分至物料清单的第一阶层。

第二阶层：直接构成第一阶层的所有物料必须分至第二阶层。

第三阶层：直接构成第二阶层的所有物料必须分至第三阶层。

第四阶层：直接构成第三阶层的所有物料必须分至第四阶层。

第五阶层：直接构成第四阶层的所有物料必须分至第五阶层

第六阶层：直接构成第五阶层的所有物料必须分至第六阶层。

第七阶层：直接构成第六阶层的所有物料必须分至第七阶层。

第八阶层：直接构成第七阶层的所有物料必须分至第八阶层。

4. 物料清单的作用

物料清单是制造业企业的核心文件。各个部门的活动都要用到物料清单，生产部门要根据物料清单来生产产品，仓库要根据物料清单进行发料，财务部门要根据物料清单来计算成本，销售和订单录入部门要通过物料清单确定客户定制产品的形状，维修服务部门要通过物料清单了解需要什么备件，质量控制部门要根据物料清单保证产品正确生产，计划部门要根据物料清单来计划物料和能力的需求，等等。

【任务 3-5】 ERP 系统原型测试

任务导读

① ERP 系统原型测试的目的是什么？

② 如何设计 ERP 系统原型测试的用例？

③ 如何编写 ERP 系统原型测试报告？

任务实施

▶▶▶ 一、认识 ERP 系统原型测试

ERP 系统原型测试就是软件功能模拟测试，即通过一系列步骤检验 ERP 系统的功能是否正常，用户可以通过原型测试真正理解 ERP 的基本逻辑，再转换到 ERP 系统，从而避免直接转换的风险。

1. ERP 系统原型测试的目的

ERP 系统原型测试的目的主要概括如下。

① 通过实战模拟，进一步熟悉 ERP 系统的业务处理及操作的使用方法。

② 检验数据处理的正确性。

③ 通过查询、分析业务数据，获得高效的处理成果，增强实施信心与兴趣，并为数据共享与数据报表的利用提供依据。

④ 感性认识 ERP 系统的业务管理方法。

⑤ 对比 ERP 系统的处理流程与企业现行实际流程的异同，为业务改革提供依据。

⑥ 理解各种数据定义、规范的重要性与作用，为制订企业数据规范提供依据。如物品编码的使用、编码的方法与作用，为制订编码规则提供决策依据。

⑦ 根据使用情况和业务需求提出二次开发的需求。

2. ERP 系统原型测试的分类

一般来说，ERP 系统原型测试分为三类。

① 功能测试，对界面上的功能按钮进行测试，查看其是否能实现相应功能。简单的功能如删除、保存、审核等，测试在什么情况下使用什么按钮，按钮是否能实现其功能。

② 业务流程测试，该部分对业务流程的理解比较重要。例如在进销存中，先要从供应商处买入，有了库存将其组合成整件才能销售；做资产托管的时候先要有资产，然后根据资产价值随着市价的浮动而进行重新估值。如果对业务过程不能很好地理解，那么是不可能全面地进行测试的。

③ 数据测试，管理过程中一般会生成各种各样的报表，应对报表进行数据核对。一般来说比较建议在开始就对输入数据做计划，计划输入什么、结果应该是什么。

▶▶▶ 二、ERP 系统原型测试的过程

ERP 系统原型测试的过程大致可分为安装 ERP 系统、设计测试用例、实施 ERP 系统培训、测试总结。

1. 安装 ERP 系统

ERP 系统安装包括软件、硬件的安装，可以与调研同步进行。实施方一定要考虑企业的现有资源，可以提供多种方案供企业参考，并通过与硬件供应商合作，制订与建立企业的硬件系统建设方案。在未详细规划企业的 ERP 应用工作点前，必须优先考虑在计算机中心或一些主要的业务部门建立初步的系统安装与测试工作点，等到建立后续的应用工作点时，再安装相应的软件。对硬件的规划应进行比较全面的考虑，包括考虑各种数据业务的采集。一般来说，该过程以安装服务器系统软件为主，而后根据需要进行工作点扩充，初步的安装是为了满足培训与测试的需要。

2. 设计测试用例

测试用例（Test Case）是指对一项特定的软件产品进行测试任务的描述，体现测试方案、方法、技术和策略。其内容包括测试目标、测试环境、输入数据、测试步骤、预期结果、测试脚本等，最终形成文档。

设计测试用例的步骤：首先必须具有清晰的测试设计思路，搭建基本的测试设计框架；其次熟悉所要设计的系统或者模块的业务、所要实现的功能；再次灵活运用常用的测试设计方法；最后运用比较合理统一的风格和模板设计测试用例。

ERP 系统原型测试用例设计分三类，即功能用例设计、数据逻辑用例设计、接口用例设计，具体内容如下。

（1）功能用例设计

功能用例设计相对而言比较简单，根据需求规格说明书、界面原型提取测试功能点/项，运用等价类、边界值、错误猜测、正交表等基本用例设计方法来设计，结合经验即可完成设计，难度不大；需要根据文档/功能点/业务的变化进行修订/细化用例，增加功能用例设计的覆盖面。关于功能用例设计的方法和文章有很多，企业可以借鉴和参考以增加自身的经验积累和知识沉淀。

（2）数据逻辑用例设计

数据逻辑用例设计主要依据结果业务流转和详细设计文档来设计测试用例；根据业务流程，理清数据流向、取数规则、数据间的逻辑关系、计算公式等信息；数据流转必须确定清楚，最好以表格形式展示，数据流转图可用于完全展示所有字段的取值逻辑，数据计算结果

可用于提高用例的可执行性。

（3）接口用例设计

EPR 系统模块与模块间的关联性强，耦合性较高，必须了解系统/模块的设计原理、模块与模块的接口设计与实现原理、数据设计结构等；根据业务需求分析系统应该如何实现接口和交互，确定数据取数原理；设计用例验证 A 模块（子系统/产品）从 B 模块（子系统/产品）取的数据是否正确，是否能够支持本模块（子系统/产品）的正常运行，计算结果是否正确；同时需要考虑到当前模块与其他模块、当前子系统与其他子系统、当前产品与其他产品的融合，需要测试与其他产品、系统的融合，需要根据需求或者业务设计相应的测试用例进行测试；关于预留的接口或者未实现的接口需要考虑自己动手编写桩模块或者驱动模块进行测试，如财务系统与成本业务系统的对接等，这些也都是设计测试用例需要考虑的内容。

3. 实施 ERP 系统培训

企业在完成安装 ERP 系统和设计测试用例这两个任务后，项目组需要对企业人员进行相关的培训。培训的目的就是帮助企业顺利地实施 ERP 系统，贯彻 ERP 系统的思想与理论，使企业的管理再上一个台阶。ERP 系统培训的类型有理论培训、实施方法培训、项目管理培训、系统操作应用培训、计算机系统维护培训等，要根据不同的层次和管理业务对象制订不同的培训计划。

ERP 软件属于管理软件，它的数据流反映企业的流程，各个子模块之间存在严密的逻辑关系，因此，制订培训计划要注意软件的逻辑流程，否则在培训时就会经常遇到流程不能通过的现象，影响培训效率与培训对象的兴趣。另外，对各个业务岗位的操作进行培训时，除了对本业务操作进行培训，还要对相关逻辑的上下流程关系进行培训。某企业的 ERP 培训计划如表 3-15 所示。

表 3-15　某企业的 ERP 培训计划

序号	培训对象	培训内容	培训资料	培训教师	说明
1	领导小组成员、实施小组组长	ERP 基本理论知识；项目管理方法；实施方法论；系统流程与基本业务应用	ERP 原理、项目管理手册、软件使用手册、业务报表	软件公司	培训时间一般在业务调研之前，要注意考核效果
2	实施小组成员	ERP 基本理论知识；项目管理与沟通技巧；培训技巧；各模块应用	ERP 原理、项目管理手册、软件使用手册、数据收集表、业务报表	软件公司	
3	系统管理员	数据库维护；数据备份；其他系统维护工作	系统维护手册	软件公司	
4	应用小组成员	ERP 基本理论知识；相应模块的使用；工作准则	软件使用手册、数据收集表、业务报表	应用小组及业务操作人员	时间可以放到建立工作点阶段同步进行，要注意考核效果

4. 测试总结

项目组完成以上三个任务后，最后对测试进行总结，整理 ERP 系统原型测试报告。报告内容一般分为两部分，第一部分是项目的基本情况，第二部分是测试的问题及反馈。

小案例

ERP 系统原型测试报告

项目介绍如下。

通过 ERP 项目的实施，主要核心业务已经在 ERP 系统中得到管理，从实际应用的情况来看，目前公司对 ERP 系统的使用还存在许多需要提高和优化的工作需要推进，因此，公司重点推进 ERP 系统在生产过程的深化应用，并且，在之前 ERP 系统已经实现的功能上，对 ERP 系统进行局部优化，主要包括优化发货管理提高发货效率、优化生产计划管理实现完整的精细化生产管理业务。

测试结果及反馈如下。

按照项目进度，在20××年××月××日软件安装完成确认，由××××软件公司在本公司成功安装 ERP 软件，20××年××月××日在公司进行业务流程模拟与软件测试。

测试反馈的问题主要集中在权限控制问题、界面操作简化问题。开发咨询方根据测试反馈问题和针对问题点给予答疑、进行软件的修改，测试提出问题都解决，系统满足上线条件。评审部门的评审意见如表3-16所示。

表 3-16　评审部门的评审意见

评审部门	评审意见	评审人员签字
销售部		
生产部		
质控部		
财务部		
人力资源部		
综合管理部		
技术部		

20××年××月××日

【任务 3-6】 ERP 系统解决方案

任务导读

① 如何设计 ERP 系统解决方案？

② 如何实施 ERP 系统解决方案的培训？

③ 如何开展 ERP 系统解决方案的测试？

④ 如何组织 ERP 系统解决方案的验收？

![任务实施图标]**任务实施**

▶▶▶ 一、ERP 系统解决方案的设计

ERP 系统解决方案是指在对客户业务进行调研的基础上，针对客户业务特点制订的初步信息化解决方案。设计 ERP 系统解决方案是在业务调研、需求分析的基础上，并结合 ERP 系统参数配置、基础数据配置以及业务流程配置要求实现企业需求的解决方案的过程。

1. ERP 系统解决方案的设计过程

ERP 系统解决方案的设计是基于需求分析的结果，方案包括所有在系统中实现的流程、操作流程、数据、参数、系统部署流程等。

项目组进行 ERP 系统解决方案设计的过程如下：首先企业在需求调研结果的基础上进行业务需求分析；其次在企业 ERP 软件上配置系统参数和基础数据；再次进行相关业务的原型测试，模拟系统环境下企业的业务流程是否顺畅，是否需要进行调整等相应的处理后，不断调整相关配置。经过这样几轮的不断调整和修改，最终的结果就是一份基本符合企业需求的系统解决方案。对于出现的差异可以参照方案设计原则进行相应的处理，或者说服企业放弃需求，或者进行二次开发，满足企业合理的业务需求，项目不同，处理的方法也有所不同。ERP 系统解决方案的设计过程如图 3-12 所示。

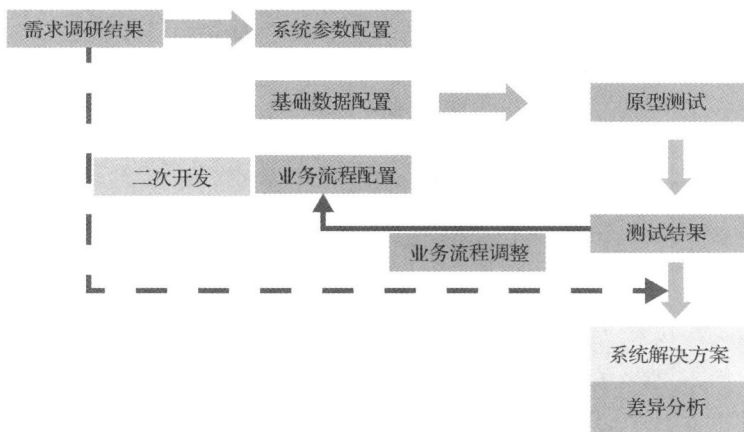

图 3-12　ERP 系统解决方案的设计过程

2. 编写 ERP 系统解决方案

ERP 系统解决方案是 ERP 项目实施和系统切换的依据，其中至少包括以下内容。

第一部分，项目背景（略）。

第二部分，ERP 咨询与实施介绍（略）。

第三部分，各业务体系规划与建设。

▶▶▶ 二、ERP 系统解决方案的培训

ERP 系统解决方案的培训是为了使关键用户初步掌握系统的业务流程和逻辑，为 ERP 系统解决方案的修订、确认及方案测试打下良好基础。

1. ERP 系统解决方案培训的目的

ERP 系统解决方案制订后，需要尽快帮助关键用户建立应用 ERP 的能力，主要途径是开展 ERP 系统解决方案的培训。实施该培训的目的是使关键用户能够理解方案要达成的信息化目标，理解方案的总体架构，理解方案的业务流程及逻辑，初步了解系统的操作。

2. ERP 系统解决方案培训的过程

在 ERP 系统解决方案培训的过程中，项目实施小组主要完成制订方案培训计划、做好培训准备、辅助企业实施方案培训、培训考核及总结等工作。ERP 系统解决方案培训的过程如表 3-17 所示。

表 3-17　ERP 系统解决方案培训的过程

序号	任务	关键行动	角色	控制点
1	制订方案培训计划	1. 培训时间的选择：根据企业的经营运作情况选择一个相对空闲的时间段做集中培训，避免出现人员因业务繁忙而缺席、断课等情况，如财务部门月底和月初要进行结账、出报表和报税等工作，应尽量避开这段时间，坚决避免边学习边工作的现象 2. 培训地点的选择：最终用户的培训地点一定要选择一个专门的培训教室或会议室，空间要合适；要有练习用机，有投影仪、白板等教具，无环境干扰等；切忌在最终用户的办公工位上进行培训 交付成果：《方案培训计划》	双方项目经理	时间和地点的确定
2	做好培训准备	1. 培训教材和练习题包含的内容一定要覆盖企业的业务流程、相关系统的基本概念、意外问题的处理流程、内部支持体系的流程等 2. 练习题一定要有针对性，切不可和日常业务毫不相干 3. 确保培训教室按时准备就绪，投影仪、白板等教具到位 4. 提前通知培训对象，使其有时间安排好日常工作 交付成果：《方案培训教材》《练习题》《考试题》	实施顾问	确保教材质量
3	辅助企业实施方案培训	1. 知识转移的关键步骤 2. 培训考勤记录 交付成果：《方案培训考勤记录表》	实施顾问	确保培训效果

序号	任务	关键行动	角色	控制点
4	培训考核及总结	1. 对学员逐一进行考核，记录考核结果。对于考核不合格的人员，项目经理应根据实际情况做出判断，是否建议用户进行自学并再次接受考核，若实在不能胜任，建议更换关键用户 2. 最后应向企业高层提交培训总结报告 3. 培训考核结果发布 交付成果：《培训考核记录表》《培训效果评估表》《培训总结报告》	项目经理/企业高层	培训效果的评估、结果的考核

▶▶▶ 三、ERP 系统解决方案的测试

ERP 系统解决方案测试是由关键用户参与，根据系统解决方案准备测试环境、测试数据和测试案例并按照测试计划完整模拟方案实现的过程。

1. ERP 系统解决方案测试的目的

ERP 系统解决方案测试的目的就是保证一套合理的解决方案能够在一套经过测试的软件上正确地、有效率地运行，使软件满足用户需求。系统测试是系统顺利上线的关键环节，保证测试效果的关键是有完善的测试方案。

测试往往被很多咨询顾问忽略。对于一个复杂的 ERP 项目，系统上线前的测试工作是必不可少的。ERP 系统解决方案测试是对解决方案蓝图的真实模拟，通过录入静态数据和准备好的测试业务数据，把解决方案实实在在地展现在用户面前，供用户进行各种业务流程的操作，同时对发现的软件错误及时协调修改、对用户需求进行引导，系统测试完成之后需要和用户一起对调整后的解决方案进行签字确认，此后解决方案一般不会再发生改变。因为解决方案的调整带来的相关变化也需要在系统测试结束后进行调整确认。

小贴士

测试注意事项

系统测试是对系统解决方案实施验证的过程，通过模拟用户真实的业务环境，对系统上线后的使用情况进行预测。测试内容包括软件的正确性、容错性、易用性和效率，要尽可能全面地模拟真实的生产系统，发现有可能发生的错误，并及时修改错误，对发现的系统解决方案中的不妥之处也要做出调整。

2. ERP 系统解决方案测试的过程

在企业实施 ERP 系统解决方案测试的过程中，项目实施小组主要完成测试准备、编写测试案例、编写测试方案、建立测试环境、实施方案集成测试、编写测试报告、修改并完善系统解决方案等工作。ERP 系统解决方案测试的过程如表 3-18 所示。

表 3-18　ERP 系统解决方案测试的过程

序号	任务	关键行动	角色	控制点
1	测试准备	1. 建立测试环境；编写测试案例 2. 编写测试方案（测试方案的关键业务类型） 交付成果：《测试案例/测试方案/测试环境建立报告》	双方项目经理	测试案例的真实性、关键业务场景
1.1	编写测试案例	确定案例清单；选定案例场景；编写测试案例 交付成果：《测试案例集》	实施顾问、关键用户	测试案例真实业务模式
1.2	编写测试方案	1. 制订详细的测试计划；确定测试目标；确定测试人员的角色职责 2. 确定每个测试案例需要的测试关键业务点 3. 提交和解决测试问题 交付成果：《测试方案》	实施顾问、关键用户	明确测试过程中的关键业务点
1.3	建立测试环境	1. 准备测试场地；准备测试操作平台——Windows系统 2. 准备测试环境——参数、单据、静态数据、业务流程、硬件 交付成果：《系统环境测试报告》	关键用户、系统管理员	明确测试的整个过程中的步骤
2	实施方案集成测试	1. 整体业务流程方案的完整性 2. 数据传递、转换和数据接口的准确性 3. 数据查询统计、单据和报表打印的结果等是否满足要求 交付成果：《测试记录》（会议室模拟测试）	关键用户	问题必须记录，必要时暂停测试直到问题解决
3	编写测试报告	1. 收集并整理测试记录；测试记录问题分类（已解决、未解决） 2. 组织相关成员对未解决问题进行分析并得出解决方案 交付成果：《测试报告》	关键用户	对未解决的问题要进行充分讨论
4	修改并完善系统解决方案	1. 根据测试报告对原业务解决方案进行修改并完善 2. 提交审核 交付成果：《最终业务解决方案》	双方项目经理	双方项目经理签字确认

▶▶▶ 四、ERP 系统解决方案的验收

ERP 系统解决方案的验收是指实施方和企业方双方对经过测试验证后的解决方案进行确认验收的过程。

1. ERP 系统解决方案验收的目的

对 ERP 系统解决方案进行验收的目的是，对双方项目组前期的实施工作充分肯定，增强企业对项目实施的信心和决心，并将方案作为指导系统上线切换的准绳。完成业务需求调研、分析，制订解决方案，组织必要的客户化开发，准备静态数据，组织系统测试后，应根据测试结果对解决方案进行进一步的修改和完善。这时应该请企业方对这份调整后的解决方案进行验收确认，以便开展方案后续的落实工作。

2. ERP 系统解决方案验收的过程

在企业进行方案验收的过程中，项目实施小组主要完成的工作如下：实施方项目经理尽快

把修订后的 ERP 系统解决方案提交给企业方项目经理进行确认、组织方案的沟通汇报会、修改完善最终 ERP 系统解决方案、双方签字确认。ERP 系统解决方案验收的过程如表 3-19 所示。

表 3-19　ERP 系统解决方案验收的过程

序号	任务	关键行动	角色	控制点
1	方案提交	1. 系统解决方案（以下简称"方案"）提交企业方项目经理，并由企业方项目经理分发给关键用户 2. 关键用户阅读方案，并检视方案是否符合自身业务需求，把疑问点记录下来 交付成果：《系统解决方案》	实施方项目经理、企业方项目经理	用户有效阅读及反馈
2	方案呈现	1. 方案呈现前准备（呈现 PPT 或演示课件、账套或数据库、原始单据、业务案例等） 2. 企业方项目经理通知参会人时间、地点等 3. 组织用户决策层参加会议 4. 方案呈现，并对呈现过程中用户的意见和建议进行记录 5. 总结沟通，问题答疑 交付成果：《呈现 PPT&会议纪要》	咨询顾问/实施顾问及实施方项目经理、企业方项目经理及关键用户	呈现案例及准备数据
3	修改完善	1. 根据呈现过程中用户的意见、建议，对方案进行合理的修改完善 2. 就修改之处与用户沟通 交付成果：《系统解决方案》	实施顾问及实施方项目经理、企业方项目经理及关键用户	方案修改完善的合理性
4	方案确认	1. 方案确认是一个非常重要的里程碑，方案确认后，咨询实施工作进入下一阶段 2. 修改完善后的方案提交 3. 企业方项目经理组织方案签字确认 交付成果：《系统解决方案》终稿	实施顾问及实施方项目经理、企业方项目经理及关键用户	分部门沟通、确认

项目思考

1. 简述业务调研的方法。

2. 简述业务调研报告的主要内容。

3. 简述梳理业务流程的方法和步骤。

4. 简述优化业务流程的过程。

5. 简述详细需求分析的内容。

6. 简述企业主数据管理的原因。

7. 简述物料编码的原则。

8. 简述 ERP 系统原型测试的过程。

9. 简述 ERP 系统解决方案的内容。

10. 简述 ERP 系统解决方案验收的过程。

举一反三

长城计算机显示器事业部的财务部门应付账款的工作就是接收采购部门送来的采购订

单副本、仓库的收货单和供应商的发票，然后对三类票据进行核对，查看其中的 12 项数据是否相符。部门的绝大部分时间被耗费在检查这 12 项数据上。原有的采购业务处理流程如图 3-13 所示。第一，采购部向供应商发出订单并将订单副本送往财务部；第二，供应商发货，验收部收检显示器，并将验收报告送到财务部；第三，供应商同时将产品的发票送至财务部。

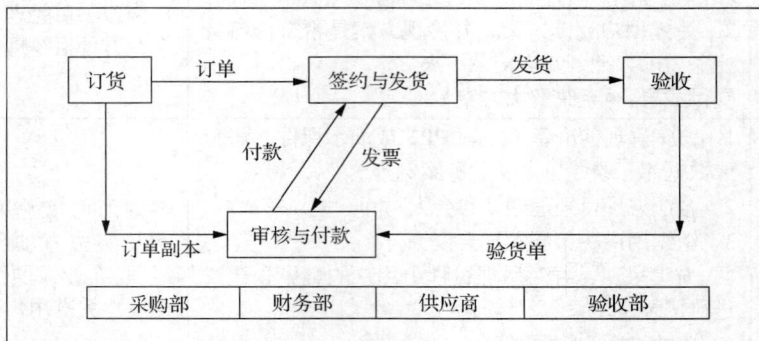

图 3-13　原有的采购业务处理流程

业务重新设计后，财务部不再需要按发票审核数据，需要核实的数据项减少为 3 项：零部件名称、数量和供应商代码。采购部和仓库分别将采购订单和收货确认信息输入计算机系统，由计算机进行电子数据匹配。再造后的采购业务处理流程如图 3-14 所示。

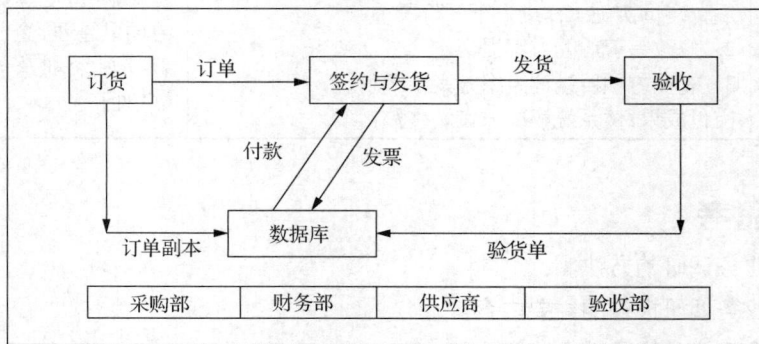

图 3-14　再造后的采购业务处理流程

新流程中包含两个工作步骤：第一，采购部发出订单，同时将订单内容输入计算机数据库；第二，供应商发货，验收部核查来货的相关数据是否与数据库中的数据吻合，如吻合就收货，并在终端机用按键通知数据库，财务部会自动按时付款。

1．比较原有的采购业务处理流程与再造后的采购业务处理流程，两者的差异在何处？

2．分析业务流程再造后带来的好处。

▼ ◆ 项目实施总结 ●●●●

本项目主要介绍了 ERP 项目实施第二阶段，即 ERP 项目解决方案的工作内容和工作方法。以案例企业的 ERP 项目为载体，介绍 ERP 项目解决方案阶段的业务流程调研，业务流程梳理与优化，对企业的详细业务进行需求分析并将分析结果作为设计系统解决方案的依据，实施项目组培训，组织企业相关部门进行企业主数据的管理工作，并形成企业的编码方案等内容，指明了工作的具体技术应用，并给予一定的理论指导。

项目四
ERP 项目实施与试运行

项目描述与分析

案例企业的 ERP 项目通过项目规划、制订项目解决方案，目前进入 ERP 项目实施与试运行阶段。此阶段项目组需要完成的主要任务如图 4-1 所示。

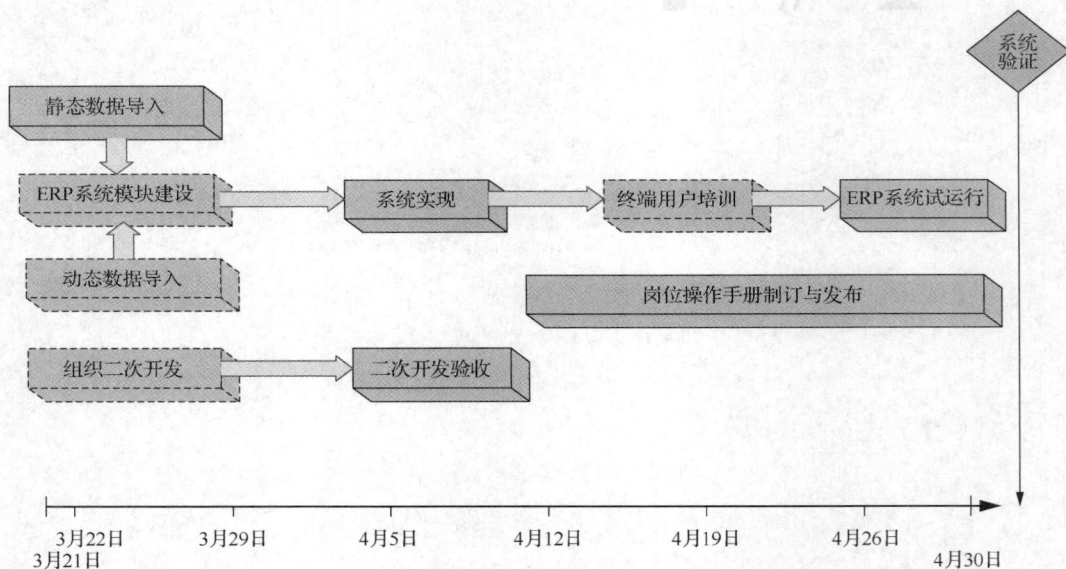

图 4-1　ERP 项目实施与试运行阶段的主要任务

在整个项目实施过程中，ERP 项目实施与试运行阶段是一个比较关键的阶段。此阶段主要根据项目解决方案完成 ERP 系统的初始化及试运行，其中主要任务包括 ERP 系统模块建设、二次开发及验收、数据维护等，这些任务完成以后通过制订和发布岗位操作手册及组织最终用户培训来保证后期操作规范，然后开启 ERP 系统的试运行。

项目知识点

ERP 系统模块建设策略，工作点，二次开发，静态数据，动态数据，岗位操作手册，最终用户，ERP 系统试运行，ERP 系统试运行方案。

项目技能点

➤ 能够根据企业岗位管理职能，在系统中进行业务权限的规划和分配。

➤ 能够根据 ERP 系统模块建设的策略与步骤，进行系统模块建设。

➤ 能够根据 ERP 系统二次开发的验收标准，组织项目组对系统二次开发进行验收。

➤ 能够根据数据导入格式要求，对静态数据和动态数据进行标准化维护。

➤ 能够根据岗位需要培训最终用户，同时制订岗位操作手册。

➤ 能够根据 ERP 系统试运行方案，实施系统的试运行任务。

【任务 4-1】 ERP 系统模块建设

任务导读

① 如何进行业务权限规划和分配？

② 如何进行 ERP 系统模块的建设管理？

③ 如何建立 ERP 工作点？

任务实施

▶▶▶ 一、认识 ERP 系统模块

系统模块是指整个系统中一些相对独立的程序单元，每个程序单元完成和实现一个相对独立的软件功能。ERP 系统模块是指布局在整个 ERP 软件中的各个子系统，模块之间有共享数据也有独立的日常业务。用友 U8 系统中部分模块及其关系如图 4-2 所示。

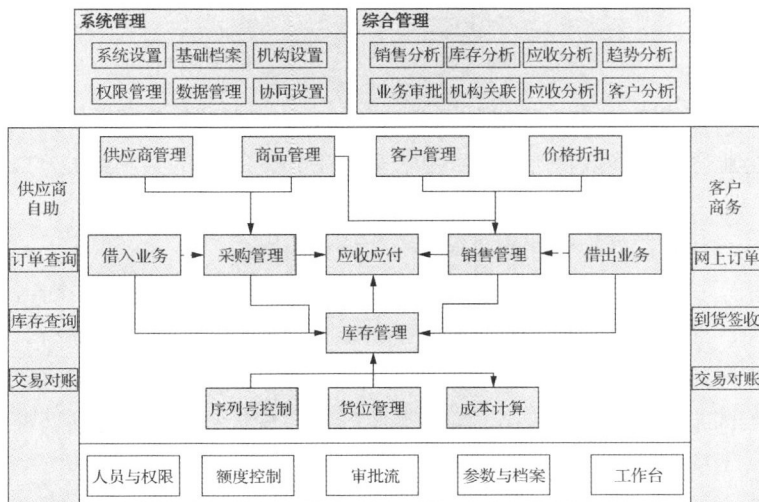

图 4-2 用友 U8 系统中部分模块及其关系

▶▶▶ 二、组织 ERP 系统模块建设

ERP 系统模块建设就是用户把购买的软件模块使用起来的过程。由于 ERP 软件功能的核心是管理思想沉淀，其建设的过程相对复杂、漫长。

1. ERP 系统模块建设的策略

ERP 系统模块建设的策略主要是指依据项目实施总体目标，系统具体模块在实施落地的过程和顺序。在 ERP 系统具体模块建设落地过程中的几个原则：先固化，后优化原则；分步实施应用，螺旋上升；先功能，后操作；工作文档化，实施应用制度化。

2. ERP 系统模块建设的步骤

ERP 系统模块建设的步骤主要包括：建设准备；基础数据准备；固化和优化业务流程；关键用户培训；模块试运行。模块落地使用的过程中，通过各类型的培训，有效地实现知识与技能的转移，为企业培养出懂业务、会管理、能"打硬仗"的骨干人才。

（1）准备工作

准备工作如下。定义模块的实施范围、计划、组织结构。成立项目小组，建立有效的沟通机制。召开模块建设的启动会，面向双方项目团队和相关领导进行全面汇报，同时借助双方领导的参与对实施工作进行动员；通过企业方的领导激发项目小组成员的积极性，落实责任，将模块实施工作明确为模块项目干系人日常工作的一部分。

（2）业务访谈与调研

ERP 系统的实施顾问与企业的业务人员进行初步沟通，以初步了解企业各个部门的业务流程、收集业务流程中的单据、了解业务人员对 ERP 系统的看法。

（3）DEMO 系统的搭建与培训

搭建 ERP 的 DEMO 系统，同时业务顾问根据调研内容设置一些测试数据。通过培训，让核心组成员对 ERP 系统有一个整体的认识。培训时应介绍 ERP 系统的各个功能，核心组成员要了解本部门的业务在系统中所产生的影响，以及跟其他业务部门的对接流程。

（4）业务流程固化

实际的业务流程需要与 ERP 系统的业务流程结合，主要由业务顾问根据调研的内容进行整理，最终由企业方用户确认，结合项目团队多年在 ERP 系统的实施经验，拟定出一个符合企业需求并且贴合 ERP 系统的业务流程。

（5）基础数据准备以及数据初始化

基础数据相当于人体的血液，在整体系统中起着重要的作用，也是整个系统运行的基础。所以在这个阶段，要加强培训，并且建立基础数据审核制度，让项目组充分认识到基础数据的重要性，保证初始化到系统中的基础数据正确、完整。数据由实施方实施顾问首先对项目组进行培训，共同定义数据编制规范，制订基础数据整理计划。数据由业务部门整理、审核之后，导入系统。某企业 ERP 基础数据维护的过程如图 4-3 所示。

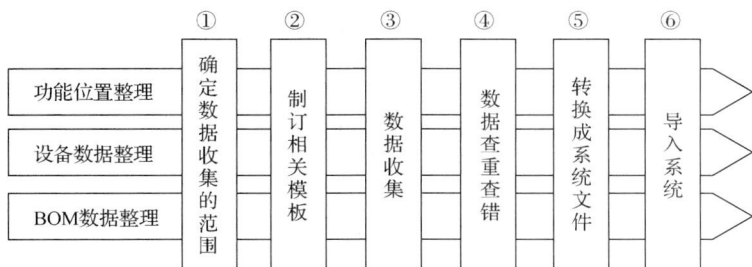

图 4-3 某企业 ERP 基础数据维护的过程

（6）系统模块培训与知识转移

业务流程固化和基础数据初始化规范工作是系统运行的根本，业务培训是把软件和业务结合的唯一的核心纽带。必须通过培训让每一个与系统应用相关的人员明白他在整个业务流程中的位置，在什么时间，什么地方，如何操作，系统能够为他带来什么，他的操作会影响到什么。培训是分岗位、分时段的，分高层、中层、项目小组层、业务层和系统管理员进行差异化的培训。分层培训的意义在于知识转移，目的是让用户最终能够完全驾驭系统，从知识转移的角度实施培训是贯穿项目始终的。培训工作主要的内容包括：系统基本配置；权限体系建立；完成操作规范与指引文档；组织培训工作；制订用户培训计划；编制用户培训大纲；统计用户培训考核成绩。培训工作应该由业务顾问培训项目组成员，由项目组成员培训业务人员。

（7）系统模块验收

在完成以上步骤之后，相关业务人员便可掌握日常业务在系统中的操作方法。企业可以正常地开始使用系统，但是原线下业务流程依然保留，并且数据的准确性以线下操作为准，这个特殊的时期是新系统和线下流程双线并行。将企业现行数据与业务切换到正式的系统之中，确保数据正确、及时录入系统，执行应用模型，并做系统适应性调整。制订试运行期间的计划，定期地核准线上、线下数据的准确性，在试运行期间，要及时发现系统中的问题，并进行解决。

3. ERP 系统模块建设的内容

（1）建立 ERP 工作点

工作点也就是 ERP 的业务处理点、计算机用户端及网络用户端。ERP 的业务、管理思想就是通过这些工作点实现的，但它们不等价于实际的计算机终端。例如，采购订单处理工作点与请购单处理工作点属于两个工作点，但可以在同一个计算机终端进行。事实上，所有业务处理都可以在相同的计算机终端进行，只是系统使用权限不同，进行的业务操作不同。另外，这些工作点不同于企业的业务处理点，例如采购订单处理与请购单处理可能是同一个业务处理点，但可以根据流程的需要划分为两个工作点。建立工作点时一般要考虑以下几点。

① 一般先依据 ERP 各个模块的业务处理功能（如采购系统基础数据、采购请购单录入与维护及采购订单处理等）来划分工作点。

② 结合企业的硬件分布，如计算机终端分布、工作地点等。

③ 考虑企业的管理状况，如人员配置、人员水平和管理方式等。

建立工作点后，要对各个工作点的作业规范进行规定，即确定 ERP 工作点的作业准则，形成企业的标准管理文档。案例企业 ERP 工作点的作业准则如表 4-1 所示。

表 4-1　案例企业 ERP 工作点的作业准则

常州科研试制中心有限公司		生效日期：2022-1-1	版本号：1
制订：	审核：	批准：	

（1）工作点名称：物品编码维护

（2）目的：保证企业物品编码的相关资料及时、有效

（3）职责：

 ① 负责物品编码规则的制订

 ② 负责收集物品资料，及时维护物品编码数据，并形成文档资料

 ③ 及时发放物品编码的相关资料，如物品编码的规则、物品编码清单等，并做好版本控制

 ④ 及时根据物品编码资料，对 ERP 系统的物品编码相关资料进行录入、修改

 ⑤ 物品编码维护的最终责任人是物品编码管理员

（4）相关资料：

 ① 物品的编码规则

 ② 物品编码的数据收集表

 ③ 物品编码的维护使用手册

（5）作业程序：略

（2）权限管理

权限管理一般指根据系统设置的安全规则或者安全策略，用户可以访问而且只能访问自己被授权的资源。

① 权限的分类

ERP 系统的权限具体包括菜单权限、表单权限、字段权限、动作查询、服务权限、数据权限、属性权限等。

② 权限管理的目的

企业有不同程度的权限管理的要求，即企业内的某些部门或个人仅能操作职权范围内的工作，而职权范围外的工作则不允许修改甚至不可见。权限管理的目的主要是保障系统的安全，保证保密的数据不被无权限的人看到，保证业务不被误操作。

③ 业务权限规划和分配

业务权限规划和分配是指在系统中配置不同的用户可以操作哪些功能，不可以操作哪些功能的系统授权。分配用户权限的目的是让系统内的所有用户在权限范围内进行操作，不允许越权操作和查看受到限制的数据信息。如果权限放得太宽，就会造成职责不分、工作混乱、数据的安全得不到保证。例如，如果把基础数据的设置权限分给了几个人，那么这些人会各自增加、修改自己需要的基础数据，而不通知其他相关人员，这对集成应用的系统来说是很危险的，所以要进行系统权限配置。某企业 ERP 系统菜单权限配置如表 4-2 所示。权限分配随着用户的岗位变化、人员调整随时都要进行调整，操作员权限变更必须履行申请程序。企业具体进行业务权限规划和分配的过程如表 4-3 所示。

表 4-2　某企业 ERP 系统菜单权限配置

所属模块	功能	菜单	部门 1		部门 2	
			岗位 1 （用户 A、B）	岗位 2 （用户 A、B）	岗位 1 （用户 A、B）	岗位 2 （用户 A、B）
基础设置			▲	▲	▲	▲
系统管理			▲			▲
销售与分销						
销售与分销	基础设置	参数设置				
销售与分销	基础设置	出货原则				
销售与分销	基础设置	出货条件				
销售与分销	基础设置	退货条件				
销售与分销	基础设置	退货原因				
销售与分销	基础设置	客户-物料 交叉关系				
销售与分销	基础设置	允销/限销				
销售与分销	基础设置	销售价目表				
销售与分销	基础设置	销售折扣				
销售与分销	基础设置	销售价格 调整				
销售与分销	基础设置	委托代销 倒扣政策				
销售与分销	基础设置	单据类型				
销售与分销	基础设置	合同类型				
销售与分销	基础设置	挂起原因				
销售与分销	基础设置	解除原因				
销售与分销	基础设置	统计期间				

表 4-3　业务权限规划和分配的过程

序号	任务	关键行动	角色	控制点
1	规划权限	根据业务解决方案中各岗位职责规划岗位/角色权限	双方项目经理	
2	分配权限	1. 根据规划的岗位/角色权限列表，由企业根据岗位人员配置需要确定具体的用户权限 2. 操作权限规划表由企业方项目经理审批确认 3. 依据业务分配权限，用户的权限应该根据各自的岗位由单位账管理员负责分配，不要分配无关的功能节点、操作按钮，避免造成最终用户的混乱。部门主管、企业领导一般不直接处理业务，只做审核、查询，分配权限时不要授予其单据、凭证等录入、修改的权限 4. 依据数据分配权限，有些数据是必须保密或使用受到限制的，如工资档案、人事信息等，除进行功能节点的权限分配外，还要对这些数据针对不同用户/组设置权限 交付成果：《操作权限规划表》	双方项目经理	按实际业务需求分配，落到书面上

续表

序号	任务	关键行动	角色	控制点
3	权限测试	1. 分配好权限以后，还应该对各个权限单元（部门或个人）进行相应的检验，确保其准确性，并保证所设的权限能够满足日常工作需要 2. 检验的方法是以被设置权限的用户身份登录系统，查看系统显示的功能节点、按钮，浏览相关数据，确认是否正确 交付成果：《操作权限规范表》	系统管理员、关键用户	确保关键权限测试成功
4	权限设定	根据确认的操作权限规划表在已建立的正式上线系统中设置用户权限	系统管理员、关键用户	充分测试

【任务 4-2】 ERP 系统二次开发及验收

任务导读

① 企业为什么要进行二次开发？

② 二次开发需求有哪些？

③ 如何进行二次开发验收？

任务实施

一、ERP 系统二次开发

ERP 系统二次开发是指当企业需求与 ERP 系统发生不匹配的状况时，所进行的改变 ERP 系统的开发过程。

1. 二次开发和用户化

二次开发和用户化是两个容易搞混的概念，企业方在项目的实施中对此往往不能很好地区分。但是如果将它们混为一谈则会出现很多弊端，用户化的工作量和难易程度远远小于二次开发，而且它们各自适用的原则、步骤都是不同的。

① 用户化，一般不涉及程序的改动，如修改报表格式。软件如果有报表生成功能，或采用第四代语言，任何业务人员不需要具备丰富的计算机知识就可以自行设置。当然，还需经项目实施小组的批准。

② 二次开发，通常是改动程序的工作，即"以成熟套装软件方式针对某用户实施 ERP 时，对于软件功能不适用处进行的修改行为"。虽然系统通过参数可调的形式可以部分满足不同用户的需求，但很多情况下这种"轻度"灵活会失效。当用户的业务不能通过简单的用户化实现时，就需要通过改动程序的二次开发来完成。

2. ERP 系统二次开发的需求

ERP 系统是一款商务套装软件，涵盖了财务、生产、采购、库存、质量、销售、设备、项目、人力资源等企业经营的主要业务内容，然而，每个企业的管理都有其特别之处，ERP 系统也并不是无所不能。为了更好地适应企业的管理需求，或配合其他信息系统协同运作，必要的二次开发便是 ERP 系统提质升华的主要手段。ERP 系统二次开发常常涉及以下需求。

（1）接口需求

企业所使用的系统常常不只 ERP 一个，而各系统的数据之间常常会有所交叉，这就产生了不同系统之间的接口需求。一般来讲，接口程序的编制要由接口双方系统所属的企业共同完成，所以在技术之外，先要解决双方如何配合的问题。在需求分析上，要求接口双方和用户企业大力配合，以便确定真正的接口需求。

（2）报表需求

报表需求的产生一般都是由于各单位需要制作符合自己特殊要求的报表。报表需求有以下几个特点：

① 不需要修改数据库中的数据，而只进行查询和读取；

② 一般对导出的数据字段内容及格式要求较严格；

③ 常常会不断有新的需求产生。

根据这些特点，应该鼓励用户参与报表的开发工作，这样做的理由是：报表的开发不会破坏系统逻辑或者修改系统数据，所以交给用户做是安全的，系统提供了方便的编制报表的工具。用户自己开发报表，更容易了解在内容和格式上的需求。在项目实施阶段完成以后，遇有新的需求时，用户可以自行进行报表的开发，进而节约支付给开发商的软件开发费用。

（3）逻辑修改需求

一个真正成熟的软件系统，其实施过程中需要进行的逻辑修改很少；修改时要采取非常谨慎的态度。进行逻辑修改之前要先确认要进行的修改在逻辑上是合理的，在实现上是可行的，并且充分了解用户需求，设计出性价比最高的解决方案。同时要注意所采用的解决方案及其程序实现可以满足需要的性能要求，具备合理性，并且界面相对容易掌握。因为要进行修改的是个大系统，所以要整体地看所要做的修改对系统的整体影响，不要顾此失彼，对整个系统的稳定运行造成影响。另外，要建立详细的文档，以保证将来在需要对系统进行升级时，可以在新版本中重建二次开发的部分。

3. ERP 系统二次开发的过程

二次开发是一项庞杂的系统工程，绝不是简单系统代码的增减，二次开发的文档立该由专人保管，而代码注释也必须清晰易懂，还必须有专人负责检查代码质量。新扩充的字段命名、新建程序的命名都应该由专人分配，首先不能和现有系统冲突，同时还应预留一定的空间。对于公用元件一般不建议修改，因为公用元件被很多程序调用。在程序的编写上应采用继承的方式，在保证不破坏原有功能的基础上做个性化的功能完善。如要修改处理业务逻辑，则分两种情况：一是修改原有程序中的处理逻辑，不再保留局部的继承关系，重写新逻辑；二是在原有功能基础上新增，保留继承关系，在新的子文件中只实现新功能，当版本升级时，二次开发唯一要做的就是继承新版本的源代码并做重新编译。

ERP系统二次开发需求与设计一般是由实施方实施顾问与开发人员共同完成的对企业二次开发需求进行详细设计的过程。二次开发的不可控因素比较多，为了保证二次开发能按期完成，其功能满足企业用户需求，需对其进行单独管理：合理界定用户化开发需求；准确清晰地描述用户需求。ERP系统二次开发的过程如表4-4所示。

表4-4　ERP系统二次开发的过程

序号	任务	关键行动	角色	控制点
1	二次开发需求提交	1. 实施顾问编写二次化开发需求文档 2. 提交开发顾问 交付成果：《二次开发需求说明》	实施顾问	需求描写清晰准确
2	需求分析及确认	1. 开发顾问对需求进行分析和评估 2. 根据需要安排必要的现场调研 3. 确认开发需求	实施顾问、开发顾问、关键用户	对技术上是否可实现做出确认
3	设计文档编写	编写详细设计文档 交付成果：《二次开发详细需求文档》	开发顾问	开发的设计应符合实际业务

二、ERP系统二次开发验收

二次开发验收是指企业方依据二次开发详细需求文档对二次开发成果进行核实、验收。

1. ERP系统二次开发验收的内容

开发人员依据二次开发详细需求文档组织开发，实施方实施顾问配合二次开发人员进行单元测试。项目经理要跟踪二次开发的进度。开发人员负责编写产品使用手册，并将其和产品一起交付。

2. ERP系统二次开发验收的过程

二次开发验收的基本过程如下：首先提交用户化开发成果，通常为用户化程序和开发产品手册；然后用户依据二次开发详细需求文档对开发成果组织测试，进行核实，对测试中出现的问题进行处理；最终由双方项目经理签订验收报告。二次开发验收的过程如表4-5所示。

表4-5　二次开发验收的过程

序号	任务	关键行动	角色	控制点
1	提交二次开发成果	实施方顾问将已测试通过的二次开发成果提交给企业方，如安装较复杂，需二次开发人员现场安装 交付成果：《二开源代码》	开发顾问、实施顾问	现场/远程开发均可
2	二次开发成果核实	1. 企业方对二次开发成果进行测试 2. 处理测试问题 交付成果：《测试问题记录清单》	关键用户、项目经理	按需求进行测试
3	二次开发成果验收	企业方确认二次开发成果是否与需求相符，相符则签订验收报告 交付成果：《二次开发产品验收报告》	双方项目经理	现场/E-mail/传真均可

【任务 4-3】 ERP 系统数据维护

任务导读

① ERP 系统数据维护的方法有哪些？
② ERP 系统数据维护的原则是什么？
③ 如何维护静态数据？
④ 如何维护动态数据？

任务实施

▶▶▶ 一、认识 ERP 系统数据维护

ERP 系统数据维护是指系统在正式上线前，将期初数据整理导入系统的过程。这里的期初数据包括静态数据和动态数据。

1. ERP 系统数据维护的方法

ERP 系统数据维护方法有直接输入法和批量导入法。直接输入法使用 ERP 系统事物代码，对视图中的各项目进行录入，这种方法适合少量数据的维护，由于是手工更改，出错的概率较高。数据的维护既是日常性的工作，又会有阶段性的工作。往往阶段性的工作采用大数据量的批量更改，如价格调整、类别调整等，因此，系统要有批量处理和调整的功能。批量导入法是使用专门的批量导入程序，一次执行大批量的更改，要求数据维护人员按照用户提供的数据模板正确地将数据导入 ERP 系统中。

2. ERP 系统数据维护的原则

（1）制订数据编码规则

一般而言，ERP 系统需要的数据可划分为两类：静态数据与动态数据，也可以称之为基础数据和事务数据。

不论是静态数据还是动态数据，在 ERP 系统中都必须是唯一的。为了保证数据的唯一性，就要给这些数据编码。所以，在进行以上两大类数据准备之前，必须先完成另一项更基础的工作，那就是制订数据编码规则。

在制订数据编码规则的同时，需要约定数据检查标准，确定哪些是关键数据、应该由谁填写、填写的规范要求、填写时会出现哪些场景、常见数据录入异常情况等。

（2）制订数据验证策略

企业需要有一个校验数据正确性的机制，如总额校验、分项数据校验、相关数据校验、人工校验等方式，只有确定了数据验证策略，才可以考虑把这些验证策略作为数据验证工具，通过系统进行自动化检验，大大提高数据校验的效率。同时，在进行数据验证的时候，也需要遵守以下几个通用规则。

① 唯一性，必须保证每个数据对象的入口唯一，如果一些数据确实是几个部门反复协商确定的结果，也需要明确数据生产流程中的最后一个环节，并将最后一个环节的部门作为数

据的责任部门，并指定责任人。

② 实用性，在进行数据准备的过程中，要从实用性出发，掌握好数据的颗粒度问题。数据编码规划过细则不实用，过粗又会让数据不适用。

③ 标准化，应该提高数据的标准化程度，特别是要考虑到与外部环境接轨，如会计科目体系是一个相对标准化的数据规范。

但对于一些行业来说，他们也可以有约定俗成的行业标准，如房地产企业的项目计划目前是非标准的，它也可以朝着标准化方向努力。

（3）制订数据安检机制

系统上线往往只是 ERP 应用的开始。相比前期，上线后保持数据的准确显得更重要。在数据从产生到消亡的整个生命周期中，保持数据的准确性、时效性是一项长期的工作。在系统运行期间，在数据安检方面还要做到以下几点。

① 成立专门的数据维护部门（或指定专门的人员），根据数据标准规则添加新的数据，特别是进行静态数据的变更与管理。

② 明确数据安检机制，如确定数据的安检周期等。不同数据的安检周期也是不同的，业务类型不同，数据的安检周期也应该不同。

③ 应用管理员应根据数据安检机制与安检工具及时处理系统中的异常数据。当然，数据安检可以由企业自行完成，也可以由软件服务商将其作为增值服务来完成。它和企业的预算、人员编制、服务商能力、双方的合作深度有着直接关系。

④ 定期对数据进行备份，确保数据完整，以便在数据丢失时可以恢复最近的数据，最大限度地减少损失。

（4）制订日常的改进措施

数据出现问题时，需要对问题进行仔细分析，确定是软件问题、操作问题还是业务规则与流程的问题，并将问题落实到责任人，推动改进。只有这样才能够让系统越用越顺畅，而系统中的数据也能够越来越准确、时效性越来越高。数据安检之后的改进措施，通常有以下几种操作方式。

① 根据业务要求，需要加速部分业务流程和操作规程，以适应系统内的数据流转。

② 对异常数据进行分析之后，需要清理垃圾数据和已经失效的数据。

③ 根据业务和管理的需要，增加新的数据项或者更改原数据的定义。

④ 根据业务的发展需求，系统的应用深度不同，对数据的要求精确程度也不同，在调整数据要求规范的同时，需要对旧数据进行全面巡检，并制订旧数据升级方案，与软件供应商共同完成数据改造的工作等。

▶▶▶ 二、ERP 系统数据维护的内容

1. 静态数据维护

静态数据维护是指将准确规范的静态数据，通过手工或系统工具导入系统的过程。在静态数据维护的过程中需分解静态数据录入工作，并保证录入工作能够正常开展、有章可循、责任到人及数据正确。

（1）静态数据的准备

ERP 系统中的静态数据是指在运行过程中主要作为控制或参考用的数据，它们在很长的一段时间内不会变化，一般不随运行而变。在导入静态数据之前的准备工作包括制订静态数据导入计划、确定静态数据导入清单，分别如表 4-6、表 4-7 所示。

表 4-6　制订静态数据导入计划

序号	工作内容	完成时间	完成标准	负责人	备注
1	静态数据确认	3 月 21 日	审核无误并签字		
2	静态数据复核并编码	3 月 22 日	复核无误并按编码规则编码		
3	管理档案和基本档案信息拆分，将基本档案导入模板	3 月 23 日	根据模板格式形成文档		
4	基本档案模板审核后，导入系统，并复核	3 月 24 日	确保数据准确无误		
5	按公司下发基本档案	3 月 25 日	完成下发并确保准确		
6	管理档案信息维护	3 月 26 日	根据收集整理的基础数据进行维护		
7	管理档案信息复核	3 月 27 日	确保数据准备无误		

表 4-7　确定静态数据导入清单

序号	项目	完成时间	完成标准	负责人	备注
1	公司目录	3 月 28 日			
2	币种档案	3 月 28 日			
3	人员类别	3 月 28 日			
4	人员档案	3 月 28 日			
5	部门档案	3 月 28 日			
6	地区分类	3 月 28 日			
7	客户档案	3 月 29 日			
8	供应商档案	3 月 29 日			
9	计量单位	3 月 29 日			
10	存货分类	3 月 29 日			
11	存货档案	3 月 29 日			
12	结算方式	3 月 29 日			
13	开户银行	3 月 29 日			
14	会计科目	3 月 29 日			
15	常用摘要	3 月 29 日			
16	岗位职责	3 月 29 日			

（2）静态数据的导入

系统数据的导入一般遵循以下流程：首先是系统参数的设置，如货币、会计期间、公司目录、公共参数等资料的建立；然后是基础数据，如客户/供应商信息、存货信息、组织机构信息、仓库信息、会计平台、业务信息等基本资料的建立；最后是基于存货的物料清单等资料的建立。

项目组的技术人员若要有序地将静态数据导入系统并保证系统数据的正确性，必须遵循静态数据导入的步骤。静态数据导入的过程如表 4-8 所示。

表 4-8　静态数据导入的过程

序号	任务	关键行动	角色	控制点
1	制订静态数据导入计划	1. 确定静态数据导入的时间和参与人等 2. 明确参与人的责任 3. 明确导入数据列表 交付成果：《静态数据导入计划》	双方项目经理	明确时间、数据列表和责任人
2	静态数据导入	1. 系统备份 2. 将静态数据导入系统 交付成果：《静态数据导入清单》	实施顾问、关键用户	确保所有数据导入系统
3	手工录入	手工将静态数据录入系统 交付成果：《静态数据录入清单》	关键用户、实施顾问	防止手工录入错误
4	系统工具导入	使用系统工具将静态数据导入系统 交付成果：《静态数据导入清单》	关键用户、实施顾问	防止重复导入数据
5	系统数据检查与更正	1. 检查系统中的静态数据，并对错误的数据进行更正 2. 系统备份 交付成果：《静态数据检查列表》	关键用户、实施顾问	确保系统数据正确性

（3）静态数据的检查

通过手工或系统工具将静态数据导入系统以后，一定要进行数据准确性的检查；同时，完成静态数据录入后，必须进行数据库备份，保证数据的安全性。

小案例

××公司 ERP 项目系统静态数据导入检查报告如表 4-9 所示。

表 4-9　××公司 ERP 项目系统静态数据导入检查报告

单位名称	××有限公司		
使用模块	ERP：供应链-采购管理、库存管理		
切换负责人		电话	
检查内容（根据项目情况定义）		完成情况	
一、操作员和用户权限设置情况			
1. 操作员是否都已设置密码		已设置完成	
2. 权限分配、主数据维护、参数配置的工作是否由唯一的用户负责		是	
3. 系统期初单据和期初余额的录入权限是否已分配到相应用户		已分配	
二、静态数据导入情况			
1. 部门档案设置是否正确（重点检查编码）		是	
2. 客户/供应商信息及档案是否正确		是	
3. 仓库及货位是否设置正确		是	

检查内容（根据项目情况定义）	完成情况
4. 业务信息是否设置正确	是
5. 库存管理基础设置是否正确	是
6. 存货编码是否正确	
7. BOM 是否正确	
8. ……	
检查人		检查日期	

注：本表用于检查公司内各单位的各项初始化工作是否遵循了确定的应用方案，以保证系统切换的时间和质量。

2. 动态数据维护

动态数据维护是指将准确规范的动态数据，通过手工录入或系统工具导入正式上线系统的过程。

（1）动态数据的准备

动态数据是随时变化的，在集中时间，按照一定的格式，将其快速导入系统，对系统上线成功有重大影响。项目组需要确定动态数据的导入时间、导入顺序，保证系统数据的正确性。动态数据准备清单如表 4-10 所示。

表 4-10　动态数据准备清单

序号	资料名称	准备方式及说明	收集整理			检查		
			责任部门	责任人	完成日期	责任部门	责任人	完成日期
001	科目期初							
002	备查期初							
003	应收期初							
004	坏账准备期初							
005	应付期初							
006	资产卡片							
007	期初出货							
008	销售订单							
009	销售合同							
010	报价单							
011	销售计划							
012	期初收货							
013	采购订单							
014	请购单							
015	采购合同							
016	库存期初							
017	生产订单							
018	分配标准							
019	料品成本							

（2）动态数据的导入

在静态数据都录入系统之后，可以在系统启用月的月初，把动态数据，如采购、销售的单据、库存、财务等数据的期初值（实时数据）导入系统，如果导入的是某一时点的数据，还需要补充输入该时点到开账时点的变动单据。动态数据导入的过程如表 4-11 所示。

表 4-11　动态数据导入的过程

序号	任务	关键行动	角色	控制点
1	制订动态数据导入计划	在动态数据导入计划中必须明确转换前数据准备的时间、负责的人员等信息，必须明确这个阶段的重要性，时间紧、数据量较大的情况下，一定要安排好切实可行的计划，包括哪些人员准备哪些数据、数据的来源、数据的校验人员 1.　双方开会制订一个详细而可行的动态数据转换计划。该计划应该根据企业的实际运营状况，安排一个比较合适的切换时间点，通常选在企业期末结账时，但要考虑资源制约。如上市公司中报及年报、盘点审计等 2.　各项工作的负责人最好由相关业务的主管领导担任 3.　动态数据导入计划应该提前制订，提前通知到各单位、部门和个人 4.　计划建议使用小时，即每项工作预计使用多少小时来完成准备工作、多少小时来校验，必须有专人负责专项工作 5.　计划一定要具体到责任人，要明确哪些工作由哪个关键用户负责，哪些工作由顾问负责，并要让具体执行人清楚地知道计划的全部内容 6.　计划一定要规定截止时间，如某月某日之前要准备好某项数据资料 交付成果：《动态数据导入计划》	双方项目经理	明确时间、数据列表和责任人
2	动态数据准备	整理收集动态数据：动态数据的准备、导入在系统实施中周期相对短暂，一般要在 4～5 天完成转换工作，因此要求准备工作必须充分，将动态数据准备方案提前发给业务人员，提前准备旧系统的清账、存货盘点等工作	实施顾问、关键用户	快速整理收集数据
3	系统检查	1.　检查系统，确保系统符合导入要求 2.　导入前，做好系统备份 交付成果：《系统检查报告》	实施顾问、关键用户	确保系统符合导入要求
4	动态数据导入	1.　将动态数据导入系统 2.　手工录入，或者通过系统工具导入（确保所有数据导入系统）	关键用户	有序地导入动态数据
5	系统数据检查与更正	1.　检查系统中的动态数据，并对错误的数据进行更正 2.　做好系统备份 交付成果：《动态数据检查列表》	关键用户、实施顾问	确保系统数据的正确性

（3）动态数据的检查

通过系统工具或手工将动态数据导入系统以后，一定要进行数据准确性的检查；同时，完成动态数据录入后，必须进行数据库备份，保证数据的安全性。

小案例

××公司 ERP 系统动态数据检查报告如表 4-12 所示。

表 4-12　　××公司 ERP 系统动态数据检查报告

单位名称	××有限公司		
使用模块	用友 U8 供应链-采购管理、库存管理		
切换负责人		电话	
检查内容（根据项目情况定义）		完成情况	
一、操作员和用户权限设置情况			
1. 操作员是否都已设置密码		已设置完成	
2. 权限分配、主数据维护、参数配置的工作是否由唯一的用户负责		是	
3. 系统期初单据和期初余额的录入权限是否已分配到相应用户		已分配	
二、参数配置情况			
1. 公共参数配置情况		是	
2. 供应链采购管理参数配置情况		是	
3. 供应链库存管理参数配置情况		是	
4. 单据类型设置是否正确		是	
5. 业务类型设置是否正确		是	
6. 审批流程设置是否正确		是	
7. 模板设置是否正确		基本正确，但个别模板还需今后进一步调整	
三、动态期初数据准备情况			
1. 库存盘点数据是否已整理完成		是	
2. 客户余额表是否已整理完成		是	
3. 存货余额表是否已整理完成		是	
4. 采购期初单据是否已整理完成		是	
5. 库存期初单据是否已整理完成		是	
四、其他应检查的事宜			
1. 是否已将系统上线的工作方法下发到员工		是	
2. 是否已通知各部门做好上线准备		是	
3. 各部门业务员是否已掌握系统操作		是	

续表

检查内容（根据项目情况定义）	完成情况
五、动态数据录入情况	
1. 存货余额是否录入正确	
2. 期初采购订单是否录入正确	
3. 期初销售订单是否录入正确	
4. ……	

检查人		检查日期	

注：本表用于检查公司内各单位的各项初始化工作是否遵循了确定的应用方案，以保证系统切换的时间和质量。

【任务 4-4】 ERP 系统用户培训

任务导读

① ERP 系统用户培训的目的和原则是什么？

② 如何制订并发布岗位操作手册？

③ 如何组织 ERP 系统最终用户培训？

任务实施

▶▶▶ 一、认识 ERP 系统用户培训

ERP 系统用户培训是指项目组在企业实施 ERP 过程中对其所进行的培训的总称，其中用户是指企业方的关键用户和最终用户。在 ERP 管理软件实施项目中，培训贯穿于整个项目的实施过程。在业务调研阶段，ERP 实施项目经理可能要答复用户提出的一些概念性问题；在现场验证推广阶段，ERP 实施项目经理可能要花费大量时间介绍软件功能；在辅导上线阶段，ERP 实施项目经理更是要随时解答用户的问题。

1. ERP 系统用户培训的目的

好的培训可以让用户熟练掌握实施方法、自主推动项目、增强对项目的认同感，大大减少软件公司现场服务的难度和时间，效益十分显著。

2. ERP 系统用户培训的原则

ERP 系统培训不是单一的知识概念培训，也不是单一的操作技能培训，它是知识结合实践、操作结合业务的一个系统化工作。培训是 ERP 项目实施的重点环节，也是实施工作中工作量大、工作异常繁杂的一项工作，培训质量的好坏关乎系统实施及应用的成败。

（1）制订培训需求规划

企业 ERP 系统培训不可能让员工参加所有项目的培训，也不可能让所有人都参加培训。企业的 ERP 系统培训需求应根据企业实际情况进行分析。分析培训需求首先要明确 ERP 系统培训的目标，也就是培训最终要达到的效果；其次要明确培训对象，包括企业领导、管理人员、技术人员和操作人员等，要清楚哪些岗位、哪些人员要参加什么样的培训，这就需要了解相应岗位对 ERP 业务流程的影响程度。另外，要明确岗位人员原有的业务知识和能力对做好 ERP 流程相关业务有哪些不足之处，同时结合企业的 ERP 实施目标，确定 ERP 培训目标，根据培训目标制订培训需求规划。

（2）建立 ERP 系统培训体系

ERP 系统实施不是一个阶段性任务，而是一个长期持续的过程。ERP 系统上线以后，并不意味着流程方案落地，大功告成，恰恰相反，这只是新的开始。简单地说，ERP 系统使用一段时间后，一些原有的管理流程会依照新系统、新规则改变，企业整体管理水平有所提升，企业竞争力也会增强。但是新系统的某些流程对企业来说不适用的情况也会出现，特别是在企业内部、外部环境发生变化的情况下，如企业工作重点、经营方式发生变化等，这时企业管理的流程和方法与 ERP 系统就会存在矛盾之处。这就要求对 ERP 系统进行定期调整和优化，并且要将这种调整和优化纳入常态化管理。

正是因为 ERP 系统需要长期持续改进，所以 ERP 系统的培训也应该常态化进行，ERP 培训要建立相对完善的培训体系。这个培训体系一定要适合企业自身的特点。ERP 培训体系至少应包括制度体系、方法体系、内容体系、文化体系、评估体系等内容。制度体系保障培训学习执行力，方法体系保障培训的效果，内容体系保障学习知识的覆盖面，文化体系保障企业 ERP 建设的氛围，评估体系保障培训目标的实现。

（3）设置合理的培训内容

完善且合理的培训内容对 ERP 培训的成效和 ERP 目标的实现起着重要作用。ERP 系统培训不是仅仅学会使用 ERP 软件这么简单，它是使企业员工通过使用 ERP 软件掌握先进的管理思想，用先进的管理思想再去思考和弥补企业在管理中的不足。培训的内容应该涵盖企业经营、管理、结构、战略、流程等方面，最终解决企业存在的各种管理问题，优化企业资源配置，提高企业经营管理水平，因此培训内容要以人为本。培训内容的设计既要有 ERP 理论知识学习，还要有能力素质方面的学习锻炼，内容要注重实践，不能纸上谈兵。另外还要注意将普遍性知识和专业性知识相结合。

培训内容的设计应该根据人员层次和岗位不同分层次、分内容进行，可以从常规管理培训、ERP 系统理论培训、ERP 系统操作培训、ERP 系统维护培训等方面设计。常规管理培训主要针对企业的管理人员和技术人员，它包括管理知识和管理技能培训。这类培训并不特别强调专业领域的知识和技能，而是更加重视常规管理知识的培训，目的是提高企业员工的管理素质。ERP 系统理论培训主要针对的是企业的管理人员和技术人员，它包括 ERP 系统思想和理论。这类培训的目的是让企业管理人员和技术人员对 ERP 系统管理思想有正确的认识，抛弃偏见。ERP 系统操作培训主要针对的是企业中与 ERP 流程操作有关的人员，它包括 ERP 系统软件的功能、常规操作、业务流程、错误处理等内容。这类培训的目的是让企业中与 ERP 流程操作有关的人员能够熟练使用系统功能。ERP 系统维护培训主要针对企业中 ERP 系统管理员、数据库管理员、网络管理员等信息数据的维护人员，它包括 ERP 系统硬件、软件知识，以及系统数据库、网络管理知识等内容。

（4）注重培训评估

培训评估不能仅仅理解成培训后的检查考核，这样理解是片面的，缺乏全面性。培训评估应该是对整个过程的评估，应有 3 个阶段，即 ERP 系统培训前的评估、ERP 系统培训中的评估和 ERP 系统培训后的评估。

ERP 系统培训前的评估主要是对培训需求评估和对培训对象评估。对培训需求评估，关系到培训规划的制订，而能否有一个完善、优质的培训规划对培训效果和培训质量的好坏起着关键性的作用。如果一开始需求评估不充分，那将导致培训规划出现偏差，培训就不可能起到应有的效果。

ERP 系统培训中的评估主要是对员工参与培训情况的评估，主要检查员工参与度。例如，企业可通过观察收集的方法，对员工参与度进行评估。对培训内容和形式的评估，主要检查课程内容是否和最初制订的内容相一致，培训形式是否灵活多样，以及受训员工对培训形式的认可度；对培训顾问的评估，主要检查教学的方法和态度，这将影响培训的质量和效果；对培训管理者的评估，主要检查培训组织工作是否充分；对培训进度的评估，主要检查培训进度，以及是否有赶进度造成培训质量下降的情况发生。上述评估，企业可通过对培训课件、教案、培训中影像资料的收集以及通过对受训员工、培训顾问的调查访问等方法来实现。总之，这个阶段的评估目的是保证和提高培训质量，保证培训按照既定目标推进。

ERP 系统培训后的评估主要对培训目标最终是否完成以及培训效果进行综合评估。培训效果评估是整个培训评估过程中最重要的环节。因为通过它可以检查其他环节做得好不好，如培训是否达到预期目标，员工的知识水平、管理能力是否有所提高，培训的方式方法、培训内容、组织安排是否合理，企业效益是否有所提升，在以后的持续培训中需要做哪些改进，等等。

▶▶▶ 二、ERP 系统用户培训的过程

ERP 系统用户培训实际上就是一个知识传递的过程，实施顾问通过指导关键用户制订岗位操作手册实现知识从实施方向企业方的转移，关键用户通过最终用户培训实现知识的二次转移，最终帮助企业方组建内部的 ERP 应用维护团队。

1. 岗位操作手册的制订与发布

岗位操作手册也称"用户手册"，是针对企业每个岗位编写的工作标准、流程和系统操作规范、步骤及其说明、注意事项的文件。岗位操作手册是在知识转移完成之后，系统上线之前的非常重要的文件，将作为系统上线之后的业务流程规范和操作指导性文件。

（1）岗位操作手册的内容

ERP 系统中的每一个日常工作环节，如基础数据、单据的录入，产品结构修改，主生产计划、物料需求计划、能力计划编制，库存盘点、车间作业控制、采购、成本计算等，都要在系统的实施中对应到相应的职能部门和相应的职位，并对相应职位的工作制订各自的工作

准则与工作流程。岗位操作手册可以帮助企业实现系统操作规范化、标准化，解决人员操作不熟练的问题，帮助其快速上岗。

（2）岗位操作手册制订与发布的过程

编写岗位操作手册是一项细致、长期的工作，会占用较多的人力，实施顾问如果在此投入太多，就不能体现顾问的最大价值，所以一般项目都是由企业方的关键用户承担手册编写工作。企业关键用户通过编写手册可以进一步熟悉系统功能和操作，以更好地指导最终用户，达到知识转移的目的。ERP 岗位操作手册制订与发布的过程如表 4-13 所示。

表 4-13　ERP 岗位操作手册制订与发布的过程

序号	任务	关键行动	角色	控制点
1	岗位操作手册编写培训	1. 下发编写模版，集中培训编写方法及规范 2. 附软件标准产品帮助文件 交付成果：《岗位操作手册》模版	实施顾问	确保培训质量
2	编写岗位操作手册	根据解决方案，关键用户按要求编写岗位操作手册 交付成果：《岗位操作手册》初稿	关键用户、实施顾问	确保编写质量
3	岗位操作手册提交审核	关键用户把岗位操作手册提交实施顾问审核，确保编写质量 交付成果：《岗位操作手册》修订稿	关键用户、实施顾问	确保编写质量
4	岗位操作手册发布	岗位操作手册正式发布 交付成果：《岗位操作手册》正式稿	企业方项目经理、项目管理委员会	书面发布

2. 组织最终用户培训

最终用户是指各业务部门最终的软件操作或者使用者，如物流部门录单员等。最终用户培训是指由关键用户对最终业务操作人员结合岗位操作手册进行的系统操作培训，这能够使最终用户熟练掌握日常业务在系统中的操作。

（1）最终用户培训的目的

最终用户培训是上线切换阶段一个比较重要的工作，它直接关系到项目上线的进度、日后系统的维护和运行的稳定。做好最终用户的培训工作，有利于推进项目进程，也可以减少项目上线后的常规维护和支持工作，以及问题发生的概率。

（2）最终用户培训的过程

在对最终用户进行培训的过程中需要注意几个问题：一是如何确保项目上线后日常作业的效率；二是如何让最终用户可以自己解决基本操作问题；三是如何降低上线操作问题发生的概率。

在培训的过程中一定要用一些与企业业务直接相关的演示数据给最终用户做培训。培训人员需要准备充分，例如准备演示环境、合理安排课程等；同时授课方式要得当，例如讲课声音不能太小，讲课时关键用户不能只顾自己讲，要考虑最终用户的学习效果等；需要制订最终用户的学习目标，提高最终用户培训的积极性和认真程度。最终用户培训的过程如表 4-14 所示。

表 4-14　最终用户培训的过程

序号	任务	关键行动	角色	控制点
1	最终用户培训计划	1. 培训内容的选择：针对企业最终用户的不同素质制订相应的培训计划。例如，业务人员对计算机系统的掌握能力很弱，就应该事先组织专人进行计算机基础知识和操作培训，涉及课程如 Windows、Office、收发邮件、上网操作等；还要根据不同业务分部门、分岗位进行有针对性的业务流程的培训，针对其将来要从事的工作进行系统日常业务操作的培训，如采购组培训、销售组培训、财务组培训、总账组培训等；开展其他相关内部支持体系的培训，使其了解如何正确操作，出了问题怎么办，找谁解决，该注意哪些事项等 2. 培训准备：时间、场地、课件、设备、教具、环境、演示数据等 交付成果：《最终用户培训计划》	双方项目经理	培训时间、内容、对象的确定
2	最终用户培训准备	1. 培训授课讲师：由企业方的关键用户来做讲师，因为这样既可以加强企业方对产品的理解，又可以减小实施方咨询顾问的工作量，还可以让企业方项目组成员对自己企业内部的业务员素质有更深的了解。为了让企业方的关键用户能够当好培训讲师，如果有必要还需要对他们进行进一步的培训（即培训授课教师），如进一步产品培训、授课方法培训、演讲能力培训等 2. 教材和练习题的审定：练习题要有针对性，不可和日常业务毫不相干 交付成果：《练习题》相关资料准备检查	实施顾问、企业方项目组	提升授课讲师技能；提高教材及练习题的质量；准备工作检查
3	组织最终用户培训	1. 对最终用户进行培训：进行产品培训时，首先进行业务流程的分析，在最终用户理解业务流程原理后再进行软件操作培训，以达到事半功倍的效果。有些企业本身业务人员很少，无所谓关键用户还是最终用户，在这种情况下，可以将最终用户培训和关键用户培训结合起来一并进行 2. 对最终用户进行培训考核：考核合格才允许上岗等，保证听课积极性、持续性 交付成果：《考试题》	实施顾问、企业方项目组、最终用户	保证培训质量；考核评估
4	用户培训总结	1. 对学员进行系统掌握程度评估；对讲师授课质量进行评估 2. 总结培训效果 交付成果：《最终用户培训总结报告》	双方项目经理	培训过程、考核结果评估

【任务 4-5】 ERP 系统试运行

任务导读

① ERP 系统上线环境包括哪些？

② 如何建立 ERP 系统上线环境？

③ 如何组织企业进行 ERP 系统试运行？

✍️任务实施

▶▶▶ 一、认识 ERP 系统试运行

ERP 系统试运行就是将 ERP 系统正式投入实际使用前的现场测试。在这个阶段，所有最终用户必须在自己的工作岗位上使用终端或客户机操作，使系统处于真正应用状态，而不是集中于机房。在此阶段，新系统和老系统将同时并轨运行一段时间，每项业务都要做双份工作，这会增加实施人员与企业参与人员的工作量，加重企业员工的负担，所以这是 ERP 项目实施过程中最为痛苦的一个阶段，时间不宜过长，否则会影响使用人员的积极性。但如不经过这一阶段，而是将未经测试的系统直接投入实际应用，将会给企业带来诸多问题。

在试运行阶段，不管是实施方还是企业方，都要做好以下几个方面的工作。

① 事先拟定试运行方案，指导整个试运行过程。

② 详细记录试运行过程和存在的问题。

③ 尽量在问题的萌芽阶段就予以解决，不将问题遗留到新系统投入实际运行的过程中。

▶▶▶ 二、准备 ERP 系统试运行

准备 ERP 系统试运行也就是建立 ERP 系统上线环境。ERP 系统上线环境是指实施方协助企业安装并建立起可正常运行的、正式的 ERP 系统运行环境，主要包括开发环境、测试环境和生产环境。

开发环境（Development Environment）是项目实施中进行大部分配置工作的环境，做好系统配置之后，应该对其进行全面的单元测试。

测试环境（Testing Environment）是在将系统配置内容部署到生产环境前做所有最终测试的环境。通常情况下，测试环境是进行集成测试（端到端的业务流程）和用户验收测试的环境。

生产环境（正式环境/上线环境，Production Environment）是用户进行日常业务活动操作的环境，所有的最终用户都是在该环境下进行日常工作的。系统的任何改变，如果未经充分测试，都可能导致生产系统出现问题。

项目团队主要需要完成以下几个任务：进行系统正式运行环境检查；公共参数和基础数据录入；单据和流程参数配置；用户及权限设置等。建立 ERP 系统上线环境的过程如表 4-15 所示。

表 4-15　建立 ERP 系统上线环境的过程

序号	任务	关键行动	角色	控制点
1	系统安装环境检查	检查系统环境是否符合产品安装要求 交付成果：《系统环境检查报告》	技术顾问、客户系统管理员	现场检查

序号	任务	关键行动	角色	控制点
2	软件产品安装	技术顾问指导企业方IT人员进行产品安装（包含用户化开发交付成果） 交付成果：《系统安装配置备忘录》	技术顾问、系统管理员	现场产品安装确认
3	基础数据、参数和表单格式模板等的设置	1. 基础数据和参数设置 2. 设备系统表单格式和模板 交付成果：《系统上线环境》（设置部分）	实施顾问、关键用户	检查确认并备份
4	系统管理员及用户权限分配	1. 系统管理员权限分配 2. 根据权限分配的规划在系统中设置用户权限 交付成果：《系统上线环境》（权限部分）	实施顾问、关键用户	为了系统安全，通常只分配唯一管理员
5	系统上线环境确认	1. 和企业方系统管理员确认上线系统 2. 和企业方签字确认	实施顾问、系统管理员	需书面确认签字
6	系统上线环境备份	上线系统备份 交付成果：系统备份	系统管理员	保存好备份的系统

三、ERP系统试运行方案

ERP系统试运行方案是在系统上线环境建立以后，结合企业项目实际情况对ERP系统试运行进行的总体规划，具体内容包括试运行的时间、方式、部门等。

小案例

某企业ERP系统试运行方案

（1）试运行时间：包括开始时间和结束时间。

（2）试运行方式。

提供一周的生产计划作为系统试运行的需求源，在系统中模拟各部门之间工作的衔接，在运行过程中忽略BOM的准确性，重点检验软件的流程。

① 技术部：完成物料编码、BOM资料的准备。

② 销售部：接收销售订单，并反馈给生产部，同时根据客户需求，跟踪生产进度，并按时发货给客户。

③ 生产部：根据销售部提交的销售订单和销售预测，进行物料需求计划计算，并形成生产任务单。

④ 采购部：模拟操作流程，根据生产需求，安排采购任务。

⑤ 仓库部：按照采购指令进行材料的入库流程操作；按照生产指令进行领料操作；按生产计划，办理半成品、成品的完工入库操作，并根据生产计划对半成品、成品进行生产领料，以实现对自制件的库存管理；同时根据生产需求，办理委外加工的生产任务、核销等业务。

⑥ 财务部：核算材料外购入库成本、材料出库成本、自制件的入库成本，以及销售出库

成本；对往来账管理进行模拟运行。

（3）试运行部门。

本次系统试运行参与的部门有技术部、销售部、生产部、采购部、仓库部、财务部。试运行的顺序按上面的顺序依次进行。

（4）试运行结果。

① 各操作人员可以熟练操作 ERP 软件。

② 根据各部门实际业务的操作，按《业务流程操作说明》进行操作，对不符合流程要求的地方进行修正。

③ 设计完成相应的单据样式及打印样式。

④ 完成权限设置。

⑤ 完成企业整体流程的运行，并得出相应的结果（报表）。

⑥ 因试运行中的数据不准确，因此不考虑运行结果的数据正确性。

（5）试运行计划。

项目的试运行时间不宜过长，但也不宜过短，所以一般会提前制订试运行计划。某企业的 ERP 系统试运行计划如表 4-16 所示。

表 4-16 某企业的 ERP 系统试运行计划

准备内容（资料、数据、流程）	开始/结束时间	责任部门	责任人	备注
录入销售订单	1 月 1 日—1 月 30 日	销售部		
进行物料需求计划计算	1 月 1 日—1 月 30 日	生产部		
按要求制作采购订单	1 月 1 日—1 月 30 日	采购部		
根据采购订单制作收料通知单	1 月 1 日—1 月 30 日	采购部		
根据收料通知单或者检验申请单办理外购入库手续	1 月 1 日—1 月 30 日	仓库部		
录入采购发票	1 月 1 日—1 月 30 日	采购部、财务部		
生产任务下达	1 月 1 日—1 月 30 日	生产部		
打印投料单，并进行领料	1 月 1 日—1 月 30 日	车间		
按照系统中的生产任务单进行发料	1 月 1 日—1 月 30 日	仓库部		
根据生产任务单办理产品入库登记手续	1 月 1 日—1 月 30 日	仓库部		
根据销售订单开销售出库通知单	1 月 1 日—1 月 30 日	销售部		
根据销售出库通知单，开调拨单至发出商品库	1 月 1 日—1 月 30 日	仓库部		
开销售出库单，并形成销售发票	1 月 1 日—1 月 30 日	销售部、财务部		
录入委外生产任务单	1 月 1 日—1 月 30 日	仓库部		
进行委外发料出库	1 月 1 日—1 月 30 日	仓库部		
进行委外加工入库	1 月 1 日—1 月 30 日	仓库部		
录入委外加工发票	1 月 1 日—1 月 30 日	仓库部		
对委外加工入库单和委外加工出库单进行核销	1 月 1 日—1 月 30 日	仓库部		
进行委外加工核算	1 月 1 日—1 月 30 日	财务部		

（6）评审部门评审意见。

在试运行方案的最后一部分一般要有部门的评审意见，评审部门由与 ERP 系统运行相关的业务部门组成，具体的评价表如表 4-17 所示。

表 4-17　某企业的 ERP 系统试运行方案运行评价表

评审部门	评审意见	评审人员签字
技术部		
销售部		
生产部		
采购部		
仓库部		
财务部		

项目思考

1．简述 ERP 系统模块建设的策略和步骤。

2．简述权限管理的目的。

3．简述业务权限规划和分配的过程。

4．简述 ERP 系统二次开发验收的内容和过程。

5．简述 ERP 系统数据维护的方法和原则。

6．简述静动态数据导入的过程。

7．简述动态数据导入的过程。

8．简述岗位操作手册的具体内容。

9．简述建立 ERP 系统上线环境的过程。

10．简述 ERP 系统试运行方案的内容。

举一反三

项目培训已经结束，进入了数据收集阶段，相关资料收集范围以及相应的责任人、时间都已确定。可是到规定的完成时间，发现物料数据才完成一半，经询问得知负责该数据收集的人手不足。该负责人已向甲方项目经理提出这个问题，可甲方项目经理没有采取任何措施，结果项目不得不延期。企业高层对此非常不满意。请问如果你是乙方项目经理，你会如何规避这种问题？

项目实施总结

本项目主要介绍了 ERP 项目实施与试运行的工作内容和工作方法。以案例企业实施 ERP 项目的进度为载体，通过 ERP 系统模块建设任务，介绍了模块建设的策略、步骤和内容，以及业务权限规划和分配的过程，并建立 ERP 工作点。ERP 系统数据维护关系到数据的准确性，必须遵循数据编码规则。ERP 系统用户培训是保证员工准确执行 ERP 流程与规范的关键，务必确保 ERP 操作员能够在数据录入环节做到精确。ERP 系统试运行主要测试企业能否按照业务方案执行业务流程，检验操作员能否熟练地掌握软件操作，同时考核最终用户能否拥有一定的分析问题、解决问题的能力。

项目五
ERP 系统切换

项目描述与分析

案例企业的 ERP 项目通过项目规划、项目解决方案、项目实施与试运行，进入 ERP 系统切换阶段。在系统切换阶段项目组需要完成的主要任务如图 5-1 所示。

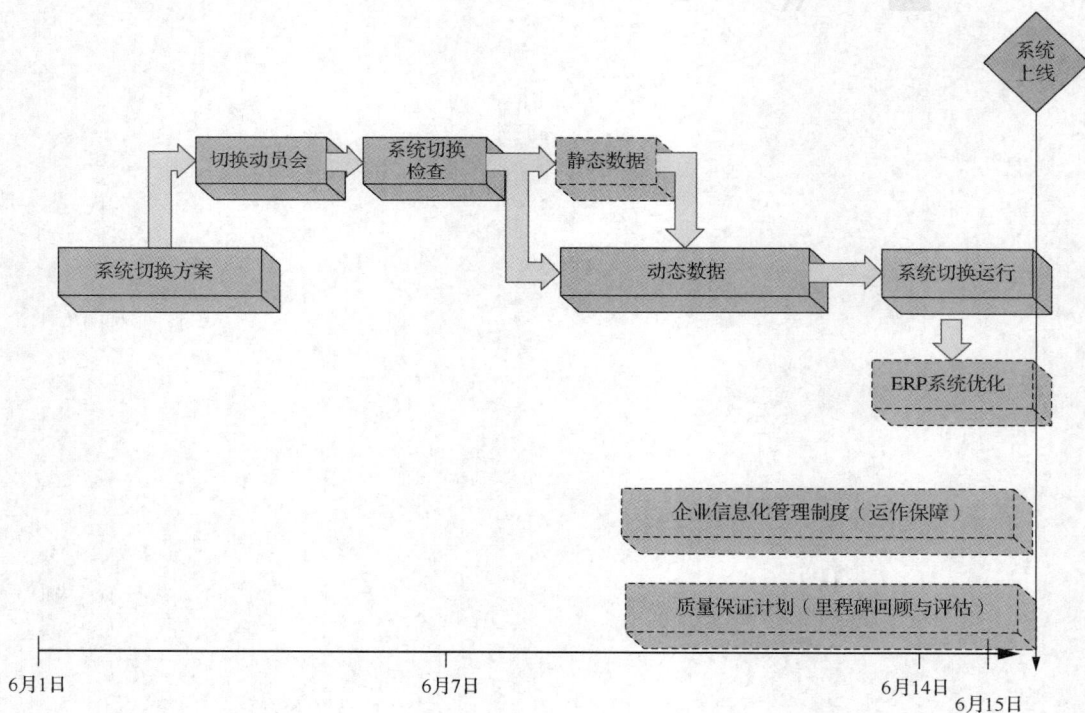

图 5-1　ERP 系统切换阶段的主要任务

　　ERP 系统切换主要依据项目解决方案以及试运行结果，将企业现行数据与业务切换到正式的系统之中，实现企业业务正常运行。一般情况下，为了确保在该阶段不出现大的数据变更或者流程调整，一定要做好前期的各阶段工作，也就是说各阶段工作有着紧密的因果关系。从本阶段开始，企业 ERP 系统实施步入实际的操作过程，通过制订企业信息化管理制度保障系统日常运行，通过 ERP 系统切换检查为系统正式上线做准备，在系统运行过程中对系统进行持续支持及优化，从而为 ERP 系统长期稳定地运行夯实基础。

项目知识点

企业信息化管理制度，企业内部支持体系，ERP 系统运行制度，ERP 系统切换准备，ERP 系统正式上线。

项目技能点

➤ 能够根据企业信息化管理制度建设的内容要求，制订企业 ERP 系统运行制度。

➤ 能够制订 ERP 系统切换方案，并根据方案进行 ERP 系统切换的准备工作。

➤ 能够根据 ERP 系统上线的要求，准备正式上线。

【任务 5-1】 企业信息化管理制度建设

任务导读

① 企业信息化管理制度的重要性体现在哪里，建设的原则是什么？

② 如何建立企业内部支持体系？

③ 企业如何进行 ERP 系统运行制度制订及发布？

任务实施

▶▶▶ 一、认识企业信息化管理制度

企业信息化管理制度是信息系统管理的依据，是为信息系统保驾护航的。通过制度将 ERP 项目实施过程形成的新业务流程、运作模式沉淀下来，使得业务流程处理与操作有据可依，使得新的业务运作模式得以延续，而不是朝令夕改，使相关人员无所适从。

1. 企业信息化管理制度的重要性

企业在信息化项目的实施中，存在的问题大多是责权利不明确的问题，导致各方利益无法协调到企业的管理目标上。例如，各部门之间责任不明、职能不清，造成的后果就是相互推诿。该干的事没有人干，不该干的事只要自己有兴趣就抢着干。出现混乱局面的原因是责权利不明确，岗位职能、相关业务流程、标准、实施规范、实施细则等的起草、编制、确认均没有一个明确的组织或个人来承担等，从而影响项目实施的效果。

因此，企业在信息化项目的实施过程中，应该将业务流程的处理方式制度化与标准化，明确各部门的责权利，明确哪些事情该由哪些部门做，应该如何做、何时做、何时完成，哪些数据的正确性与准确性应该由哪些部门负责。

2. 企业信息化管理制度存在的问题

目前，企业信息化管理制度主要存在两方面的问题。

一是企业信息化管理制度的内容不完整、制订的方法不科学，企业信息化制度制订工作缺乏科学、规范、合理、全面的方法。从总体上看，目前企业信息化管理制度内容一般侧重硬件和网络方面的制度管理，而缺乏对软件、IT流程、IT资源内容的管理，企业信息化制度不能科学、全面地覆盖各项信息化管理工作，造成信息化管理上的漏洞。

二是企业信息化管理制度流于形式，缺乏必要的约束力，制度体系不健全。企业信息化管理制度有时会作为企业项目建设档案保存或作为应付企业相关检查的材料。若企业信息化管理制度只是形式，对于违反制度的相关人员并没有任何直接约束，便会影响到企业信息化管理制度工作的权威性，制约企业信息化工作的深入开展。

3. 企业信息化管理制度的内容

企业信息化管理制度的内容一般应该包括目标（制订本项制度的目的）、范围（制度适用范围）、职责（制度涉及的人、部门的任务和职责）、具体的规定（制度要约束的具体内容）、奖惩（对违反和维护制度的人、部门的惩罚和奖励的具体内容）等。例如，某企业的信息化管理制度如表 5-1 所示，这几项制度类型基本涵盖企业的信息化管理内容，各个企业可根据具体情况进行选择。

表 5-1 某企业的信息化管理制度

类别	制度名称	制度要求说明
规划类	信息化规划管理制度	用于规范信息化规划的制订、审批、推进落实等工作
	信息化预算管理制度	用于规范企业及下属企业信息化专项预算编制、上报审批、预算资金使用监管、预算完成情况总结等工作
运维类	网络运维管理制度	用于规范企业及下属企业网络扩容、网络安全运检、网络问题排查、网络紧急恢复等工作
	故障处理管理制度	用于规范企业及下属企业故障处理工作，这些工作包括故障受理、故障排查、处置任务发布、故障处理、故障处理结果满意度调查等。制度中规定了事故处理相关责任方及相关奖惩条例
	信息安全检查制度	用于规范企业定期开展的信息安全检查工作，进一步明确检查内容及安全性达标要求
	数据中心机房管理制度	用于规范数据中心机房的运维管理工作，包括设备检查、出入检查等
	IT 资产管理制度	用于规范企业及下属企业的 IT 资产登记、配置变更、资产报废等管理工作
考核类	信息化整体绩效评估考核制度	用于规范企业整体及下属企业的信息化绩效考核工作，制度中明确规定考核方与被考核方、相关责任、考核方式、考核标准等内容
	信息化组织绩效考核制度	用于规范企业及下属企业信息化组织的绩效考核工作，制度中明确规定考核方与被考核方、相关责任、考核方式、考核标准等内容
	信息化人员绩效考核制度	用于规范企业信息化人员（包括信息化相关领导）的绩效考核工作，员工的工作能力缺乏系统化、透明化的考评指标，为有效考核信息技术人员的工作能力，鞭策其不断提升专业水平，需要建立并推行信息化岗位考核制度，该制度要与员工技术岗位职称、绩效工资相匹配

类别	制度名称	制度要求说明
考核类	信息系统使用规范管理制度	用于规范企业各级业务管理人员正确使用信息系统，进而提高信息系统的使用效率
信息化项目管理类	项目招投标管理制度	用于规范企业及下属企业信息化项目招标、投标、谈判、定价、签约等工作
	项目采购管理制度	用于规范信息化项目的采购管理工作，明确相关责任方及奖惩条例
	项目资金管理制度	用于规范信息化项目的资金申请、资金审查、项目结算、追加资金申请工作
	项目资料管理制度	用于规范信息化项目相关资料的登记、归档、交验、使用等工作
	项目人员管理制度	用于规范信息化项目的人员管理工作，包括乙方项目人员资格审查、人员信息备案、驻厂人员考勤管理、人员违规奖惩等工作
	项目保密管理制度	用于规范信息化项目的保密工作，包括保密合同规范、保密时限、保密方责任等
	项目测试标准规范	用于规范信息化项目的内部/联合功能测试、内部压力测试、第三方测试、用户验收测试等工作，明确测试方的责任与工作内容
	项目验收管理制度	用于规范信息化项目的项目验收工作，包括项目初验、项目终验、专家评审、工程决算、项目后评价等工作
	系统间数据对接规范	随着企业信息系统数量的不断增多，系统之间的数据自动交互需求也在不断增加。因此，在企业范围内，必须建立"系统间数据对接标准"，对系统之间的数据交互行为进行技术规范，规范内容包括技术方式（基于数据库、共享 XML 文件、交易中间件、数据共线、WS 等）、数据格式、传递方式、数据交互周期（同步、异步批量）等，进而指导未来的系统数据对接工作，防止数据对接难、技术使用乱、数据孤岛问题发生
信息技术专业职称类	信息技术专业职称晋升管理制度	在企业范围内建立完善的"信息技术专业职称体系"，并配套出台相关职称晋升管理制度，对专业职称设置、晋级条件、具体考核内容加以明确
	信息技术专业职称津贴管理制度	为配合"信息技术专业职称体系"落实，设立技术职称津贴，在该制度中规定了各级职称对应的津贴金额、发放时间、发放对象等事项
信息化培训类	信息化培训管理制度	为提高信息化培训工作的规范性，建立配套的信息化培训管理制度，在制度中规定了培训工作的具体要求以及相关考试、技术认证要求

▶▶▶ 二、建设企业信息化管理制度

企业信息化项目建设的过程，其实也是企业信息化管理制度的建设过程。但是很多项目管理者或企业决策者意识不到制度保障对信息化项目的重要性。下面介绍企业信息化管理制度建设的原则、建立企业内部支持体系和 ERP 系统运行制度的制订及发布等内容。

1. 企业信息化管理制度建设的原则

企业信息化管理制度建设的四大原则如下。

① 量身定做的原则。企业要根据自己的实际情况和实际存在的管理问题制订相应的信息制度，不能生搬硬套。部分企业的首席信息官（Chief Information Officer，CIO）喜欢直接复制其他企业一些制度，稍加修改就在本企业使用，但和企业的实际情况不吻合，结果制度

得不到很好的执行。

② 全面科学的原则。企业信息化管理制度一定要全面、科学。因为企业信息化管理中存在的很多问题具有一定关联性，如果仅解决表面的问题，就不能全面地解决企业的问题。制订制度要科学，要符合客观实际，要切实可行。当企业的情况发生变化时，要及时修改制度，制度要在不断执行的过程中完善。

③ 责任目标明确原则。制度要有明确的目标和责任，这样才能有的放矢，体现整个制度的完整性和合理性。

④ 奖惩分明原则。制度要有奖惩措施，否则制度只是一纸空文，起不到真正的作用。

2. 建立企业内部支持体系

（1）建立企业内部支持体系的意义

项目具有临时性的特点，实施方的技术人员不可能常驻企业现场，指导操作和维护系统，在系统上线后，企业需要能够依靠自身的力量对系统运行提供支持和维护。建立企业内部支持体系是在系统上线以后，在企业方内部，建立一个有效的负责系统日常维护和支持的组织，提高系统的维护效率，同时为企业节省后续维护费用，也为实施方的技术人员验收后撤出项目做好准备。建立企业内部支持体系的过程如表 5-2 所示。

表 5-2　建立企业内部支持体系的过程

序号	任务	关键行动	角色	控制点
1	建立内部支持组织架构	1. 双方项目经理一起识别企业内部胜任支持工作的 IT 支持人员和业务支持人员 2. 提交项目管理小组审批 交付成果：《企业内部支持人员名单》	双方项目经理	在关键用户中选择 IT 人员和业务人员
2	确定内部支持的流程及方式	1. 双方项目经理一起制订内部 IT 支持流程及业务操作支持流程：集中应用的系统支持工作量是很大的，可以采用热线支持电话、邮件的方式进行内部支持，但这种方式反应速度比较慢，效率不高。有的企业对项目非常配合，可以建立一个专门的内部支持网站，可以发布公共消息、共享文档和进行在线问题咨询，大大减少重复劳动，提高支持人员的工作积极性和工作效率。可以利用 PMP 项目信息管理系统进行内部支持，该系统是集中应用模式下内部支持的工具，可以免费使用 2. 建立内部支持管理制度 3. 提交项目管理小组审批 交付成果：《企业内部支持体系》（会议讨论确定）	双方项目经理、关键用户	内部支持体系要真正地起到防火墙作用
3	内部支持体系正式发布	正式发布内部支持体系 交付成果：《企业内部支持体系》（发布稿）	企业方项目经理	书面发布

（2）建立企业内部支持体系的注意事项

企业通过建立内部支持体系来确保系统正常运行，并确保系统运行出现问题时能及时地解决，在建立体系时需要注意以下事项。

① 明确企业的内部支持体系人员、角色和责任。如果内部支持体系建立不完整，角色分工不明确，不能承担内部支持的职能，则实施完毕实施方技术人员退出项目之后，出现问题得不到及时解决，将会影响企业方对实施方服务的满意度。

② 内部支持体系人员一般从企业关键用户中选择，应该包括业务方面的用户，还应该包括技术方面的系统管理员。如果存在众多分支机构，每个单位应至少指定一名支持人员，确定的内部支持体系人员应该切实履行内部支持的职责。

③ 建立内部支持体系，重点是要落实到人，确定能够担负日后系统支持的人选（一般是关键用户），然后让企业形成制度，明确其责任和工作方式。内部支持体系人员应该经历项目实施的整个过程，对项目的各个环节都比较清楚。在内部支持体系中，既要有对业务非常熟悉的业务骨干，又要有熟悉系统、精通计算机知识的系统管理员。

④ 内部支持体系人员及其职责、工作方式要形成企业的管理制度，下发到应用系统的相关部门和人员，让所有操作人员知道，在出现操作问题和疑问时，可以找谁解决。

⑤ 一般内部支持体系人员承担着双重角色，既要处理日常业务，又要指导和规范其他最终用户的日常操作，因此如果有必要，建议给内部支持体系人员适当的物质和精神奖励。

3. 制订及发布 ERP 系统运行制度

系统运行制度是为确保 ERP 系统在上线正式运行后依严格的控制要点开展主数据维护、系统操作、权限设定及问题处理等工作，明确各项关键活动的基本要求，为系统的正确、稳定运行，为各个管理职能部门提供及时、准确的资讯而制作的相关作业规划。ERP 系统运行制度制订及发布的过程如表 5-3 所示。

表 5-3　ERP 系统运行制度制订及发布的过程

序号	任务	关键行动	角色	控制点
1	制度辅导	1. 确定 ERP 制度编制的人员 2. 制度制作辅导，包括制度大纲、编制要素、要求说明等	项目经理、关键用户	制度编制及发布流程
2	制度编制及确认	1. 由专人依规定的文档格式完成制度编制 2. 制度提交项目经理及顾问进行审核及确认 3. 项目团队内部对制度进行检讨及确认 交付成果：《ERP 运行管理制度》初稿	关键用户、项目经理、顾问	制度内容的审核、制度内容的检讨
3	制度签核及发行	1. 制度编制人依规定的文档签核流程进行签核 2. 审核完成的制度进行发行管理 交付成果：《ERP 运行管理制度》发布稿	关键用户、项目经理	确保制度内容无遗漏编制
4	制度培训及考核	1. 依制度要求安排制度培训，并制作培训考题 2. 制度培训并依要求进行制度测试，记录测试结果 3. 测试结果公布及奖惩 交付成果：《培训试题》	关键用户、项目经理	确定制度校训范围、考试结果的奖惩
5	制度分发及存档备查	1. 依文档管理要求对制度进行分发 2. 文控中心对制度进行编码及存档管理 交付成果：《制度分发记录》	项目经理（文控中心）	文档存档管理

序号	任务	关键行动	角色	控制点
6	制度检查及更新	1. ERP 负责人对制度进行定期或不定期检查 2. 依公司实际状况更新制度 交付成果：《检查记录》	项目管理委员会成员	制作制度检查记录定期检查

【任务 5-2】 ERP 系统切换准备

任务导读

① 如何制订 ERP 系统切换方案？

② 如何组织召开 ERP 系统切换动员会？

③ ERP 系统切换检查具体的内容是什么？

任务实施

▶▶▶ 一、认识 ERP 系统切换准备

ERP 系统切换准备是指企业在完成系统初始化、培训及信息化管理制度建设的基础上，在企业全面应用 ERP 系统。

1. ERP 系统切换模式

为了保证本次项目上线成功，同时防止上线出现问题导致各项业务无法正常开展，一般系统上线初期将采用双系统并行模式：新系统作为一套独立系统运行，原业务系统正常作业。

两套系统同时并行到一个时间节点，经检查核对，若新系统的数据及业务动作满足需要，则停止原业务系统的作业。某企业 ERP 系统切换模式如图 5-2 所示。

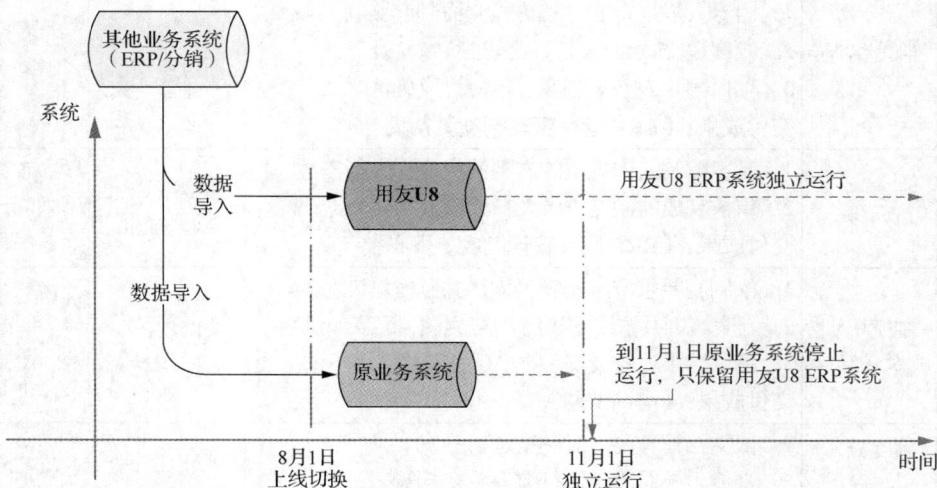

图 5-2　某企业 ERP 系统切换模式

2. ERP 系统切换的步骤

ERP 系统切换的步骤一般是首先完成产品安装，然后再完成各种数据导入及业务测试，同时经过实际业务的检验，最终待一切数据真实可信后，才结束切换转入正式系统运行。某企业 ERP 系统切换的步骤如图 5-3 所示。

▶▶▶ 二、ERP 系统切换的过程

ERP 系统切换的过程包括设计 ERP 系统切换方案、召开 ERP 系统切换动员会及 ERP 系统切换检查等。

1. 设计 ERP 系统切换方案

ERP 系统切换方案是一个对系统切换具有指导意义的关键文档，内容主要包括确定上线切换的策略、系统切换的业务范围、切换的步骤、切换任务安排和职责、切换的方法、切换成功标准等。

（1）ERP 系统切换方案的作用

ERP 系统切换方案会对系统上线运行及验收产生直接的影响。如果 ERP 系统切换方案中没有明确

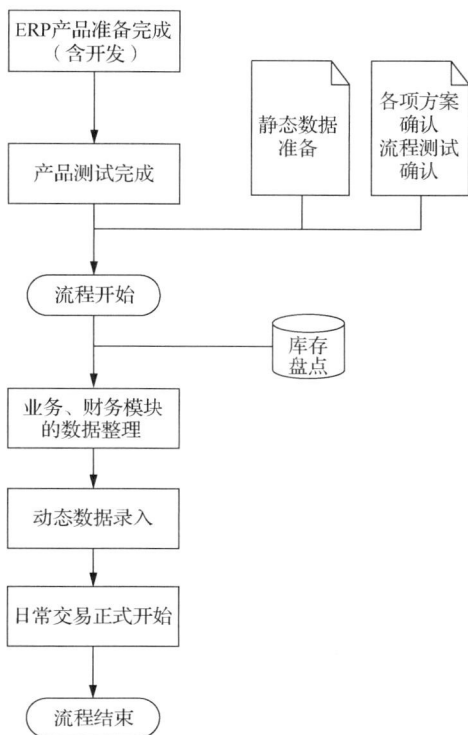

图 5-3　某企业 ERP 系统切换的步骤

系统上线的业务范围是企业的主流业务而非全部业务，则在系统上线阶段，有些扩展业务或边缘业务的实现会影响主流业务的应用，从而导致系统上线不能及时验收。如果 ERP 系统切换方案中的切换成功标准不够明确或者过多、过于复杂，既可能造成系统上线不能够及时验收，又会对项目的整体验收交付构成威胁。

（2）设计 ERP 系统切换方案的过程

ERP 系统切换方案的设计由项目组共同协商，具体过程如表 5-4 所示。

表 5-4　设计 ERP 系统切换方案的过程

序号	任务	关键行动	角色	控制点
1	切换方案编写	1. 切换的流程、数据、职能部门要明确和清晰 2. 切换的方式和步骤要符合业务实际和系统前后逻辑 3. 切换任务的安排要具体、落实到人，并明确职责和奖惩 4. 对于切换工作的顺序要明确岗位之间的输入与输出接口 5. 切换成功的标准要明确、具体、便于衡量 交付成果：《系统切换方案》	双方项目经理、项目管理委员会、企业高层	根据企业实际状况确定
2	切换方案讨论并确认	1. 落实讨论计划和参会人员 2. 解释切换方案的逻辑关系以及计划 交付成果：《会议纪要》（讨论会议）	双方项目组、企业方项目经理	切换方案必须由企业高层确认
3	切换方案培训并发布	1. 基于切换方案，对双方项目成员进行培训 2. 在切换动员会上发布切换方案	双方项目组、最终用户	书面发布

2. 召开 ERP 系统切换动员会

ERP 系统切换动员会是系统切换前的一次重要会议，此次会议的召开标志着切换即将开始。

（1）ERP 系统切换动员会的作用

ERP 系统切换动员会的作用在于提升全体参与切换工作的相关人员对切换工作的重视程度，强调切换工作的相关重要事项，重申并落实责任、奖惩办法以及风险预案。

（2）召开 ERP 系统切换动员会的过程

在所有的切换准备工作完成之后，项目组希望通过动员会，在企业内部统一思想，明确责任，以确保参与切换的人员在思想上足够重视，并严格按照系统切换方案来开展工作，确保切换成功。召开 ERP 系统切换动员会的过程如表 5-5 所示。

表 5-5　召开 ERP 系统切换动员会的过程

序号	任务	关键行动	角色	控制点
1	制订切换动员会召开计划	1. 制订切换动员会召开计划 2. 和项目管理委员会/高层达成一致 3. 项目管理委员会同意上线切换计划与方案 交付成果：《切换动员会计划表》	双方项目经理	事先征得各方的同意和获得表态
2	准备切换动员会相关资料	1. 项目组提交切换动员会相关资料，包括系统切换方案和相关注意事项 2. 动员会主持人为企业方项目经理 3. 确定主讲内容	实施顾问、关键用户	提前通知会议召集安排
3	召开切换动员会	1. 项目经理宣布切换方案和注意事项 2. 高层领导做动员讲话，明确重要性，落实责任和相关制度 交付成果：《会议纪要》（上线动员会）	企业高层、双方项目组、最终用户	确保上线前培训到位、确保高层出席

3. ERP 系统切换检查

ERP 系统切换检查是指为保证系统顺利切换运行，对系统切换前的最终环境进行的全面核对检查。

（1）ERP 系统切换检查的内容

ERP 系统切换检查用于检查公司内各单位在各项上线准备工作中是否遵循了既定的切换方案，以保证系统切换的时间和质量，并将检查结果告知项目干系人，以便进行进一步的系统切换前的完善和改进。

ERP 系统切换检查的内容主要包括：检查系统参数是否全部配置正确、系统权限的设置完成情况；静态数据的完整性/有效性情况、动态数据导入后的准确性/完整性/有效性是否符合既定要求；动态数据准备计划是否制订和下发；操作员是否到位，客户端软硬件及网络是否正常；应急问题处理以及其他相关准备情况的检查；最终用户是否掌握系统上线相关操作方法及注意事项，具体检查清单可查看本书配套资源。

（2）ERP 系统切换检查的过程

ERP 系统切换检查由实施方项目经理准备所有与该项目系统切换有关的计划和资料及待检环境。ERP 系统切换检查的过程如表 5-6 所示。

表 5-6　ERP 系统切换检查的过程

序号	任务	关键行动	角色	控制点
1	制订系统切换检查计划	1. 确定系统切换检查时间和参与人等 2. 制订检查任务项和计划安排	双方项目经理	时间、资源、检查项的确定
2	检查环境准备	1. 准备和确定各检查任务项的达标资料或数据 2. 通知系统准备相关人员做好系统相关的待检环境 3. 打印切换检查报告，通知切换检查人到场 交付成果：《项目切换检查资料包》	双方项目组	确保检查环境、建立检查目标
3	切换检查	1. 按系统切换检查报告执行细项检查、核对，评估各检查项的达标情况 2. 将细项的检查结果在切换检查报告上记录（包括检查项未达标或存在问题的原因） 3. 全部检查完毕后，检查人签字 交付成果：《系统切换检查报告》	项目经理、实施顾问、关键用户	检查和核对要细心，须及时记录问题和结果
4	措施改进及沟通	1. 项目经理对报告中未达标的检查项或存在问题的检查项召开完善改进或补救的会议 2. 修改切换方案 交付成果：《会议纪要》（切换检查沟通会）	项目经理、实施顾问、关键用户	沟通改进方案时必须考虑系统的稳定性、长期易用性等原则
5	报告确认、备案	1. 实施方项目经理及企业方项目经理签字确认、备案 2. 按修改后的方案执行改进措施 交付成果：《系统切换检查报告》	双方项目经理	确认、签字

【任务 5-3】 ERP 系统正式上线

任务导读

① ERP 系统正式上线的条件是什么？

② ERP 系统正式上线面临的问题有哪些？

③ 如何保证 ERP 系统有效上线运行？

任务实施

▶▶▶ 一、认识 ERP 系统正式上线

ERP 系统正式上线也叫 ERP 系统切换运行，是指系统完成切换工作进入上线运行的过程，结束系统上线前的所有工作，让系统推进到上线运行这个关键阶段。具体工作包括以下几项：

① 动态数据的最后校验和确认；

② 系统数据环境备份；

③ 新旧系统切换上线；

④ 签订系统切换报告；

⑤ 编写关键业务操作指导和运行支持文件。

1. ERP 系统正式上线的条件

在并行业务结账后，认证的新系统能正确处理业务数据并输出满意的结果，新的业务流程运作也已顺利进行，人员可以合乎系统操作要求，而决定停止原手工作业方式并停止原单一系统的运行，相关业务完全转入 ERP 系统处理。如发现问题，要及时讨论解决。对不符合正式运行要求的业务处理，坚决不能将其转入正式运行。正式运行要分系统模块、分步骤、分业务与分部门地逐步扩展。

2. ERP 系统正式上线面临的新问题

往往有些企业在 ERP 系统应用上线之后，就自认为成功了，所有工作都松懈下来，从而导致系统上线之后运行不通畅，甚至失败。对于 ERP 系统来说，真正的价值发挥在于上线之后的应用上，ERP 系统的上线仅仅代表着 ERP 系统的建设阶段结束了。对 ERP 系统上线之后的各种各样的问题企业需要加以重视。ERP 系统正式上线面临的新问题主要如下。

（1）新流程的执行问题

在实施阶段设计得很好的流程在实际使用过程中是否能够得到很好的执行，事关 ERP 系统的应用能否达到实施之前的预期目标。因此，新流程能否得到很好的执行是 ERP 系统上线后面临的一个关键问题。

（2）系统调整的问题

实施 ERP 系统后，计划模式及业务流程进行了调整，这个时候系统中设定的某些参数和基础数据不一定很准确（如计划期间、安全库存量、批量等）。上线之后，随着系统的使用，这些参数的问题会暴露出来，这些参数和基础数据的设定是实施阶段在顾问的协助下完成的。在系统运维与管理阶段，如何对这些参数进行调整，使其符合企业的实际是非常重要的。

（3）数据的准确性问题

在手工阶段，同一个数据可能会来自不同业务部门。实施 ERP 系统后，数据的来源基本上就唯一了，数据源头的错误会导致后续一连串数据的错误。因此，保证数据源头的准确性非常关键。要保证数据的准确性，不光要求录入人员有高度的责任心，还要求录入人员对其所录入数据的意义有正确的理解。很多企业认为数据录入是一项简单的重复性劳动，对此不够重视，导致下游业务部门发现问题的时候才进行处理，费力费时。

（4）队伍的问题

随着系统的上线、顾问的撤出，企业需要自己面对所有可能出现的问题。这个时候，企业的团队做好充足准备是系统正常运行的关键。随着项目的上线，内部团队的很多人员会觉得系统运维这一岗位没有太大的挑战和发展，纷纷跳槽。这个时候，企业能否有一支合格的后备梯队顶上来关系到队伍的完整性。

（5）资金的问题

有些企业高层觉得，ERP 系统上线了，项目完成了，该花的钱已经花了，后面不会再产生费用了。其实不然，ERP 系统的后续维护成本绝对不能忽略不计。人员的培训、系统的维护与优化、硬件的维护等，这些活动会产生一笔不小的费用。

3. 保证 ERP 系统有效上线运行的措施

（1）实时保证系统数据的真实可靠性

ERP 系统上线前的数据主要是静态的基础参数，只要组织大量人员进行攻坚战，一般能顺利解决数据设置问题。但 ERP 系统上线后，以动态数据为主，例如仓库的动态库存量、财务往来、销售业务和订单的处理，以及车间生产排程与计划变更、计划取消等数据。ERP 系统上线后，让数据时时真实可靠是一个长期的任务。但是一般来说，企业在 ERP 系统上线之后的前几个月都会遇到数据不准的问题。这里的数据包括业务数据和财务数据两方面。出现这种问题并不是企业的过错也不是软件的过错，而是必然的。

因此，在 ERP 系统运作初期必须建立对系统数据关键点每天实施稽核的制度。从制度上要求和保证各个用户及时、准确、完整地录入数据，使物流、信息流、资金流保持一致，从而保证随时从 ERP 系统获取的信息都是真实有效的。

（2）业务流程的稳定和微调

如果说数据是基础，那么流程就是灵魂。ERP 系统上线前需要对业务流程进行改进或重组，这主要是为了让 ERP 软件流程与公司业务流程配合一致而进行的改进或重组，这对公司来说属于大规模改革性质的流程改进或重组。但另外，企业在应用 ERP 系统后，也必然会发现有些管理制度与 ERP 系统流程存在不一致，这个时候就需要对原有的业务流程进行调整。需要调整的不仅仅是上线时未纳入系统的流程，还包括已经运行了一段时间的系统流程。但有一个前提，必须先确保业务流程的稳定，然后才能进行微调和改良，否则企业整天处于大规模的革命性业务流程变动，会让员工不知如何操作，不利于 ERP 系统的稳定运行。

一般的方法是先将主要业务流程用好，再逐步扩展到次要业务流程。同时，对于新发生或者新产生的业务流程，首先要分析这种新产生的业务流程是否为企业一定要选择或执行的业务流程，其次要分析该业务流程是否要纳入系统。在将新的业务流程纳入 ERP 系统时一定要做到 "数据准，流程清，规则明，操作熟"。因此，必须对使用过程中不合理的流程、不合理的操作进行设置，对企业的实际业务变更做出响应和改良。

（3）建立上线后 IT 维护流程制度和 IT 服务团队

一般来说，公司为了保证系统上线，会成立专职 ERP 实施项目组，并制订奖励政策。在系统成功上线后，项目组也就随之解散。而事实上，企业要想保证 ERP 系统的持续改进，必须建立有效的上线后的 IT 服务团队和 IT 维护流程制度，必须有专门的团队和人员从事 ERP 的维护和改良工作，并使 IT 服务团队的工作流程化，以便于帮助各业务部门提高工作效率。

（4）项目正式上线后要定期回访

在 ERP 系统能稳定运行后，应每 2～3 个月对每个终端用户进行一次回访，并且确保回访形成文档，以便以后培训新员工、改良流程时使用。

总之，上线成功只是 ERP 项目的第一步，持久的稽核与维护是一项长久的工程，只有建立了规范的上线后维护流程制度，ERP 系统才会应用得顺畅。

▶▶▶ 二、ERP 系统正式上线的过程

ERP 系统正式上线的过程中需要完成的任务包括系统备份、系统切换、运行监督检查等。

ERP 系统正式上线的过程如表 5-7 所示。

表 5-7　ERP 系统正式上线的过程

序号	任务	关键行动	角色	控制点
1	系统备份	1. 在系统正式切换前进行系统数据备份 2. 制订系统定期备份计划 交付成果：**数据备份**	项目经理、企业方系统管理员	留存备份文件
2	系统切换	发出 E-mail 或内部通知，新旧系统切换，系统业务数据补录和正常数据录入，签订系统切换报告 交付成果：《系统切换报告》	双方项目组	按计划时间切换
3	运行监督检查	正常运行数据检查、核对，发现错误及时修改 交付成果：《系统切换运行报告》	项目经理、关键用户	数据监督检查

项目思考

1. 简述企业信息化管理制度的重要性。
2. 简述企业信息化管理制度建设的原则。
3. 简述建立企业内部支持体系的意义。
4. 简述建立企业内部支持体系的注意事项。
5. 简述系统运行制度的管理作用。
6. 简述 ERP 系统运行制度制订及发布的具体流程。
7. 简述 ERP 系统切换方案的作用。
8. 简述召开 ERP 系统切换动员会的作用及过程。
9. 简述 ERP 系统切换检查的内容。
10. 简述如何保证 ERP 有效上线运行。

举一反三

某集团的系统已经上线一个月，各个模块也都在正常运行。但是，基层操作人员纷纷抱怨系统功能差，操作不方便。企业方项目经理及高层也不断地向顾问施压，要求改进软件功能。请尝试回答以下两个问题。

1. 出现这种情况的原因可能有哪些？
2. 可采取哪些措施来解决这些问题？

项目实施总结

本项目主要介绍了 ERP 项目实施第四阶段 ERP 系统切换的工作内容和工作方法。以案例企业实施 ERP 项目的进度为载体，通过前期准备向实践应用跨越。建立企业内部支持体系和 ERP 系统运行制度，为 ERP 系统未来在企业顺利运行提供管理制度的保障；ERP 系统切换方案好坏直接关系到 ERP 系统能否从试运行向正式应用成功过渡，召开 ERP 系统切换动员会的目的在于提升全体参与切换工作的相关人员对切换工作的重视程度；通过总结 ERP 系统正式上线面临的新问题，帮助企业更好地完善预警方案，同时提高相关人员在系统上线期初解决问题的能力，从而保证 ERP 系统能够有效地运行。

项目六
ERP 系统运维与管理

项目描述与分析

案例企业的 ERP 项目通过项目规划、项目解决方案、项目实施与试运行及系统切换，进入 ERP 系统运维与管理阶段。此阶段项目组需要完成的主要任务如图 6-1 所示。

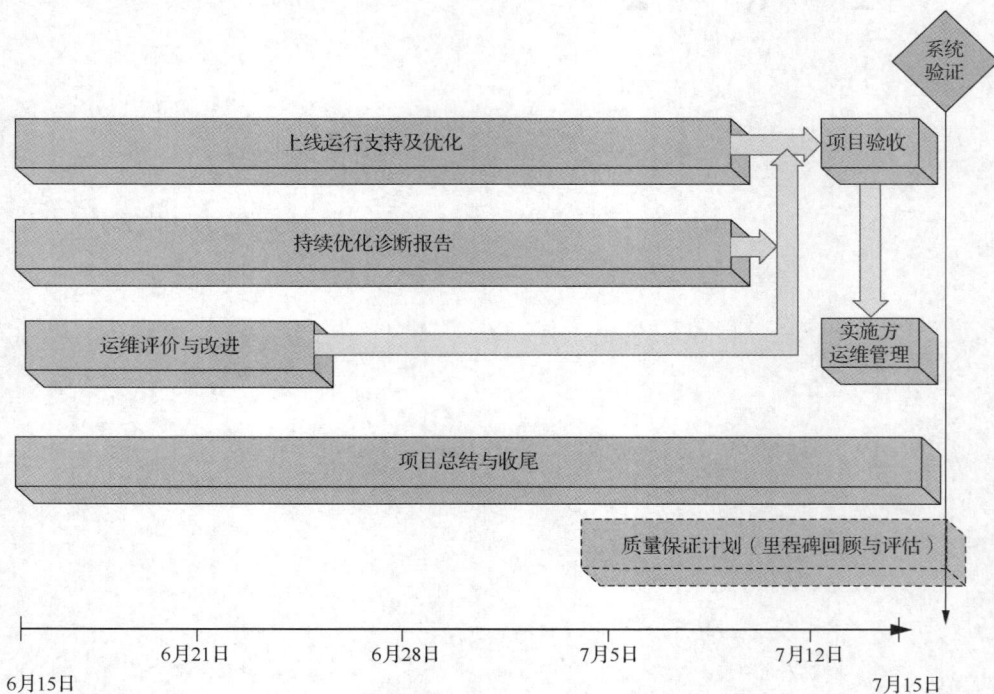

图 6-1　ERP 系统运维与管理阶段的主要任务

ERP 系统运维与管理阶段是 ERP 项目实施过程中最后一个环节，ERP 项目验收是对在项目实施周期内已完成的实施成果进行总结及收尾，并确认项目组所做的工作是否达到项目实施目标的过程。验收环节通过则代表项目实施完成，并可交由专门的运维服务部门。ERP 系统运维从系统实际运行要求角度来分析：根据企业方的运维目标、前提条件，归纳总结运维的具体内容；实施方通过协助企业方建立 ERP 系统运维体系来保障企业 ERP 系统长期正常运行，并提供持续优化服务。

项目知识点

ERP 项目阶段性验收，ERP 项目整体验收，ERP 项目验收的内容，ERP 项目验收过程，ERP 项目文档管理，ERP 系统运行维护体系，ERP 系统持续优化，ERP 系统性能持续优化，企业业务持续优化诊断。

项目技能点

- ➤ 重点掌握 ERP 项目验收的内容和过程，能组织 ERP 项目验收。
- ➤ 掌握 ERP 项目验收报告的格式，并能够编写 ERP 项目验收报告。
- ➤ 重点掌握 ERP 系统运行维护的重要性，梳理系统运行维护的具体内容。
- ➤ 重点掌握 ERP 系统运行维护体系的建设途径。
- ➤ 掌握 ERP 系统持续优化的原因及内容，组织企业进行持续诊断与优化。

【任务 6-1】 ERP 项目验收

任务导读

① 什么是 ERP 项目验收？
② ERP 项目验收的类型有哪些？
③ ERP 项目验收的内容是什么？
④ ERP 项目文档管理的作用有哪些？

任务实施

▶▶▶ 一、认识 ERP 项目验收

ERP 项目验收是对 ERP 软件在整个实施阶段产生的效果检验的过程，也是对 ERP 软件在整个实施阶段的一个终结，它为 ERP 系统在今后的应用中顺畅运行奠定了坚实的基础。

1. ERP 项目验收的类型

ERP 项目实施一般要历时半年多，有的项目工程比较大，要一年多才能够上线，实施的时间很长。不管是企业方还是实施方，都不希望项目的周期过长，一方面是拖的时间太长需要更多的人力、物力的投入，另一方面是时间长了就会出现各种各样的差错，使项目组成员身心疲惫，逐渐丧失信心。为了避免类似问题的出现，ERP 项目验收分为阶段性验收和整体验收。

（1）ERP 项目阶段性验收

ERP 项目阶段性验收，一般选择的时机在系统上线一个月左右，能够准确导出各类月度

报表的时候。一般一个月刚好是一个小的系统周期，在这个周期内，系统运行得是否顺畅，基本上都能反映出来，如果这一个月财务模块都不能顺利结账，那就说明系统在运行过程中存在较多问题。

（2）ERP项目整体验收

ERP项目整体验收就是根据阶段测试验收情况，对整个ERP系统做一个综合的评估，看它是否促使企业在管理思想、管理模式、管理方法、管理机制、管理基础、业务流程、组织结构、规章制度、全员素质、企业竞争力、企业形象、科学决策、信息的集成与处理等方面有明显的改进和创新。

小贴士

ERP项目验收的时间点

ERP项目验收的时间点往往是和项目的规模有关系的，一个复杂的项目可能前后持续时间超过一年，而且项目也可能会被分解为不同模块在不同的部门应用，有阶段性的项目目标。这个时候项目验收就需要按照阶段性目标进行分步验收，边实施边验收，而且阶段性验收工作可能成为下一个阶段项目启动的依据，也可能成为一个项目阶段的里程碑。如果是一个规模不大的项目，三个月内实施完毕，建议在项目上线的两个月以内进行验收，因为在这个时间，系统运行已经超过一个月的时间，企业的流程如果顺畅，数据也准确，需要的报表无误，相关的业务流程中的管控点也得到控制，这些评估的结论基本上是可以得出的，那这个时间点可以说是恰当的。

2. ERP项目验收的内容

ERP项目验收的内容有很多，但主要围绕以下三方面：一是ERP系统模块运行，即ERP系统模块的运行情况是否符合企业各个业务部门的需要；二是ERP系统二次开发运行，即二次开发是否达到业务需求；三是ERP系统运行效益，特别是对企业生产经营效益的影响。

（1）ERP系统模块运行

ERP系统的运行情况是由不同模块决定的，包括系统运行情况、业务处理情况、各种单据及报表出具情况，主要涉及财务模块、销售管理模块、库存管理模块、采购模块、生产计划模块、工程BOM等。在验收过程中，可以以部门为单位来进行，便于集中精力来处理主要问题，以下就以库存和生产验收要求为例进行介绍。

在库存管理方面，重点是物料收发的流程是否合理，物料收发的效率是否有所提高，各种单据是否按照要求及时处理完，以及在这种操作模式下，所有库存物料数据的质量情况，包括物料收发的准确率达到了多少，账物相符率提高了多少，库位相符率是多少，库存积压物料是否有所减少，呆滞物料是否有所减少等，这里面的一些具体数据可以去仓库现场抽查获得。在工程BOM方面，主要是BOM结构的合理性和准确性，以及BOM导入系统中的及时性，BOM是物料需求计划的源头，一旦发生错误，就会导致整个需求的错误，新产品的BOM不能及时导入系统，就会影响到物料的需求计划和生产计划。

在生产管理方面，主要考核生产计划的执行率是否有所提高，生产效率是否有所提高，包括产能的最大限度的发挥、生产排程的合理性、生产工艺的优化等。在物料采购方面，考核的主要指标是物料的准时交货率，以及影响准时交货率的一些参数的设置，如产出率、损耗率、采购提前期等，如果这些参数设置不合理，将祸患无穷，造成的最直接的影响就是库存积压或者生产停工待料。

（2）ERP 系统二次开发运行

对于标准版本的 ERP 管理系统来说，一般软件厂商都经过了很严格的测试，并且经过绝大多数客户的验证，在系统性能方面一般不会有太大的问题。但是 ERP 系统二次开发的部分无论是对软件厂商还是对企业内部来说，都是一个全新的软件，既然是全新的软件，系统漏洞就在所难免，但一些基本的性能要满足要求。例如在多用户同时操作，以及大批量数据运行的过程中，系统是否有严重的性能瓶颈，这就需要通过和一线的系统操作员进行沟通，进而了解二次开发系统性能方面的问题，能否和其他模块一样满足日常的操作要求，特别是后期的报表数据是否准确，能否支持财务模块按时结账。

（3）ERP 系统运行效益

ERP 系统运行效益是指企业通过实施 ERP 系统所带来的收益，这里主要体现在以下三方面。

① 增加销售收入。企业实施 ERP，必然将对生产组织结构进行改变，推进生产运行的高效运作，增强企业的竞争力。ERP 的实施可使生产系统的信息获取速度变快，提高生产运营的柔性，便于提升产品品种和服务的多样性，能够满足不同客户的需求，在交货日期方面也能及时反馈控制。ERP 系统的运行能使企业获取更多订单，提高企业的美誉度，进而增加企业的销售收入。

② 节约企业成本。企业实施 ERP 后自动化程度得到提高，企业资源得到更加有效的利用。ERP 可以及时、准确地提供对生产经营过程有重要影响的信息，避免不必要的开支。如供应管理系统可提供供应商和原料价格的信息，以便企业对原料进行选择，节省采购费用；生产管理系统可提供生产过程信息，便于企业对生产过程进行调节，从而减少产品工时成本，提高劳动生产率，减少非正常支出；库存管理系统可对原材料和在制品的存货量进行控制，降低库存管理成本，减少对流动资金的占有量。

③ 提前实现某项功能或事物的价值。企业实施 ERP，可以使得账务处理中的财务凭证的登录、统计、汇总工作的工作效率提高，能增强对应收款项的管理，缩短应收款项的回收期，实现收入的提前回收，给企业增加流动资金。

小案例

某企业 ERP 项目验收采取综合评价的方法，即对每一项验收内容进行评价，最后进行综合评价，如表 6-1 所示。最终得分为 70 分以上（含 70 分）的为合格，低于 70 分的为不合格。

表 6-1　某企业 ERP 项目验收评价

序号	验收内容	标准分
一	**ERP** 项目的实施	
1	严格遵守公司制订的 ERP 项目管理制度	3

续表

序号	验收内容	标准分
2	根据公司要求建立了项目领导和实施组织，配备了人员和办公环境	3
3	建立并严格执行了项目计划管理制度、项目小组例会及会议纪要制度，项目领导委员会定期听取项目的汇报，及时对重大问题进行协调和决策	3
4	建立并执行了问题报告制度，并将项目实施中遇到的问题及时上报公司	3
5	根据 ERP 系统的管理思想，结合行业管理规范（或行业模板）和公司的管理需要，设计公司的解决方案，根据需要进行必要的业务流程重整	4
6	严格执行文档管理制度和信息沟通交流制度	3
7	根据实施企业的要求进行基础工作整顿，将编码方案、编码资料、解决方案等报实施企业审批后实施	5
8	按总体计划要求进行项目的实施，未经公司和实施企业同意不得调整计划	3
9	做好项目实施的宣传，加强对实施人员的锻炼和培养	3
二	**ERP 系统的运用情况**	
1	是否按照行业模板和公司方案进行了项目的实施，对变动情况是否有补充方案	3
2	ERP 系统业务覆盖的全面性	5
3	ERP 业务处理的及时性	5
4	ERP 业务数据的准确性	5
5	相关人员对 ERP 管理思想的理解程度及操作的规范性、熟练性、准确性	4
6	在日常业务中，是否查阅或参照 ERP 系统提供的信息，是否通过 ERP 系统查询、统计、制作报告、打印单据等	6
7	是否启用了在线审批及领导查询功能	3
8	采用 ERP 系统后，对业务处理和管理方式的改进情况	4
9	目前对账情况，是否具备了结束 ERP 系统并行的条件	5
三	**ERP 项目的相关管理制度**	
1	《岗位职责（财务、物料、制造、系统管理）》	2
2	《基本业务流程》	3
3	《基础设置维护流程》	1
4	《基础数据维护流程》	1
5	《系统管理业务流程》	1
6	《企业编码方案》	1
7	《基本业务规则（财务、物料、制造）》	1
8	《问题报告制度》	1
9	《系统安全管理制度》	1
10	《数据备份策略和管理制度》	1

序号	验收内容	标准分
11	《岗位操作手册》	1
12	《原始单据和凭证的保管制度》	1
13	《ERP 系统结账流程》	2
14	《ERP 业务工作标准及考核制度》	3
四	**ERP** 实施中是否还有没解决的遗留问题，是否根据并行检查备忘录完成了 **ERP** 系统的优化	**10**
	综合评价	**100**

▶▶▶ 二、ERP 项目验收的过程

ERP 项目验收不是一个孤立的阶段任务，而是从项目开始实施以来各个相互关联阶段的必然结果。ERP 项目验收主要通过对各阶段工作成果的确认来完成，只有对每个阶段的成果都适时地予以确认，才能确保依靠正确的过程得到正确的结果。具体 ERP 项目验收的过程主要包括两方面内容，一是整理 ERP 项目文档，二是召开 ERP 项目验收会。

1. 整理 ERP 项目文档

整理 ERP 项目文档是指在项目的实施运作中，收集、归纳与项目相关的文件资料。

（1）ERP 项目文档分类管理

ERP 项目实施过程中会产生大量的文档，对这些项目文档进行分类管理时，可参考表 6-2。

表 6-2　ERP 项目文档分类

分类编码	分类项目
00	管理类文档
01	项目合同及其他商务文档
02	项目管理文档
03	需求文档、需求变更及批准文档
04	项目实施调研文档
05	流程与组织方案文档
06	薪酬方案文档
07	绩效考核方案文档
08	管理制度方案文档
09	项目交付物文档
10	培训文档
99	其他文档

（2）ERP 项目文档命名管理

文档的名称应容易理解。在使用文档时，可以制订一些规定，例如在文档的某些位置

注明文档的类型或制订日期等。另外，对于不同版本的文档，在进行管理时可在文件名称中标明版本号，对于某些最终稿等也可以加一些特别的标注，这样更能说明文档的重要性。

① 项目文档编码规范。若项目文档编码规范为 KH_MCP_××_××_×××，则编码含义为客户_管理咨询项目_文档分类_文档子类_流水号；若文档不分子类，则分类后直接加流水号，如将文档的编码设为 KH_MCP_00_001。

② 项目文档命名规范。所有项目文档标题按以下规范命名：项目+文档主题+文档性质，如文档标题为"项目文档管理规范"，文档主题为"文档管理"，文档性质为"规范"。所有项目文档的电子文档命名规范为"文档标题+版本号"，如上述文档的电子文档名称为"项目文档管理规范 v1.0"。

③ 项目文档版本管理。其是指文档在形成的过程中可能会经历多次修正，为了区分每一次修正而进行的管理。如文档完成第一稿时，起始版本为 v1.0，在文档第一稿完成之前为 v0.1 到 v0.9；未经客户审阅的内部审阅和修改，版本号不变、字号数递增，如 v1.1、v1.2；经客户审阅或修改后，则版本号升级，如从 v2.3 到 v3.0；当文档最终确定后，统一提交项目经理存档，若需要修改，须通过变更流程。

（3）ERP 项目文档模板管理

ERP 项目文档模板管理是指对于文档内容或格式进行的管理。有些项目对文档格式进行要求，必须加入一些文档的基本内容到文档模板中，以便能够更好体现文档所需要的内容。

（4）ERP 项目文档控制

ERP 项目文档控制一般是指文档的审核管理，ERP 文档审核包括内部审核和外部审核两方面。在项目工作中，有许多文档是具有指导性的，存在一定的权威性和严肃性，所以必须对文档进行审核。

在文档建立时、文档发生变更时以及文档的适用范围发生变化时都必须对文档进行审核。对文档进行审核，能够检查出这些文档有没有不正确的事项或其他方面的错误，也能够对各个岗位的职责更加明了。某企业项目文档控制流程如表 6-3 所示。

表 6-3　某企业项目文档控制流程

序号	项目文档控制流程
1	起草、修改人应标注编写日期和主要修改内容
2	文档编制后，以电子邮件方式提交至项目经理或质量经理审核后，v1.0 版文档转发至项目经理或项目经理指定的文档管理员归档，统一进行文档编码和登记，并将文档反馈给相关人员
3	v1.0 版文档以后的所有文档更新，经审核后，应及时归档和更新档案
4	文档须通过双方相关责任人会签，最终版本的文档须经过双方项目经理的签署并作为交付文档保存
5	项目经理应指定专人负责文档资料库的管理和发布工作
6	文档的发放去向应准确记录收件人的姓名。对于电子文档，收件人应及时回复审阅意见。对于阶段性交付成果应同时保存具备签字的书面介质的文档原件

（5）项目文档的作用

对于管理完善的项目文档，管理者可以依着它的轨迹理清整个项目进展的脉络，同时通过对阶段性文档的把握使整个项目的质量得到很好的管控。制订一套完整有序的项目文档管理规定十分必要。项目文档的作用有以下 6 个方面。

① 它是项目管理者了解开发进度、存在的问题和预期目标的管理依据。

② 大多数软件开发项目会被划分成若干个任务，并由不同的小组完成。文档是不同小组任务之间联系的重要凭证。

③ 可提供完整的文档，保证项目开发的质量。

④ 项目文档是系统管理员、操作员、用户、管理者和其他相关人员了解系统如何工作的培训与参考资料。

⑤ 项目文档将为系统维护人员提供维护支持。

⑥ 项目文档作为重要的历史档案，可作为新项目的开发资源。

2. 召开 ERP 项目验收会

（1）ERP 项目验收会的准备过程

ERP 项目验收会由双方项目经理组织项目干系人参加，对项目进行总结收尾。召开 ERP 项目验收会的过程如表 6-4 所示。

表 6-4　召开 ERP 项目验收会的过程

序号	任务	关键行动	角色	控制点
1	制订验收计划	1. 罗列可能影响验收的各种因素，并进行影响程度分析 2. 制订项目验收计划 3. 按计划推进项目验收 交付成果：《验收计划》（现场）	项目经理、实施顾问	找准影响因素
2	验收准备	1. 整理各阶段验收文档（双方签字的里程碑文档） 2. 准备《项目验收报告》。《项目验收报告》的内容要点如下：项目回顾，包括实施周期和主要阶段、系统运用的模块；实现的项目目标、项目成功的原因 交付成果：《项目过程文档包》《项目验收报告》	项目组	验收报告要编制准确，如实反映项目实施及运行状况
3	召开项目验收会	1. 企业方项目经理发布项目验收会通知 2. 实施方项目经理进行项目回顾及总结 3. 验收报告签字 交付成果：《项目验收报告》	项目组及企业部分终端用户	排除项目组对项目的维护顾虑

（2）编写 ERP 项目验收报告

ERP 项目验收报告是指 ERP 系统正式上线运行以后，经过由相关部门成立的专门验收机构组织专家进行质量评估验收以后形成的书面报告。

小案例

某企业用友 U8 系统验收报告（样式）

一、项目实施情况及取得的效果

（一）项目实施达到的阶段性目标

ERP 项目第一阶段的目标主要是构建物料编码体系、基础数据准备和导入、拉通计划管理主线、理顺采购及仓库管理。第二阶段的目标主要是调试建立完善的 ERP 与 PDM、CAPP（Computer Aided Process Planning，计算机辅助工艺设计）接口，车间管理基本框架搭建，销售报价系统的开发与实施，对财务、仓库等模块的进一步改进，预算、售后等模块的推动使用。第三阶段的目标主要是建立成本核算体系，完善企业信息化系统，实施成本核算、综合信息查询等，对前面实施工作进行查漏补缺和完善，调试建立与财务软件 U8 的接口。目前，各阶段涉及的主要功能已基本实现，ERP 程序主线模块涉及销售、设计、工艺、生产（车间）、采购、仓库、质量、财务、人事、设备等各个主要专业领域。

（二）ERP 项目实施取得的效果

（1）企业在物料管理方面的标准化得到进一步的提升，在 ERP 项目推进过程中，对物料进行了科学分类，编制了物料编码规则，涵盖了企业所有的生产类材料、产品、办公用品以及劳保用品等；可以实时查询到库存资金占用情况；仓库操作更加规范，实物库存的准确性进一步提高。

（2）在销售管理中，使用 ERP 系统实现了合同周期的管理，将销售订货、下达生产任务、发货、开销售发票、回款、售后服务都纳入系统，成为一个统一的整体，能够准确地按照合同收款协议细化销售应收款管理。使用者通过 ERP 界面就可以查询到某个项目以上各环节的状态，实现了信息共享，提高了工作效率。

（3）在物料采购上，实现了对物料供应商基本情况、进货质量等方面的全面管理；建立了从下达采购计划到建立采购合同、采购送检、进货检验、入库、处理采购发票、采购付款和预付款通知单的管理体系；提高了采购管理的可控性和可追溯性。

（4）在生产计划方面，由于生产计划是 ERP 系统的核心，实施过程中一直灌输计划中心的思想，生产部生成合同控制点计划、审核设计提出的采购计划，再由设计工程 BOM 生成限额发料计划，严格控制下限，保证了采购和领料的一致性，合理地协调了生产进度。非生产用的限额计划（如办公用品计划）由不同的部门进行审核，由系统进行权限的分配和控制。

（5）质量管理进一步细化。ERP 系统实现了物料进货检验、成品检验。供应商也有了供货质量评价记录，为供应商的筛选提供了基础数据。

（6）仓库管理。仓库对所有实物按 ERP 物料编码进行管理，挂仓库卡片，账、卡、物的一致性大大提高；库管员和账管员分离，各司其职，入库和出库严格按上游部门的单据来进行，出入库单据和实际情况相符，提高了现有库存数和库存金额的准确性、及时性，人员的责任也更加明确。

（7）车间管理。对车间的管理在生产部的控制层面上进行：宏观上按月规划项目的各阶段完成日期，车间填写反馈意见，掌握项目车间生产进度；微观上按大部件的每道工序进行管理，编制大部件派工单，并由车间进行分解，采用编制过程送检单、检验单，下级车间接收等一系列措施保证了在 ERP 系统中完成一个大部件的全部生产过程。

（8）财务方面。应收应付系统方面下了很大功夫核对数据的准确性，对应收应付系统程序做了大量的梳理工作，在数据准确性的监督方面，财务部门起到了很大的督促作用。

（9）固定资产管理系统得以完善。建立了固定资产台账，可快速有效地管理和查询固定资产价值。

（10）建立了人事管理档案。系统记录了个人的详细信息，均附有照片，可实现人员结构分析，建立了员工培训档案，方便各级人员查询；实现了人员调动及变动记录查询等功能。

（11）建立完善的适应本企业生产模式的成本核算体系，包括以产品为对象的分批作业成本核算，推行成本计算卡制度，建立了综合查询模块，使各类统计报表得以完善。

（12）ERP 和 PDM、CAPP 以及财务软件的无缝接口。

① PDM、CAPP 以及 ERP 通过和艾克斯特公司合作，接口建立成功，现在设计以及工艺的数据由 CAPP 传给 ERP，在 PDM 里对设计图纸数据进行了有效的管理以及规范的操作后保证了 ERP 里数据的准确性和及时性，设计和工艺的工作由系统保证其一致性，同时制订了 ERP 的工序分类，为每个零部件做工艺卡片传递给 ERP，进一步完善了工艺材料表以指导生产。

② ERP 和财务软件 U8 通过接口形式，从 ERP 中向财务软件进行传递凭证，减少财务人员手工做凭证的工作量，更重要的是供应商、客户等两个基础数据系统可以保持一致，数据达到唯一性。

二、项目实施中存在的问题

（1）技术工程 BOM 转采购计划以及提前采购计划的快速下达问题，应逐步减轻对纸质外购单的依赖直至取消纸质外购单。

（2）通用物料的界定管理问题，应该加大力度联合多部门协商界定通用物料，对通用物料的管理能有一个适合本企业的方案。

（3）今后将加大培训力度，特别是对新上岗人员进行系统使用培训，避免出现未经培训操作 ERP 的现象，保证输入数据规范；同时逐步完善考核办法，加大考核力度，保证 ERP 系统数据的时效性。

（4）ERP 应用目前还停留在流程上，如何把 ERP 应用与生产考核体系挂钩，深化 ERP 应用，是企业今后需要认真考虑的地方。

三、验收结论

××企业 ERP 项目，经××企业和 ERP 软件公司 1 年 2 个月的努力，销售、采购、生产、仓库、成本核算、应收应付 6 条业务主线共计 13 个子系统已实施完成，大多数功能已上线运行近 1 年。实地考察了每个子系统的实际使用情况后，经××企业 ERP 项目核心小组和 ERP 软件公司认真复查和测试，同意软件验收通过，系统可以进入全面运行阶段。希望××企业各部门在工作中积极总结实用的分析、预测和控制方法，将 ERP 系统从业务管理方面向生产决策方面推进。同时要求 ERP 软件公司在系统运行阶段不断完善系统，使其发挥更大的作用。

【任务 6-2】 ERP 系统运行维护

任务导读

① ERP 系统运行维护的前提条件有哪些？

② ERP 系统运行维护的具体内容是什么？

③ 如何建设 ERP 系统运行维护体系？

任务实施

▶▶▶ 一、认识 ERP 系统运行维护

ERP 系统运行维护是指实施方的技术人员撤出项目现场，为保证 ERP 系统的安全性、稳定性等进行的日常维护工作。

1．ERP 系统运行维护的重要性

ERP 系统为现代企业所采用的资源计划管理系统，能够借助各种 ERP 软件为企业管理层开展员工管理工作和决策层制订管理决策提供技术支撑，是集先进管理思想和信息技术于一体的管理平台。应用该系统，能够使企业的各种资源得到合理调配，并且能够使企业的业务流程得到改进，所以能够为传统企业顺利实施转型发展提供助力。但作为一个系统，其软硬件产品都有一定的生命周期，系统能否维持稳定、高效运行则取决于能否得到较好的维护管理。因此，企业还应认识到 ERP 系统运行维护管理的重要性，以确保系统能够更好地为企业管理工作的开展提供服务。

作为一个复杂的 ERP 系统，不管是定制开发的还是软件包式的整体解决方案，有一个非常重要的观念，即没有任何系统在交付时是完美的，即使在实施方进行了详尽的系统测试，系统漏洞和应用相应的补丁程序仍是不可避免的。因此在发现软件设计错误后快速反应、及时修复是维护工作的一项经常性的任务。另外，由于组织架构调整、人员更换、业务流程更改，许多应用问题的咨询也是日常工作的重要组成部分。对用户来说，在将应用问题提交软件厂商支持部门之前，由内部的项目关键人员进行过滤也很有好处，一方面减小软件厂商的支持压力，另一方面通过实际解决问题提升公司内部维护人员的管理能力。

2．ERP 系统运行维护的前提条件

在开始讨论 ERP 系统日常运行维护工作之前，有几个重要的前提条件是非常关键的。

① 保存完备的系统资料，包括实施前期的调研报告、用户手册及项目实施的会议纪要等。这些完备的文档保证了在关键人员更换等情况下可以追溯当时系统设计或客户化的原因和过程。在应用替代解决方案时，某些字段的特殊使用也应详细记录下来。用户人员的更换和交接固然是问题，但如果有完备的资料文档就可以减少错误，至少不会出现把用户化当作漏洞盲目"修复"的问题。

② 严格的标准作业程序（Standard Operating Procedure，SOP）和步骤，在实施的过程中已经形成了一套标准操作流程，也就是指"有法可依"。在运行维护过程中，更应该做好"有法必依"。没有全局观、怕麻烦、推卸责任、不严格执行 SOP 都会使日常运行维护工作流于形式。所以对运行维护的评价非常重要。

📑 小贴士

SOP

SOP 就是将某一事件的标准操作步骤和要求以统一的格式描述出来，用来指导和规范日常工作的程序。

SOP 是一种标准的作业程序。所谓标准，在这里有最优化的概念，即不是随便写出来的操作程序都可以称作 SOP，SOP 一定是经过不断实践总结得出的在当前条件下可以实现的最优化的操作程序。说得更通俗一些，所谓的标准，就是尽可能地将相关操作步骤进行细化、量化和优化。细化、量化和优化的度就是在正常条件下大家都能理解又不会产生歧义。

SOP 不是单个的，而是一个体系，虽然可以单独地定义每一个 SOP，但真正从企业管理的角度来看，SOP 不可能只是单个的，必然是一个体系，也是企业不可或缺的。

③ 人员的分工和工作及时性。对 ERP 系统来说，最重要的就是可以将信息流及时、准确地呈现出来。但这并不是靠先进的硬件配置，也不是靠完美的 ERP 系统实现，日常维护中还需要强调数据的及时性。必须有专人负责将数据录入系统中，根据企业需要决定是实时录入还是在下班前录入，如果需求和供给信息都不及时和同步，就无法保证物料需求计划正常运行，甚至正常的业务流程，如进出库操作也会受到限制。

3. ERP 系统运行维护的内容

ERP 系统运行维护的内容包括最终用户的日常工作和 IT 人员的日常维护两方面。

（1）最终用户的日常工作

① 日常交易数据的收集和录入。

根据企业实际情况，在规定时间内根据单据输入数据、输出数据或者打印单据。但是，数据收集的工作都是一样的，要根据实施时确定的部门职责划分以及工作流程来认真地完成数据的收集和录入工作。

② 日常录入数据的检验。

日常录入数据的检验是比较容易被忽略的。部分企业往往在发现错误数据引起不良后果的情况下才检验数据的准确性，但往往这时已经于事无补了，只能起到追究责任的作用。因此，应该坚持在预先的情况下安排专人负责，或几个最终用户之间进行互相检查。只有长期、准确地进行数据检验才可能保证数据的准确性。另外，对检验负责人的选择要十分慎重。一般的要求是其既要精通业务，又要比较了解这些数据对运行的影响。在某些情况下，具体操作人员间的互检是可行的方案，而且不会流于形式。

（2）IT 人员的日常维护

① 硬件和网络的维护。这是系统运行维护的基础和必要条件。一般中小型企业目前都具备条件来保障这方面的维护工作。

② 软件和数据库的检查备份。对这方面，需要更加重视灾难性事故的处理。虽然发生问题的可能性很小，但这也是人们容易疏忽的地方。备份文件最好在物理上和备份的服务器等分开，如将存储介质放在负责人家里等。

③ 安全性设置，包括对最终用户的系统授权。随着新员工的加入以及业务流程的更改，IT 人员需要对其权限授权进行重新分配。这里特别要注意的是权限表格的审核和保管。

④ 远程连接的安全性维护。随着电子商务的蓬勃发展，以及企业和外界接触通信的频繁，互联网的连接安全性要求也非常迫切地需要得到满足。如果有需要，软件厂商支持部门可以远程检查错误并解决，以缩短问题解决的周期。

▶▶▶ 二、ERP 系统运行维护体系的建设

ERP 系统运行维护体系能使系统运行维护管理变得更加规范化和标准化，能够为系统稳定运行提供保障。企业 ERP 系统日常运行出现问题，一般先由企业内部的 ERP 运维中心人员解决，如果企业内部人员解决不了，会通知 ERP 供应商协助解决，整个系统运行维护遵循一定的体系流程和标准。ERP 系统运行维护体系的建设途径有以下几个方面。

1. 建设组织机构

一般企业会成立 ERP 运维中心来进行 ERP 系统运维工作，ERP 运维中心下设 ERP 运维部和企业内部运维团队。而 ERP 运维部由业务组、开发组和系统运行组构成，业务组和开发组负责联合 ERP 软件厂商和软硬件平台厂商进行系统开发和管理，系统运行组则专门负责进行系统运行。企业内部运维团队由财务组、项目组和开发组等小组构成，负责执行系统运维相关制度和规范，并对企业内部用户提出的问题进行解答。此外，该团队还要负责进行用户培训，并进行各部门业务变更需求的协调。结合各部门情况，还要完成具体岗位和运维人员的设置，从而使岗位职责和运维范围得到明确，进而为体系的运行提供保障。

2. 制订工作流程

完成组织机构建设后，还要进行系统运维工作流程的制订。在实际开展工作时，可以将 ERP 系统运维划分为业务和运行两类。业务工作包含客服热线、项目管理等各种业务，需要确保能够为用户提供高效操作指导，并且能够及时提供业务咨询服务和实现业务的变更调整。开展运行工作，则是要进行系统检修、巡检和监控管理，应及时进行系统故障和缺陷的处理，并加强系统检修和管理，从而使系统保持稳定运行。

在系统运维管理工作中，可以将系统隐患或缺陷划分为事件处理和问题处理两部分。如果需要进行事件处理，则要先安排运维团队进行处理，必要时联系厂商获得技术支持。在事件处理过程中，如果事件升级为事故，还要将事件升级为问题进行处理。在问题处理过程中，需进行事故上报，并启动相应预案和应急流程，从而实现对应急物资和人员的调度。在这一阶段，运维团队应由 ERP 运维部调度，ERP 运维部还要及时联系厂商进行故障处理。在系统业务管理工作流程中，业务工作要被划分为事件受理、系统变更、变更发布和事件关闭等环节。以业务变更为例，需先由用户进行业务变更申请的提交，然后由业务部根据变更需求完成工作计划制订和审查。在审查通过后，则要联系关键用户进行变更测试，测试合格后可进行变更发布。最终，完成变更文件的整理归档后，可将事件关闭。

3. 建立规章制度

完成系统运维工作流程的制订后，还要建立体系规章制度。具体来讲，就是进行系统运维工作的各项管理制度的制订，并进行相关技术标准和操作规程的建立，从而使系统运维工作得以规范化开展。在这一过程中，要对各节点的管理操作和标准进行确认，并完成标准化操作规程的编制，以确保系统运维人员能够严格按照制度开展各项运维工作，从而使系统运维工作变得更加标准化和规范化，进而为系统运维工作质量提供保障。

4. 设置考核指标

在建设 ERP 系统运维体系时，应完成考核指标的设置。根据工作内容，应完成业务类指

标和运行类指标这两大类指标的设置。在制订考核标准时，还要实现指标的量化，并遵循公开、公正和公平的原则。一方面，业务类指标应包含问题处理及时性、维护支持规范性和问题解决率。通过对业务事件总数和未能及时处理的事件数进行统计，能完成及时性指标的量化。通过抽样调查，也能得到不规范次数。另一方面，还应完成系统运行率、系统安全性、系统故障处理及时性和运行管理规范性这四个运行类指标的设置。通过对系统安全事故发生次数进行统计，可以完成安全性指标的量化分析。

【任务 6-3】 ERP 系统持续优化

任务导读

① ERP 系统持续优化的原因有哪些？
② ERP 系统日常运行的问题是什么？
③ ERP 系统持续优化的具体内容是什么？

任务实施

一、认识 ERP 系统持续优化

ERP 系统持续优化是指企业在 ERP 系统投入使用的过程中，通过软件程序升级完善系统功能，通过运维团队完善优化业务流程，提高企业管理水平，从而提升 ERP 系统在企业的使用成效。企业 ERP 系统持续优化应当遵循以下原则。

① 提高管理效率。企业采用 ERP 系统，一个重要的目的是提高企业的管理效率，所以优化 ERP 系统要从提高管理效率入手。管理效率的提高涉及多个方面，其中减少中间环节就是比较常见的选择，很多 ERP 系统的管理环节过于复杂，反而导致管理效率降低，这是一个比较常见的优化点。

② 结合新技术。ERP 系统的优化一定要结合当前的新技术。例如，目前 ERP 系统应该具备移动办公能力，这样可以在很大程度上拓展 ERP 的应用场景，使 ERP 覆盖更多岗位，对企业管理者来说，可以制订颗粒度更细的管理目标。

③ ERP 系统上云。对于当前的 ERP 系统优化来说，比较常规的做法就是 ERP 系统上云。ERP 系统上云可以解决三大问题：其一是解决"信息孤岛"问题；其二是解决行业资源整合问题；其三是解决 ERP 系统的扩展问题。借助于云计算平台的支撑，ERP 系统也可以不断进行动态调整，从而及时适应企业的发展要求。

二、ERP 系统持续优化的原因

ERP 系统持续优化是企业数字化转型的重要内容，ERP 系统持续优化的原因有两个方面，一是 ERP 系统本身存在性能问题，二是 ERP 系统存在日常运行问题。

1. ERP 系统本身性能问题

在 ERP 系统第一次投入生产在线运行的这段时间中，其响应处于最佳状态，数据装载是轻量级的，一般是看不出来问题的。只要系统运行良好，就没必要强调性能。然而，在 ERP 系统顺利实施并运行一段时期之后，随着时间的流逝，信息量增加，功能扩展，ERP 系统的性能将逐渐下降。如果这些高级应用没有满足性能期望和服务等级协议，那么企业的业务可能失去关键的成长机会或者浪费资金，这时将需要优化性能。

一般来说，对商业套装软件进行性能优化是比较困难的，但仍有一些机会对它进行调优。如在系统运行中，当问题或机会出现时，把模块化的组件拆下来；升级套装应用软件时，去掉不好的，创建更完善的。只要对应用系统有正确的理解，获得时间和相关资源，IT 团队就能够改善复杂关键应用的性能。

2. ERP 系统日常运行问题

在 ERP 系统检查中，需要监测企业所使用的软件是否存在无法满足目前操作需求的迹象。这些超负荷预警信号可能比较难发现，常常被误认为是偶然性的错误或者单独的故障，而不是整个企业范围内的系统性故障。IT 部门负责人应该主动寻找其中的规律并让问题再现。有些问题是比较容易发现的，但这些问题关联在一起会越来越复杂，会波及以后的订单，导致库存缺失，备品备件没有报价，以及文件成堆，同时也会给员工带来消极的影响。企业 ERP 系统是否超负荷运行，一般根据企业是否出现以下现象判断。

（1）员工非正常流动

员工流失、频繁缺勤以及普遍缺乏工作热情往往使团队承受压力、无法应对当前客户需求和市场压力。

（2）出现 ERP 系统瓶颈

ERP 系统中存在的瓶颈是需要引起注意的早期信号。例如：在车间中有些地方应该备份而没有备份；财务迟迟不能付费；销售不能及时跟上报价，或者没有很好地跟踪更改后的订单并进行记录。如果还要努力完成一些复杂的按订单生产（Make To Order，MTO）工作，那会带来更大的不确定性。

（3）故障越来越多

ERP 系统运行过程中会出现各种问题，这些问题越来越多会影响企业业务。如果 ERP 系统中出现跟踪错误，说明缺少库存或者没有原材料。系统压力越来越大，发货错误会越来越多。例如，送货卡车到达客户那里时，交付的货物可能存在订单不全、装错货或者货物受损等问题。

（4）出现质量控制问题

当机器、系统和人员超负荷地处理大量的货物，同时要满足严格的交货速度要求以及处理复杂的订单时，产品质量一般会下降。若质检员未发现小的缺陷，则可能会导致当错误被发现的时候已经造成损失。

（5）客户满意度下降

第一次出现错误或者质量下滑时，客户不一定会直接投诉，但他们会在社交媒体上抱怨和表达不满。忠诚度比较高的客户可能会开诚布公地谈一谈，给企业第二次机会。其他客户可能会投入竞争对手的怀抱。

（6）频繁的意外停机

当制造商让车间加班加点赶工时，第一个可能偷工减料的地方就是预防性的维护。殊不知，如果为了赶工而忽略预防性的维护，设备不能以最佳性能运行，会导致现有的生产问题更加严重。

（7）数据过载

企业从机器、合作伙伴、客户和供应链合作伙伴那里收集到大量的数据，却不知如何处理和利用。是否能够深入分析来自智能传感器的数据，把分析结果应用于行动，或者转换为自动响应？这是一个常见的问题，可以通过具有数据科学功能的方案来解决。随着在产品、车辆和机器上使用智能传感器，数据将以指数级速度激增。企业不仅需要存储数据的地方，而且需要工具来分析数据，当前系统的不足将带来严重的风险。

（8）灵活性变弱

企业因为使用 ERP 系统而失去了灵活性，如果想扩展或者与合作伙伴联系，就必须向供应商求助，这样会导致使用起来不顺，无法及时适应和添加新应用，或者觉得修改起来特别费劲，任何升级都意味着从头开始，要检查所有的修改，以确保功能更新后仍然能正常工作。这些体系结构问题给企业造成了严重的困扰。

▶▶▶ 三、ERP 系统持续优化的内容

根据 ERP 系统持续优化的原因，对应的 ERP 系统持续优化的内容也有两个方面，一是 ERP 系统性能持续优化，二是企业业务持续优化诊断。

1. ERP 系统性能持续优化

ERP 系统性能持续优化根据信息技术的发展和企业业务实际需求进行，现在 ERP 系统性能逐步向全球化、快速化、重组化及虚拟化方面发展，此处介绍前三个方面。

（1）ERP 系统全球化

在企业信息化建设中，最为明显的发展趋势便是企业全球化、市场全球化以及竞争全球化。随着电子商务的不断发展，政策屏障已经在过去几年内相继消失，企业电子商务已经在企业存在了相当长的一段时间，经营的范围已逐渐扩大到全球。因此，企业信息化建设不断加强，势必要求优化 ERP 系统性能为企业全球化提供服务。

（2）ERP 系统快速化

在竞争激烈的经营环境中，企业为了维持生存、发展，必须迅速了解单个客户在某一特定时间想要得到什么，并通过 ERP 系统来做出反应，因此 ERP 系统需要具有快速感知与快速反应能力。

（3）ERP 系统重组化

经济全球化促进了企业间的合并，但是由于企业及管理机构要求降低管理成本，因此会促使各企业在本行业内进行重组。重组之后的企业也应该能够在优化后的 ERP 系统的帮助下进行业务重组，这使得 ERP 系统需要满足企业重组后的要求。

2. 企业业务持续优化诊断

企业业务持续优化诊断是为了让企业更清晰地了解 ERP 系统应用状况和管理中存在的

问题，对 ERP 系统实施效果做出全面的评估和总结，是为推进企业持续经营重要的承前启后的环节。在本环节要找出未来需求改进点和改进建议，对企业信息化管理及企业管理状况做出客观、专业的持续优化诊断建议，主要步骤如下。

（1）制订业务持续优化目标

企业根据 ERP 项目实施总体目标，即企业已经实现流程化管理，提高经营运作水平，在这个大目标实现的情况下，进一步优化下阶段的工作内容。某企业 ERP 项目持续优化目标如图 6-2 所示。

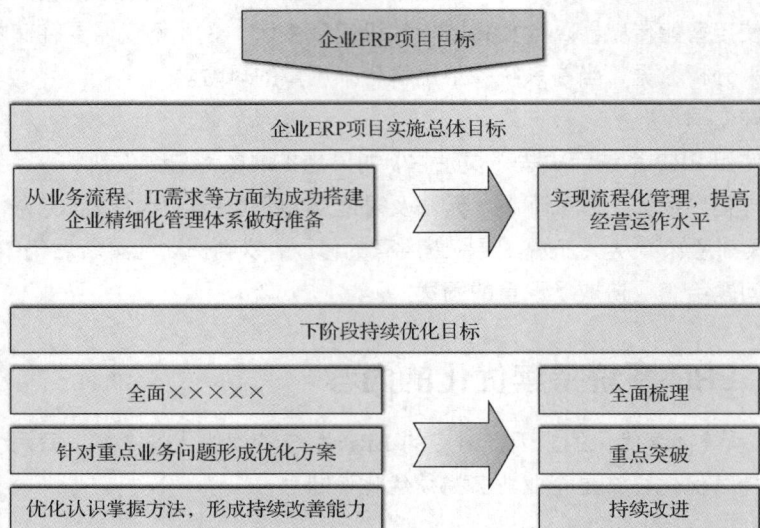

图 6-2　某企业 ERP 项目持续优化目标

（2）业务流程及关键问题分析

业务流程分析是企业根据业务部门反映的流程问题进行的分析，首先分析影响企业业务流程运行的原因，然后进行问题根源的分析，再提出优化建议并进行问题归类，最后分类处理。某企业仓储部业务流程分析如表 6-5 所示。关键问题分析是企业针对关键问题的收集与分析，主要是根据流程运行的不良结果，反过来分析影响企业业务流程运行的原因，如流程本身不规范、人员操作不熟悉等。某企业销售关键问题分析如图 6-3 所示。

表 6-5　某企业仓储部业务流程分析

提出部门	流程编号名称	活动名称	问题表象陈述	根源问题	优化建议	问题分类
仓储部	TQCC-CC-02 收货流程	采购收货流程（计量）	收货化验的问题不清楚	原因：缺乏完善的管理制度，没有固定的取样化验流程 结果：取样化验流程不规范，有的先卸货后化验，有的边卸货边取样化验 进一步导致：库存数据不准确	完善取样化验制度	流程优化类

提出部门	流程编号名称	活动名称	问题表象陈述	根源问题	优化建议	问题分类
仓储部	TQCC-GJ-04-02 采购业务现状高阶流程	铸件原辅材料	原辅材料化验单的走向：一份给国贸公司，一份给生产分厂	原因：两份化验单都由质检部直接传递至国贸公司 结果：仓储部没有接收到化验单，无法备案和登记 进一步导致：无法跟踪存货物料的批次化验结果，造成无法提前了解物料成分状况	完善取样化验单处理	流程优化类

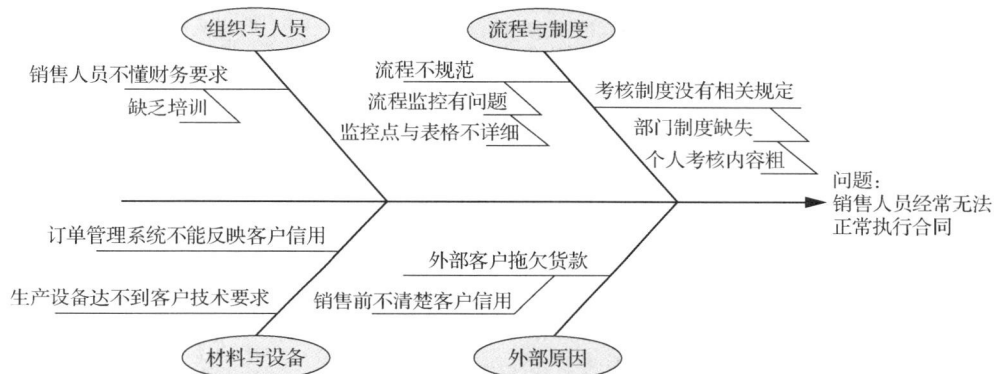

图 6-3　某企业销售关键问题分析

（3）业务流程价值分析

业务流程价值分析主要是指通过对业务流程的分析和关键问题的收集和分析，发现增加 ERP 系统功能操作对业务流程产生的价值影响。某企业业务流程价值分析如图 6-4 所示。

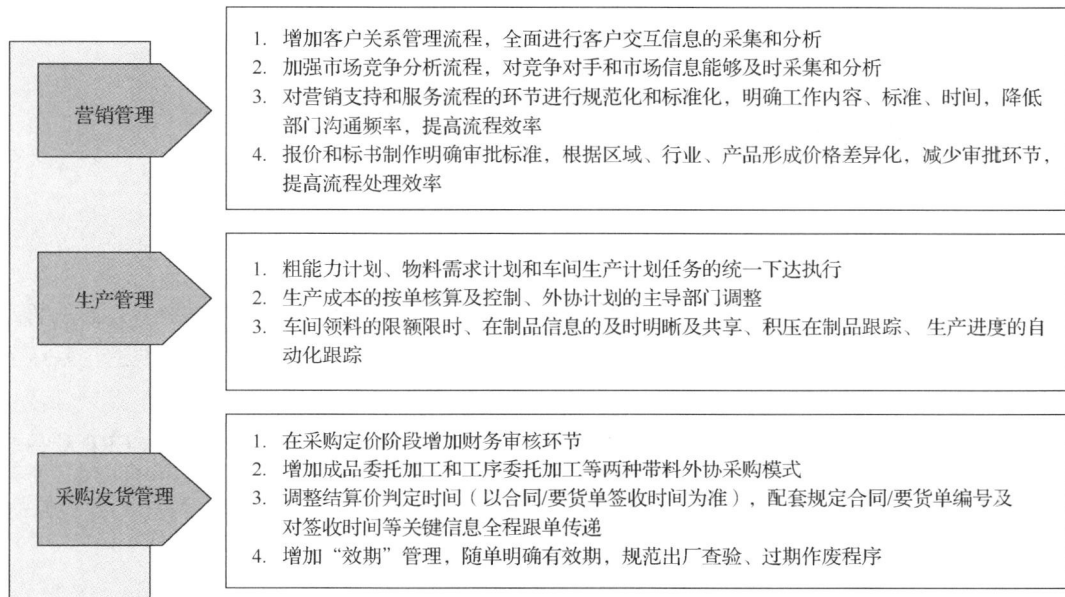

营销管理
1. 增加客户关系管理流程，全面进行客户交互信息的采集和分析
2. 加强市场竞争分析流程，对竞争对手和市场信息能够及时采集和分析
3. 对营销支持和服务流程的环节进行规范化和标准化，明确工作内容、标准、时间，降低部门沟通频率，提高流程效率
4. 报价和标书制作明确审批标准，根据区域、行业、产品形成价格差异化，减少审批环节，提高流程处理效率

生产管理
1. 粗能力计划、物料需求计划和车间生产计划任务的统一下达执行
2. 生产成本的按单核算及控制、外协计划的主导部门调整
3. 车间领料的限额限时、在制品信息的及时明晰及共享、积压在制品跟踪、生产进度的自动化跟踪

采购发货管理
1. 在采购定价阶段增加财务审核环节
2. 增加成品委托加工和工序委托加工等两种带料外协采购模式
3. 调整结算价判定时间（以合同/要货单签收时间为准），配套规定合同/要货单编号及对签收时间等关键信息全程跟单传递
4. 增加"效期"管理，随单明确有效期，规范出厂查验、过期作废程序

图 6-4　某企业业务流程价值分析

（4）形成业务持续优化方案

业务持续优化方案是指针对具体业务优化所做的方案，其内容主要包括现状问题描述、问题及优化方案等。某企业生产业务持续优化方案的内容如图 6-5 所示。

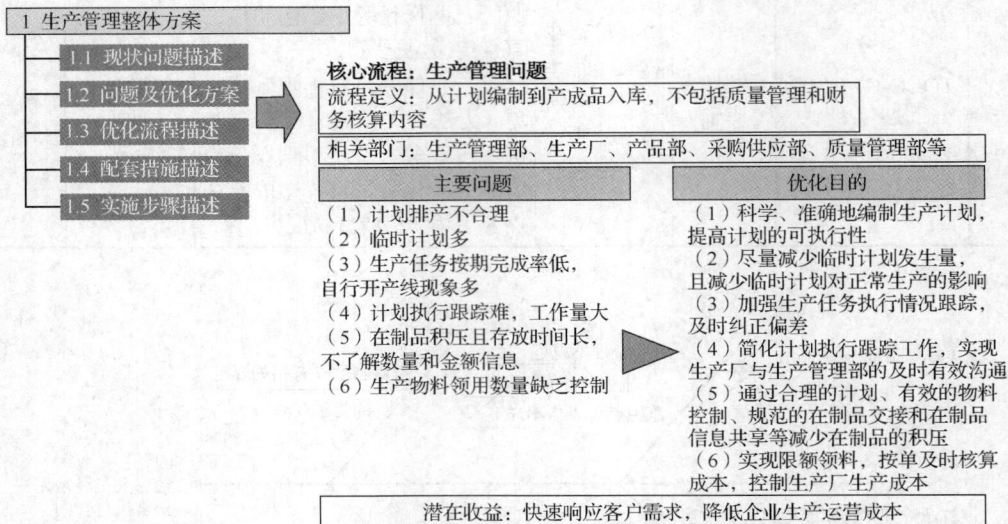

图 6-5　某企业生产业务持续优化方案的内容

项目思考

1．简述 ERP 项目验收的类型。

2．简述 ERP 项目验收的内容。

3．简述 ERP 项目验收的过程。

4．简述 ERP 项目验收报告的具体内容。

5．简述 ERP 项目文档管理的内容。

6．简述 ERP 系统运行维护的前提条件。

7．简述 ERP 系统运行维护的具体内容。

8．简述 ERP 系统运行维护体系的建设途径。

9．简述 ERP 系统持续优化的原因。

举一反三

"我们也急着验收项目，可是当初软件公司承诺我们实施系统之后，会得到多方面的管理提升和改进，我现在一点儿也没有看到，软件公司也没有提供有效的数据来反映这个系统到底起了什么作用。我们老板也在问我系统用了之后有些什么价值，软件公司答不上来，我也答不上来，我怎么敢和我们老板说验收的事情？"某公司的网络管理员小吴说到 ERP 项目验收就犯难。请思考以下问题。

1．造成这种情况的原因有哪些？

2．如果你是项目经理，你会如何规避这种风险？

项目实施总结

　　本项目主要介绍了 ERP 项目实施最后一个阶段 ERP 系统运维与管理的工作内容和工作方法。以案例企业实施 ERP 项目的进度为载体，介绍了本项目的三个任务，其分别是 ERP 项目验收、ERP 系统运行维护和 ERP 系统持续优化。ERP 项目验收任务中主要介绍验收的具体准备工作、验收的过程、验收报告的案例、项目文档管理的内容和作用。ERP 系统运行维护任务中介绍了企业 ERP 系统运行维护的重要性、前提条件和具体内容，梳理运行维护体系的建设途径。ERP 系统持续优化任务中分析了 ERP 系统持续优化的原则、原因，总结归纳了系统持续优化的具体内容。

項目六　ERP系统运维与管理

参考文献

［1］罗鸿．ERP 原理·设计·实施［M］. 5 版．北京：电子工业出版社，2020.

［2］杨建华．企业资源计划：ERP 原理、应用与案例［M］. 2 版．北京：电子工业出版社，2015.

［3］林光．ERP 原理与实施［M］．北京：电子工业出版社，2015.

［4］吴鹏跃，肖红根．ERP 项目实施教程［M］．北京：清华大学出版社，2013.

［5］林逢升，张宪乐．ERP 项目管理与实施［M］．西安：西安电子科技大学出版社，2009.

［6］吕广革，支芬和．项目管理［M］．北京：电子工业出版社，2014.

［7］毛志雄，谭武梁，曾鸿．IT 项目管理［M］. 2 版．北京：中国铁道出版社，2012.

［8］胡彬．ERP 项目管理与实施［M］．北京：电子工业出版社，2004.

［9］武益红．A 公司 ERP 项目实施的管理研究［D］．南京：东南大学，2019.

［10］张军．ERP 实施过程中数据准备的应用研究［J］．计算机安全，2014.

［11］苏毅，吴非，许泽玮．ERP 系统上线后存在的问题及关键影响因素研究［J］．中国管理信息化，2016.

［12］郭丽敏．ERP 系统运维优化应用研究［J］．信息系统工程，2018.

［13］曹颖超．R 公司 ERP 系统项目实施研究［D］．大连：大连理工大学，2015.

［14］邓勇．W 公司 ERP 项目物料管理模块实施与应用研究［D］．长沙：湖南大学，2012.

［15］张璟．关于 SAP_ERP 系统二次开发的需求与实现［J］．山西冶金，2015.

［16］王迪．基于 ERP 实施主体间协同机制的知识转移研究［D］．成都：成都理工大学，2012.

［17］苏晓雪．基于项目管理的 ERP 系统实施的研究［D］．西安：西北大学，2015.

［18］叶晶晶．浅谈离散型制造企业 ERP 实施阶段的数据准备［J］．现代信息科技，2017.

［19］何宗奇，肖元．浅谈如何做好 ERP 培训［J］．能源科技，2020.

［20］刘相鹏．D 企业 ERP 产品实施方法的研究［D］．北京：北京化工大学，2020.